VATERSCHAFTSTEST FÜR PHARAO

DIRK HUSEMANN

VATERSCHAFTSTEST FÜR PHARAO

Wie Genforschung archäologische Rätsel entschlüsselt

Bibliografische Information der Deutschen Nationalbibliothek
Die Deutsche Nationalbibliothek verzeichnet diese Publikation in der
Deutschen Nationalbibliografie; detaillierte bibliografische Daten sind
im Internet über http://dnb.d-nb.de abrufbar.

Umschlaggestaltung: Init, Bielefeld, unter Verwendung einer Abbildung
von akg-images, Berlin (Pharao Echnaton/Amenophis IV., 1364–1347 v. Chr.; Büste,
Fragment einer Kolossalstatue, gefunden im Aton-Tempel, Karnak).

© 2008 Konrad Theiss Verlag GmbH, Stuttgart
Alle Rechte vorbehalten
Die Herausgabe des Werkes wurde durch die Vereinsmitglieder der WBG ermöglicht.
Lektorat: Thomas Theise, Regensburg
Kartografie: Peter Palm, Berlin
Satz und Gestaltung: primustype Hurler, Notzingen
Druck und Bindung: CPI – Ebner & Spiegel, Ulm

ISBN: 978-3-8072-2143-5

Besuchen Sie uns im Internet: www.theiss.de

INHALT

DIE ZUKUNFT DER VERGANGENHEIT 170
Woran die historische DNA-Forschung von morgen arbeitet

FAZIT 189

ANHANG 191

VORWORT: GENE MIT GEDÄCHTNIS

Bislang nur Lückenbüßer der Geschichtsforschung, hat sich die molekulare Archäologie in den vergangenen zehn Jahren zu einem Zugpferd der Altertumswissenschaft entwickelt. Abseits von ethischen Debatten über Recht und Unrecht von Genmanipulation, von Stammzellenforschung, Chimären und Genfood lesen sich Biologen und Historiker gegenseitig aus dem Erbgut des Menschen vor. Die Geschichten, die sie zu hören bekommen, stehen wie Wegweiser im Labyrinth der Vergangenheit.

Der erste Einfall war nur eine Fantasie. Aus der Millionen Jahre alten DNA von Dinosauriern sollte Anfang der 1990er Jahre ein neuer Forschungszweig entstehen. Dino-Klone im Reagenzglas – die Realität erteilte diesem Traum eine Absage. Die zeitliche Grenze für die Untersuchung von Erbgut liegt bei 50.000 Jahren. Was jenseits davon geschah, blieb zunächst unantastbar. Dann aber entdeckten Naturwissenschaftler die „molekulare Uhr", eine Methode, mit der Veränderungen im Erbgut berechnet werden können. Was im Labor nicht funktioniert, ist mit dem Rechenschieber möglich. Dank der molekularen Uhr kennen Anthropologen heute den Zeitpunkt, an dem sich Mensch und Affe voneinander trennten, sie wissen, wann der Mensch Australien besiedelte, wer der erste Amerikaner war und ob Neandertaler rote Haare hatten.

Heute gehört es bereits zu den Standards der Paläogenetik, Mumien-DNA zu entschlüsseln. Mit dem Schulterschluss im Genlabor haben Historiker und Biologen gemeinsam festgestellt, dass Pharaonen Rotwein tranken, wo die verschollene Mumie der Pharaonin Hatschepsut lag und wie die Henkersmahlzeit von Ötzi, der Mumie vom Similaungletscher, aussah.

Weitere Einblicke in die menschliche Vergangenheit öffnen Vergleiche mit dem Erbgut von Tieren. Ein Blick auf die genetische Uhr der Kleiderlaus brachte die Erkenntnis, dass sich das Tier vor etwa 40.000 Jahren aus der Kopflaus entwickelte, als es eine neue ökologische Nische gefunden hatte: die Kleidung des Menschen. Die Suche nach den ersten Kleidern war damit über einen Umweg beendet.

Der nächste Schritt ist groß, aber Molekularbiologen nehmen mutig Anlauf. Wer die Verbreitung von Gengruppen auf der Weltkarte betrachtet, stößt auf Ähnlichkeiten mit der Entstehung kultureller Errungenschaften. Wo der

Mensch vor 10.000 Jahren die ersten Häuser baute, taucht auch ein genetischer Marker in fossilen Knochen auf. Ist das Erbgut verantwortlich für den Ursprung der Zivilisation?

Den Möglichkeiten für den Einsatz von DNA-Tests in Archäologie, Anthropologie und evolutionärer Biologie scheinen keine Grenzen gesetzt zu sein. Kostete es noch vor wenigen Jahren mehrere Milliarden Euro, ein vollständiges Genom – das gesamte Erbgut einer Art – zu entschlüsseln, prophezeien Fachleute für die nächsten Jahre das Tausend-Euro-Genom. Dank der Billig-DNA reiben sich Geschäftemacher die Hände. Wer den historischen Wurzeln seiner Vorfahren nachspüren will, kann darauf hoffen, von Phöniziern, Wikingern oder Etruskern abzustammen, vorausgesetzt, er liefert bei Privatunternehmen Speichelprobe und Honorar ab. Findige Firmen bewerben den DNA-Test als „Perfekte Geschenkidee" neben Blumensträußen, Wellnesskisten und der Geburtstagszeitung – Goldgräberstimmung im Genlabor.

Abseits solcher Scharaden beißen sich Molekularbiologen und Archäologen an historischen Fragen fest und bisweilen die Zähne aus. Gemeinsam suchen die Forscher in den kleinsten Teilen des Lebens nach Antworten auf die großen Fragen der Geschichte, nach der Herkunft des Menschen und seinem Pfad in die Zivilisation. Die folgenden Kapitel führen zu den Sternstunden der Paläogenetik und zeichnen die Irrwege einer Wissenschaft nach, die es sich als jüngste Disziplin der Naturwissenschaft zur Aufgabe gemacht hat, eine der ältesten Substanzen der Erdgeschichte zu erforschen.

Ostbevern, im Sommer 2008

EIN TIEFER BLICK INS LEBEN

GENTECHNIK GESTERN, HEUTE UND MORGEN

G erade 150 Jahre jung, ist die Genetik bereits eine Wissenschaft mit eigener Geschichte. Ihre Wurzeln legte 1856 ein Mönch im Klostergarten von Brünn. Dort beschnitt der Österreicher Johann Mendel unter dem Ordensnamen Gregor einige unscheinbare Gemüseranken. Mendel widmete sein Leben im Kloster erst in zweiter Linie dem Gottesdienst, seine Lebensaufgabe fand er in der der Religion oft zuwiderlaufenden Naturwissenschaft.

Der Sohn eines Kleinbauern hatte unter harten finanziellen Bedingungen das Gymnasium absolviert. Um ihm die Ausbildung zu ermöglichen, hatte seine Schwester auf ihr Erbe verzichtet. Aber alle Opfer fruchteten nicht. Die Universität verschlang ein Vermögen. Mendel winkte angesichts solch weltlicher Probleme ab und verwandelte sich vom Studenten zum Mönch. 1843 trat er ins Augustinerkloster Sankt Martin in Altbrünn ein und erhielt den Namen Gregor, unter dem er weltberühmt wurde. Dreizehn Jahre lang hatte Mendel Gelegenheit, zu studieren und als Lehrer in einer Schule zu arbeiten. Dann schob der Konvent einen Riegel vor. Bruder Gregor musste die Schule verlassen und bei den Arbeiten im Kloster helfen. Die Welt des Lernens drohte sich dem Wissbegierigen zu verschließen. Aber der hartnäckige Forscher fand auch in den Klostermauern ein Labor – zwischen Kreuzgang und Kapelle entdeckte Bruder Gregor eine Wissenschaft, mit der er die Welt veränderte: Erbsenzählen.

Mendel war ein Menschenkenner. Er hatte beobachtet, dass ein blonder Mann und eine blonde Frau ein dunkelhaariges Kind haben konnten. Dass Blond plus Blond eine andere Haarfarbe ergibt, widersprach den Vorstellungen der Mathematik. War es möglich, dass im menschlichen Körper Mechanismen eine Rolle spielten, von denen niemand etwas ahnte?

Zwischen Kamilleblüten und Melissepflanzen kreuzte der Mönch Erbsen. Die Hülsenfrüchte waren ein dankbares Studienobjekt. Sie wuchsen schnell nach und lieferten rasch Ergebnisse. Ihre roten oder weißen Blüten konnten gut vermischt werden. Die Merkmale waren ebenso gut voneinander zu unterscheiden und konnten sortiert, ausgezählt und statistisch erfasst werden. Überdies profitierte die Klosterküche von der Erbsenzucht.

Mendel muss eine ungefähre Vorstellung davon gehabt haben, was ihn erwartete. Er kreuzte Sorten, die sich nur in einem einzigen Merkmal voneinander unterschieden. Runde Erbsen und runzelige Erbsen, das ergab runde Nachkommen. Das überraschte den Mönch – er hatte eigentlich erwartet, dass sich die nächste Gemüsegeneration ebenfalls in runde und runzelige Erbsen einteilen lassen würde. Erst als Mendel die zweite Generation von runden Erbsen untereinander kreuzte, entstand die zu erwartende Mischung aus runden und runzeligen Nachkommen. Es musste folglich ein Naturgesetz geben, das Eigenschaften eines Lebewesens in der zweiten Generation verschwinden ließ, um sie dann in der dritten Generation wieder auftauchen zu lassen. Wie aber lautete diese Regel?

Im nächsten Schritt zählte der Klosterforscher die Mischlinge, so genannte Hybride, genau aus. Stets war genau ein Viertel der Erbsen runzelig. Was auf den ersten Blick wie ein Durcheinander von Erbsen, Ranken und Notizen erschien, brachte dem Mönch die Erleuchtung in Form von drei Naturgesetzen. Mit ihnen beschrieb Mendel, dass nur deshalb unterschiedliche Kombinationen von Erbmerkmalen möglich sind, weil das Erbgut aus Einheiten aufgebaut ist, die unabhängig voneinander kombinierbar sind. Diese Einheiten nannte Mendel Faktoren – heute heißen sie Gene. Aber das war für Mendel Zukunftsmusik.

Im Klostergarten von Brünn experimentierte er in den nächsten Jahren mit den Faktoren. Immer wieder musste er seine Forschungen unterbrechen – zum einen, um den Aufgaben des Ordenslebens nachzukommen, zum anderen, weil Erbsen sich im Herbst und Winter nicht züchten lassen. Schließlich gelang Mendel der erste Einblick in die Funktionsweise der Genetik. Er erkannte, dass jeweils zwei Faktoren für die Ausprägung eines Merkmals verantwortlich waren. Jeder Elternteil gibt jeweils einen Faktor für die Ausprägung derselben Eigenschaft in der Folgegeneration weiter. In den Nachkommen der rätselhaften Erbsen trafen demnach ein Faktor für rund und ein Faktor für runzlig zusammen. Wieso aber setzte sich einer öfter durch als der andere?

Einige von Mendels Faktoren waren dominant und erschienen zu drei Vierteln in den Nachkommen, andere waren rezessiv und zeigten sich lediglich in einem Viertel der Folgegeneration. Mendel konnte damals nur ahnen: Was bei Erbsen funktioniert, gibt es auch beim Menschen. Von der Herkunft der Sommersprossen bei einem Kind, dessen Eltern niemals Sommersprossen hatten, bis zum Auftreten von Erbkrankheiten bei Nachkommen gesunder Eltern lassen sich heute viele genetische Phänomene dank der unbändigen Neugier Bruder Gregors erklären.

Zunächst aber stieß der Geniestreich des Geistlichen auf taube Ohren. Als der Mönch, Lehrer und Naturwissenschaftler 1865 zwei Vorträge in Brünn hielt, die er „Versuche über Pflanzenhybriden" nannte, applaudierte das Publikum zwar wohlwollend, ignorierte allerdings die Tragweite der Mendelschen Forschung. Ein Aufsatz in der Fachzeitschrift „Verhandlungen des Naturforschenden Vereins in Brünn für das Jahr 1865" blieb unbeachtet, obwohl das Blatt alle namhaften Naturwissenschaftler im deutschsprachigen Raum erreichte.

Mendel gab nicht auf. Er gab vierzig Sonderdrucke seines Aufsatzes in Arbeit und schickte sie an die Spitzenkräfte der Fachwelt. Charles Darwin, der mit seiner zu dieser Zeit noch vorsichtig formulierten Evolutionstheorie als Revolutionär der Biologie galt, erhielt einen davon. Das Papier wurde nach Darwins Tod im Nachlass des britischen Forschers gefunden – ungeöffnet. Alle Welt erteilte der Vererbungslehre eine Absage. Bruder Gregor zog sich wieder ins Kloster zurück, wo er am 6. Januar 1884 starb.

Erst 1900, sechzehn Jahre nach Mendels Tod, entdeckten drei Forscher unabhängig voneinander, welcher Wissensschatz in den Katakomben der Universitäten schlummerte. Hugo de Vries, Carl Correns und Erich von Tschernak fanden in den Ideen des Augustinermönches ein Sprungbrett für eigene Forschungen und verliehen den Mendelschen Regeln die Bedeutung, die sie verdienten. Gregor Mendel hatte im Gemüse das Tor zum Geheimnis des Lebens entdeckt. Den Schlüssel aber fanden andere.

Augenwischerei im Bananenbrei

Mendels Faktoren verwandelten sich in Gene. Dafür sorgte 1909 der dänische Botaniker Wilhelm Johanssen, der den später weltbewegenden Begriff einführte. Von der Bedeutung der Genetik aber war noch lange nichts zu spüren. Im Gegenteil: An vielen Universitäten herrschte Unglaube gegenüber der Vererbungslehre, die ebenso als Scharlatanerie verurteilt wurde wie die Evolutionslehre Charles Darwins. Zu den größten Kritikern sowohl Mendels als auch Darwins gehörte Thomas Hunt Morgan, Embryologe an der Columbia-Universität in New York. Morgan aber war anders als die meisten seiner Kollegen, die den neuen Theorien über die Entstehung des Lebens und die Vererbung rigoros die kalte Schulter zeigten. Für ihn war eine Theorie ohne Beweis so wertlos wie eine Kritik ohne Gegenbeweis. Er begann intensive Studien, um die wilden Theorien aus Europa ein für allemal aus der Welt zu schaffen.

Erbsen kamen nicht infrage. Um eventuelle Fehler in Mendels Theorien aufspüren zu können, suchte Morgan nach einem anderen Studienobjekt. Er fand Drosophila melanogaster, die Taufliege. Das Insekt stach die Erbsen Mendels in vielerlei Hinsicht aus. Unabhängig von Wind und Wetter pflanzte sich die winzige Fliege in Bananenbrei unablässig fort, schon nach wenigen Wochen konnte Morgan die Nachfolgegeneration untersuchen. Überdies produzierte Drosophila nicht nur eine handvoll Erben, sondern gleich mehrere Hundert. Eine Menge Tiere bedeutete eine Menge Daten.

Der Biologe versuchte, die Experimente Mendels nachzuvollziehen. Dessen Methoden erschienen dem Forscher unzuverlässig, sie basierten auf Interpretation. Keine Spur von der unbestechlichen Arbeit eines echten Wissenschaftlers, meinte der Amerikaner. Trotzdem versprach die Vererbungslehre Gregor Mendels die Wissenschaft zu revolutionieren – vorausgesetzt, sie erwies sich als zutreffend.

Morgans Skepsis wich bald Verwunderung. Schon nach wenigen gezüchteten Generationen trat bei den Taufliegen eine Mutation auf. Im Vergrößerungsglas erkannte der New Yorker Biologe bei einigen Exemplaren von Drosophila melanogaster weiße Augen. Mendels Versuche im Blick, kreuzte Morgan die Mutation mit einer Fliege, welche die üblichen roten Augen hatte. Zwei Wochen später gab die erste Generation Fliegen Auskunft: Alle hatten rote Augen.

Das passte genau zu den Beobachtungen Mendels. Nun blieb dem US-Biologen nichts anderen übrig, als die Merkmale der zweiten Generation abzuwarten. Zwei weitere Wochen gingen ins Land. Dann schlüpften die Enkel der weiß-äugigen Taufliegen. Thomas Hunt Morgan traute seinen Augen nicht: Einige Fliegen trugen das rote, einige das weiße Merkmal. Mendel hatte Recht.

Aber Thomas Morgan sah noch etwas: Alle Fliegen mit weißen Augen waren männlich. Zu dieser Zeit war bereits bekannt, dass das Geschlecht eines Individuums von einem Paar jener kaum bekannten Teilchen bestimmt wird, die im Zellkern zu finden sind – den Chromosomen. Frauen haben zwei X-Chromosomen, Männer haben ein X- und ein Y-Chromosom. Morgan vermutete, dass die weißen Augen einiger männlicher Taufliegen mit dem Phänomen in Verbindung zu bringen waren, dass männliche Fliegen nur ein X-Chromosom tragen. Das wiederum würde bedeuten, dass das Gen für weiße Augen auf einem X-Chromosom zwar auch bei weiblichen Fliegen vorkommen kann, aber von dem zweiten X-Chromosom überlagert wird. Tausende Taufliegen brüteten und schlüpften in den folgenden Monaten im Labor an der Columbia-Universität, um schließlich die Vermutung Thomas Hunt Morgans zu bestätigen: Die Gene eines Lebewesens liegen auf den Chromosomen und werden nach einem Muster aneinander gekoppelt, dass heute „Crossing Over" heißt. Es ist einer von vielen Mechanismen, die für die Neukombination von Genen in einem Lebewesen verantwortlich sind.

Anders als Gregor Mendel blieb Thomas Hunt Morgan die Anerkennung seiner Arbeit nicht verwehrt. 1933 erhielt er den Nobelpreis für Physiologie oder Medizin – zum ersten Mal wurde ein Genetiker mit einer solchen Auszeichnung geehrt. Die Wissenschaft der Vererbungslehre war salonfähig geworden.

Heureka durch radioaktiven Brotschimmel

Mit den Augen der Taufliege hatte sich die Genetik zum Überflieger der Naturwissenschaften im 20. Jahrhundert entwickelt. Es dauerte allerdings noch weitere dreißig Jahre, bis George Beadle und Edward Tatum den nächsten großen Schritt auf dem Weg zur Entschlüsselung des Erbgutes gingen. Sie fanden heraus: Gene können mehr als nur Erbfaktoren mischen.

Die Biologen verzichteten als erste auf Drosophila melanogaster und setzten einen neuen Testkandidaten auf das genetische Karussell. Nach der Erbse und der Fliege sollte nun schimmeliges Brot das Geheimnis des Lebens entschlüsseln helfen. Praktisch: Um Kulturen des Schimmelpilzes Neurospora crassa zu züchten, brauchten Beadle und Tatum nicht einmal mehr Glasbehälter. Brot, Luft und Wasser waren genug. Überdies ist Neurospora ein einfach gestricktes Lebewesen. Bei nur einem einzigen Satz Chromosomen sind genetische Veränderungen leicht zu erkennen – eine Chance für die Genetik.

An der Stanford University in Kalifornien bestrahlten Beadle und Tatum den Schimmel radioaktiv. Ende der 1930er Jahre war bereits bekannt, dass radioaktive Strahlen Mutationen hervorrufen können – ein Schreckgespenst aus dem Atomzeitalter. Für die Biologen aber öffnete die radioaktive Bestrahlung von Neurospora crassa die Tür zu einem tieferen Verständnis genetischer Zusammenhänge.

Beadle, ein Schüler von Thomas Hunt Morgan, entdeckte bei dem bestrahlten Schimmelpilz tatsächlich einen Defekt. Die Kulturen waren nicht mehr in der Lage, die Nährstoffe zu produzieren, die den Pilz wachsen ließen. Als Beadle die Nährstoffe jedoch künstlich auf den Schimmel gab, begannen einige Pilze wieder zu sprießen. Zusammen mit seinem Kollegen Edward Tatum kam er zu dem Schluss, dass die Pilze keine Nährstoffe mehr produzieren konnten, weil ihre Gene defekt waren. Gene, so lautete die Erkenntnis in Kalifornien, geben nicht nur Erbinformationen von einer Generation an die nächste weiter, sie steuern auch die Enzyme eines Lebewesens. Zum ersten Mal keimte in den Köpfen der Biologen der Verdacht, dass die Genetik die Wissenschaftler zu den tiefsten Geheimnissen des Lebens führen könnte. Dafür gab es 1959 zum zweiten Mal einen Nobelpreis in der jüngsten Disziplin der Biologie.

Frauenfeindliche Vererbungslehre

Der fortschrittlichste Zweig der Naturwissenschaften blieb zunächst in konservativen Zwängen gefangen – jedenfalls in den USA. Das bekam Barbara McClintock zu spüren, die als Frau in die Männerdomäne Genetik einzudringen versuchte.

Daraus wäre um ein Haar nichts geworden. Als junge Frau versuchte Barbara McClintock sich in den 1920er Jahren als Studentin für Genetik an der Universität einzuschreiben – das aber war nur Männern erlaubt. McClintock fand einen Umweg über die Botanik. In dieser Disziplin waren Frauen zugelassen. So kam es, dass Barbara McClintock Maiskörner zählte wie einst Gregor Mendel Erbsen.

Karriere aber war verboten. Trotz beachtenswerter Erfolge in der Forschung wurden dem Talent hohe akademische Titel und entsprechende Positionen in der Forschung mehrfach verweigert. Barbara McClintock galt bei ihren Kollegen als schwierig und eigenbrötlerisch, sie setzte sich über die Bürokratie der Universitäten hinweg, blieb lange nach den Öffnungszeiten noch in ihren Arbeitsräumen und brach an Sonntagen in das Labor ein, um die Untersuchung fortsetzen zu können. Schließlich kehrte sie der Cornell-Universität in Ithaca, New York, den Rücken. McClintock suchte ihr Glück 1941 in einer privaten Forschungseinrichtung, dem Cold Spring Harbor Labor auf Long Island. Dort setzte sie aus Tausenden von Maiskörnern das Mosaik des Erbgutes zusammen.

Wenn Maispflanzen die Leinwand von McClintocks Theorien zur Vererbungslehre bildeten, so waren radioaktive Strahlen Pinsel und Palette. Mit ihnen versuchte die Biologin die Vorgänge in den Pflanzen sichtbar werden zu lassen. Wie Beadle und Tatum den Schimmelpilz, so bestrahlte auch Barbara McClintock ihr Untersuchungsmaterial, um Mutationen hervorzurufen und daran Gesetzmäßigkeiten im Erbgut zu erkennen. Eines Tages beobachtete sie, dass eine neue Generation von Maispflanzen merkwürdige Streifen und Flecken auf den Körnern zeigte. Es schien sich um ein Muster zu handeln, aber es sah anders aus als jene, die von der radioaktiven Strahlung hervorgerufen wurden. Barbara McClintock kannte ihr Maisfeld ganz genau, sie hatte Jahre ihres Lebens damit zugebracht, kleinste Veränderungen auf Maiskörnern zu katalogisieren. Diese seltsame Zeichnung gehörte nicht zum üblichen Bild. Entweder war etwas Außergewöhnliches geschehen oder Barbara McClintock war dank ihrer langjährigen Hingabe an die Maiskörner derartig sensibilisiert für die Pflanze, dass sie als erste mit bloßem Auge sehen konnte, was allen anderen verborgen war – eine Veränderung, die anders aussah als all jene, die durch Strahlung hervorgerufen worden waren.

Zunächst stach die Zeichnung der Blätter ins Auge. Zeigte ein Blatt mehr grüne Streifen als üblich, so trug ein benachbartes Blatt weniger. Dieses Verhältnis galt auch für andere Zeichnungen, Farben und Formen von Blättern und Körnern. Stets tauchten Farbmuster in gegensätzlichen Paaren auf. Was für einen weniger aufmerksamen Beobachter nur eine Laune der Natur gewesen wäre, verblüffte Barbara McClintock. Sie erntete die Maispflanzen ab und verbrachte die nächsten sechs Jahre ihres Lebens damit, nach einem Mechanismus für die rätselhafte Mutation zu suchen.

Noch während die Biologin über den Maiskörnern brütete, bekam sie erstmals Anerkennung für ihre hartnäckige Arbeit. Die Amerikanische Akademie der Wissenschaften nahm Barbara McClintock 1944 in ihre Reihen auf. Die Forscherin war verblüfft: „Juden, Frauen und Neger sind es gewöhnt, diskriminiert zu werden und erwarten nicht viel. Ich bin keine Feministin, aber ich freue mich immer, wenn unlogische Barrieren durchbrochen werden – es hilft uns allen." Eine Professur aber ließ weiter auf sich warten.

Die Pforten der Universitäten blieben ihr verschlossen, dafür öffnete sich jene zum Verständnis des Erbguts. McClintock entdeckte springende Gene. Sie vermutete – und bewies später –, dass Gene auf einem Chromosom verschiedene Positionen einnehmen konnten. Lag in einer Maispflanze das Gen für grüne Streifen auf einer Position der Chromosomen, die für die Blattfarbe zuständig war, tauchte es in einer anderen Pflanze an der Position auf, welche die Körnerfarbe bestimmte. Bisher war die Biologie davon ausgegangen, dass bestimmte Gene stets dieselbe Position auf einem Chromosom einnehmen. Dass nun ausgerechnet eine Frau an diesem Dogma der Vererbungslehre rüttelte, passte den männlichen Kollegen nicht. Barbara McClintock präsentierte ihre Beweise 1951 der Öffentlichkeit und bekam eine Abfuhr.

„Sie ist nur eine alte Schachtel, die seit Jahren in Cold Spring Harbor herumhängt", lautete der Kommentar eines männlichen Kollegen, nachdem die so genannte Fachwelt Babara McClintocks Forschungsergebnisse in der Luft zerrissen hatte. Die Biologin zog sich in die Abgeschiedenheit ihres Labors zurück. Es dauerte weitere zwanzig Jahre, bis die springenden Gene, heute als Transposons allgemein anerkannt, zum Basiswissen jedes Biologiestudenten gehörten. Heute gilt: Transposons ermöglichen Genen zu mutieren, um zum Beispiel auf Veränderungen in der Umwelt zu reagieren.

Nach der öffentlichen Ablehnung ihrer Theorien hielt sie nie wieder eine Vorlesung. Nur einmal noch tauchte die Biologin in der Öffentlichkeit auf. 1983 nahm Barbara McClintock den Nobelpreis für Physiologie oder Medizin in Stockholm entgegen. Nach dem Rezept für ihre Hartnäckigkeit und ihr Durchhaltevermögen befragt, antwortete sie: „Wenn man weiß, dass man Recht hat, ist es nicht so schlimm. Man weiß, früher oder später kommt die Wahrheit ans Licht." Barbara McClintock starb am 2. September 1992.

Sensation im Küchenmixer

Doch der Weg zur Entschlüsselung des Erbguts war mit Hürden verstellt. Gene und Chromosomen waren keineswegs das gesamte Rüstzeug der Vererbungslehre. Unter der Spitze des molekularen Eisbergs entdeckten erst die US-Biologen Alfred Hershey und Martha Chase die Basis der Chromosomen: DNA.

Alles, was die Forscher für ihre Entdeckung benötigten, waren eine Idee und ein Rührgerät. Den Mixer lieferte die Institutskantine – Hershey und Chase arbeiteten wie Barbara McClintock im Cold Spring Harbor Labor. Die Idee lieferte ein Virus.

Ein Bakteriophage ist ein einfach zu durchschauender Organismus, der nicht einmal einen eigenen Stoffwechsel besitzt. Stattdessen infizieren sie Bakterien, vermehren sich in ihnen und verändern den Stoffwechsel ihrer Wirte dergestalt, dass die zur Vermehrung notwendigen Enzyme nun vom Wirt selbst produziert werden. Die Bakterie unterstützt damit unfreiwillig ihren blinden Passagier, indem sie die Produktion von immer mehr Viren anregt. Der Bakteriophage selbst besteht nur aus zwei Bausteinen: einer Hülle aus Eiweiß und einer darin liegenden Substanz, die Biologen schon seit Jahrzehnten als Desoxyribonukleinsäure kannten, kurz: DNS. Wer die Säure durch das englische Wort „acid" ersetzt, erhält Desoxyribonucleic acid, den vollen Namen der berühmten DNA.

Auch Viren geben Erbgut weiter. Das fand Alfred Hershey 1946 heraus, als er entdeckte, dass zwei Bakteriophagen, die dieselbe Bakterienzelle infiziert hatten, genetisches Material untereinander ausgetauscht hatten. Der Austausch der Erbinformationen musste über den Wirt gelaufen sein. Aber welche

Substanz hatte die Erbinformationen der Bakteriophagen weitergegeben: Protein oder DNA? Mit nur zwei möglichen Varianten war der winzige Organismus der perfekte Kandidat, um eine Antwort zu geben. Hershey und Chase nahmen zwei Gruppen von Phagen und bestrahlten sie radioaktiv. Deutlich war danach das Protein bei der einen und die DNA bei der anderen Gruppe zu erkennen. Die Biologen ließen die Phagen auf eine Gruppe von Bakterien los und beobachteten, was geschah.

Wie erwartet, infizierten die Phagen die Bakterien. Die Biologen gaben den Organismen Zeit, ihre Arbeit zu erledigen. Dann mussten die Phagen von den Bakterien wieder getrennt werden. Von Hand war das kaum möglich. Also steckten Hershey und Chase ihre Probanden 1952 in ein Rührgerät und schleuderten sie darin so lange herum, bis sie sich in Teilen wieder voneinander gelöst hatten. Durch die zentrifugalen Kräfte im Mixer wirbelten die Zellen in der Nährlösung zu einer Masse zusammen und ließen sich so gut von den Fragmenten der Phagen unterscheiden. Das Ergebnis war bahnbrechend. Hershey und Chase erkannten, dass es nicht das Protein war, das die Hülle der Bakterie durchbrochen hatte. Stattdessen fanden sie im Innern der Bakterie die radioaktive DNA der Phagen. Demnach musste die rätselhafte Säure die Informationen an die Zelle liefern, die dann begann, die Viren mit den lebenswichtigen Enzymen zu versorgen. DNA war die Blaupause des Lebens.

Watson, Crick und die dunkle Dame der DNA

DNA – was ist das? Der nächste Schritt führte noch tiefer hinein in das Rätsel der Vererbung. Dank des Experiments im Kantinenmixer war die Funktion der DNA nun immerhin zu erahnen. Welche Funktionen sich aber in der Substanz verbargen, war eine Frage, die weltweit die Neugier von Biologen weckte. Ein Wettlauf um die Entschlüsselung des Erbguts begann. Forscher in den USA und Großbritannien tüftelten um die Wette.

Favorit in Nordamerika war der Biochemiker Linus Pauling. Er entschlüsselte die Struktur vieler Proteine und kam 1953 zu dem Ergebnis, dass die DNA die Form einer Helix hat – die Moleküle sind auf ihr wie auf einer Spirale aneinandergereiht, so Paulings Vermutung. Die Erkenntnis war richtig, aber Pauling unterlief ein Fehler. Er behauptete, die DNA bestünde aus drei Spiralsträngen, die sich umeinander winden. Falsch, erkannten der Physiker Francis Crick und der Biologe James Watson. Sie gehörten zu den ersten Menschen, welche die DNA-Struktur mit eigenen Augen sahen.

Sichtbar wurde die Spirale in einem Labor im Londoner King's College. Dort arbeitete die Röntgenspezialistin Rosalind Franklin daran, DNA optisch abzubilden. Während sich Crick und Watson in ihrem Labor in Cambridge hitzige Debatten lieferten, herrschte in London eisiges Schweigen. Zwischen Rosalind Franklin und ihrem Chef, dem Biologen Maurice Wilkins, tobte ein Kleinkrieg. Trotz sensationeller Erfolge verschloss sich Franklin jeder wissenschaftlichen Diskussion und behielt die Ergebnisse ihrer Arbeit für sich. Was aber in den Aufzeichnungen der Forscherin steckte, war der entscheidende Hinweis – eine durch Röntgenstrahlen ermöglichte fotografische Aufnahme der DNA-Doppelspirale, nur verschwommen zu erkennen, aber für den Eingeweihten so eindeutig sichtbar wie ein Bild vom letzten Weihnachtsfest. Während Wilkins darauf drängte, das Foto anderen Wissenschaftlern zu zeigen, um gemeinsam zu einer Lösung des DNA-Rätsels zu gelangen, hatte Franklin Bedenken. Ihrer Meinung nach war es zu früh, von einem Ergebnis zu sprechen. Sie hatte zwar die DNA sichtbar gemacht, aber sie vermutete, dass die Form der Säure sich unter verschiedenen Bedingungen – etwa Feuchtigkeit – anders darstellen könnte und wollte weitere Tests abwarten. Dazu aber kam es nicht.

Wilkins, Crick und Watson waren Freunde. In einem Brief von Wilkins an Crick aus dem Jahr 1952 findet sich folgende Zeile: „Franklin bellt oft, es gelingt ihr aber nicht, mich zu beißen. Seitdem ich meine Zeit neu eingeteilt habe, so dass ich mich auf die Arbeit konzentrieren kann, geht es mir nicht mehr so nahe." Eines Tages besuchte James Watson seinen Kollegen in London. Rosalind Franklin war zuvor auch mit Watson persönlich aneinandergeraten. Als der Kollege aus Cambridge erschien, verließ sie das Labor. Ihr Vorgesetzter Wilkins nutzte die Gunst der Stunde. Wohl wissend, dass Watson kurz davor war, die DNA-Struktur zu entschlüsseln, ihm aber der entscheidende Hinweis fehlte, holte er die Aufnahme von Rosalind Franklin hervor und zeigte Watson das Ergebnis, ohne ihre Zustimmung einzuholen. James Watson erkannte, was er bereits vermutet hatte. „Mir klappte der Unterkiefer herunter und mein Puls flatterte", schrieb der Wissenschaftler später in seinen Erinnerungen. Auf dem

Foto war eine Doppelspirale zu erkennen. Das Bild war der letzte Baustein, der Watson und Crick fehlte. Die Forscher hatten die DNA-Doppelhelix gefunden, das räumliche Spiralmodell der menschlichen Gene, das „einen möglichen Kopiermechanismus für das genetische Material unmittelbar nahe legt". Mit diesem berühmten Nachsatz schlossen Watson und Crick 1953 einen Aufsatz in der US-Zeitschrift „Nature". Das Rennen um eine der bedeutendsten Entdeckungen des 20. Jahrhundert war beendet.

Die Doppelspirale der DNA ähnelt einer schraubenförmig gedrehten Strickleiter. Zwischen den beiden Strängen liegen die vier Basen Adenin (A), Cytosin (C), Guanin (G) und Thymin (T) wie Leitersprossen. DNA liegt im Zellkern und besteht aus drei Arten von Molekülen. Phosphor und Zuckermoleküle bilden die Stränge der Leiter, die Basen verbinden die Stränge wie Leitersprossen. Zwischen den Basen jedes Stranges befindet sich eine Brücke aus Wasserstoff. Eine freie Kombination der Basen ist jedoch nicht möglich. Adenin liegt stets nur Cytosin gegenüber, Thymin stets Guanin. Die Reihenfolge, in der die Basen auf den Strängen liegen, legt die Reihenfolge der Aminosäuren in einem Protein fest – dieser Schlüssel ist der genetische Code, der für alle Lebewesen gilt.

Zunächst schien die DNA keine große Bedeutung zu haben. Selbst der berühmte Genetiker Max Delbrück hatte sie ein „dummes Molekül" genannt. Erst ein tieferer Blick in die Zellen offenbarte, welche Arbeit die DNA beim Aufbau des Lebens wirklich leistet. Aus den von der DNA codierten Aminosäuren setzen sich die Proteine zusammen. Diese wiederum bauen die Zellbestandteile auf, aus denen der Organismus besteht. Die in der DNA gespeicherten Informationen entscheiden über die Gestalt eines Lebewesens, über seine Lebensprozesse wie den Enzym- und Hormonhaushalt sowie sämtliche anderen Merkmale. Wer den Schlüssel zum Inneren der DNA in Händen hält, kann das Leben an seinem Ursprung erforschen.

Als 1962 der Nobelpreis für Medizin an Francis Harry Crick, Maurice Hugh Wilkins und James Dewey Watson vergeben wurde, stand Rosalind Franklin nicht mit auf der Ehrentribüne in Stockholm. Die Wissenschaftlerin war 1958 im Alter von 37 Jahren an Krebs gestorben, den sie sich vermutlich durch die Anwendung der Röntgenstrukturanalyse zugezogen hatte. Noch postum blieb Franklin die Anerkennung ihrer Arbeit verwehrt. In seinem Buch „Die Doppelhelix" verewigte James Watson die Kollegin 1968 als übellaunigen Drachen,

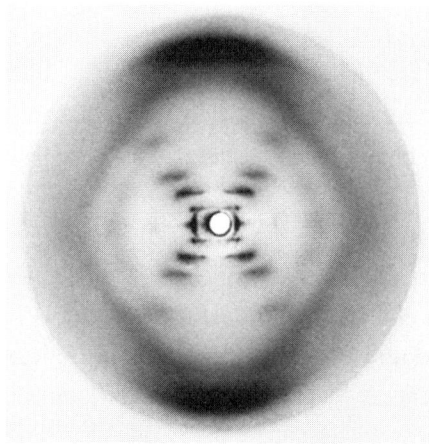

Ein tiefer Blick ins Leben – mit
dieser Aufnahme gelang es
Rosalind Franklin, die DNA-
Struktur erstmals sichtbar zu
machen. Das Bild lieferte Watson
und Crick den entscheidenden
Hinweis für die Struktur der DNA
als Doppelspirale.

der auf einem Hort aus Daten hockte. Tatsächlich hatte sich Rosalind Franklin kurz nach dem Eklat mit Wilkins und Watson aus dem King's College zurückgezogen, um andernorts einen Tabakvirus zu studieren. Ihre Biografin Brenda Maddox studierte die Aufzeichnungen der Forscherin und erklärte in ihrem Buch „The Dark Lady of DNA" 2003: „Rosalinds Notizbücher belegen deutlich, dass sie selbst wenig später zu derselben Erkenntnis gelangt wäre wie Watson und Crick."

Mit der Entdeckung der DNA-Doppelhelix endete eine fast hundert Jahre lange Forschungsodyssee, die mit den Arbeiten Mendels in Brünn begonnen hatte. Noch aber ahnte nur ein kleiner Kreis von Wissenschaftlern, welche Möglichkeiten die Entdeckung der Nobelpreisträger eröffnete.

Zellen, Zytoplasma und ein zuverlässiger Kurier

Woraus besteht DNA? Schon Jahre bevor Watson und Crick das Modell der Doppelhelix vorstellten, wussten Biochemiker, dass DNA Proteine codierte, die im Zytoplasma liegen, der Grundsubstanz der Zelle. DNA hingegen befindet sich im Zellkern, abgeschirmt vom Rest der Zelle. Die Frage, wie es der DNA vom Zellkern aus gelingt, die Proteine im Zytoplasma zu codieren, wurde heiß diskutiert. Weltweit untersuchten Biologen Tausende von Zellen und fanden eine auffallende Übereinstimmung: In Zellen mit hoher Proteinproduktion fiel stets eine merkwürdige Struktur auf. Sie ähnelte der DNA-Doppelhelix, doch war diese noch nicht erkannt. Erst nach der Publikation der Spirale durch Watson und Crick nahm die Erforschung der Mechanismen in der Zelle Fahrt auf.

Die merkwürdige Struktur im Zytoplasma war RNA, ein Verwandter der DNA, jedoch mit nur einem Strang statt zweien. Bald schon ahnten die Forscher, dass RNA dafür zuständig ist, die Proteinfabriken im Zytoplasma zu steuern. Ein Beleg musste her. Noch einmal sollten Bakteriophagen die Antwort liefern, Viren, die nur aus Protein und DNA bestanden und ihr Geheimnis im Küchenmixer offenbart hatten. Dieses Mal sollten die Bakteriophagen auch Auskunft über jene Prozesse geben, die nach dem Befall des Wirtes in dessen Innerem ablaufen. Das Ergebnis war erstaunlich. Schon kurz nachdem der Virus die Bakterie befallen hatte, gab er seine DNA in den Wirt. So weit war der Vorgang bekannt. Nun aber erkannten die Biologen noch etwas: In der befallenen Zelle entstanden Spuren jener Struktur, die bereits bei der Produktion von Proteinen aufgefallen war. Es war die RNA des Virus, die plötzlich in der Bakterienzelle schwamm – und tatsächlich begann die Produktion von Protein plötzlich zuzunehmen. Was hier in den kleinsten Lebewesen geschah, war eine Miniatur des Bauplans allen Lebens: Der einzelne Strang der RNA drang in die Ribosomen, die Proteinfabriken, ein und lieferte Informationen aus der Virus-DNA an die Wirtszelle. Alles künftig hergestellte Protein im Zytoplasma der Zelle entstand nun nach dem Bauplan, den der Bote an die Ribosomen geliefert hatte. Die Messenger-RNA (mRNA) oder Boten-RNA war entdeckt. Heute glauben die meisten Wissenschaftler, dass mRNA und andere RNA-Moleküle die Nachfahren der ersten primitiven Chemiebausteine der Erde sind, Teile jener Ursuppe, in welcher die ersten Organismen schwammen.

Noch aber war der genetische Code nicht vollständig geknackt. Das versuchte 1962 der US-Biochemiker Marshall Warren Nirenberg. Zu dieser Zeit war bereits bekannt, dass die Art eines Proteins davon abhängt, aus welcher Kombination von drei Basen die Aminosäuren des Proteins zusammengesetzt sind. Nirenberg wusste: An der Produktion von Protein sind zwanzig Aminosäuren beteiligt. Wie kam diese Vielfalt zustande? Für seine Experimente nutzte Nirenberg mRNA. Wie DNA besteht auch RNA aus den vier Basen Adenin, Cytosin, Guanin und Thymin. Der Biochemiker entdeckte: Wenn drei dieser

Basen in einer bestimmten Reihenfolge zusammenkommen, formen sie ein Triplet. Dieses Triplet ist der Code für die Produktion einer bestimmten Aminosäure. Die Reihenfolge, in welcher die Triplets auf der mRNA und der DNA liegen, ist der Bauplan für die Produktion von Proteinen. Die Reihenfolge wird von der DNA an die mRNA weitergegeben, die wiederum nach diesem Muster Proteine codiert. Nirenberg erkannte auf molekularer Basis, was Gregor Mendel an den millionenfach größeren Erbsenkörnern entdeckt hatte. Was Mendel aber nur mit dem Begriff Faktoren umschreiben konnte, erkannte Nirenberg als eine der 64 möglichen Kombination aus vier Buchstaben. Welche Anlage Vater und Mutter ihren Kindern auch weitergeben mögen, stets sind A, C, G und T im Spiel. Mit diesem Vokabular gelang es Nirenberg 1964, die Funktionsweise der DNA, der mRNA, der Proteine und Aminosäuren zu erklären. Der genetische Code war geknackt.

„Es war mir, als öffne sich eine Tür in ein Spielzeuggeschäft", erinnerte sich Nirenberg in einem Interview mit dem US-amerikanischen Discovery-Channel. Die Möglichkeiten, die sich der Wissenschaft mit dem kleinsten Baukasten der Welt eröffneten, waren gewaltig. In den folgenden Jahren sollten A, C, G und T zum neuen Alphabet der Biochemiker werden. Jedes Lebewesen auf der Erde war nach dem Prinzip Base – Aminosäure – Protein entstanden. Das ließ sich leicht feststellen. A, C, G und T gab es in der DNA von Säugetieren, von Pflanzen, Pilzen und Insekten, von Einzellern und Mehrzellern. Die Schlussfolgerung musste deshalb lauten: Alle Lebewesen sind miteinander verwandt. Neben Mendels Vererbungslehre bewies die Biochemie damit auch noch Teile der Evolutionstheorie Charles Darwins.

Im Werkzeugschuppen der Gentechnik

Nun fehlten noch die Werkzeuge, um DNA zu manipulieren. Noch einmal beriefen sich die Molekularbiologen auf die erfolgreichen Bakteriophagen. Obwohl die Viren nur aus Protein und DNA bestehen, lag noch immer ein Geheimnis in ihnen verborgen. Ließen Biologen die Viren auf Bakterien los, infizierten zwar die meisten Phagen planmäßig ihre Wirte, aber das gelang bei weitem nicht allen. Diese Beobachtung erschien während der frühen Experimente mit

Bakteriophagen nebensächlich, immerhin ging es damals um die Entdeckung des Erbgutträgers und nicht um Randerscheinungen. Nun aber war der genetische Code geknackt, und die Wissenschaft schaute noch einmal bei den Bakteriophagen nach. Wie gelang es einigen Bakterien, die Invasoren abzuwehren? Diesmal kam die Antwort aus Europa.

Der Schweizer Molekularbiologe Werner Arber entdeckte 1962 in einigen Bakterien ein Enzym, das sich gegen die eindringende DNA des Virus zur Wehr setzte. „Restriktionsenzym" nannte Arber den kleinen Helfer der Bakterie. Wie sich herausstellte, lagerte sich das Enzym an der fremden DNA des Virus an, sobald diese in die Bakterie eingedrungen war. Dann schnitt das Enzym die DNA in Stücke. Die Folge: Die DNA war nicht mehr vollständig und konnte die Bakterie nicht mehr veranlassen, in ihrem Sinne Nährstoffe zu produzieren. Die Übernahme war fehlgeschlagen. An der Universität von Michigan ging der Mikrobiologe Hamilton Smith den nächsten Schritt in Richtung Genetik und den ersten in Richtung Gentechnik. Smith fand heraus, welches Enzym in dem Bakteriophagen wirkte und an welcher Stelle es die DNA des Virus zerschnitt. Dabei entdeckte er, dass die DNA nicht zufällig in beliebig große Teile geteilt wurde. Vielmehr ging das Enzym stets an derselben Stelle der DNA zu Werke. Das Ergebnis ließ sich mit anderen Restriktionsenzymen wiederholen, jede Art von Enzym schnitt die DNA an einer anderen Stelle entzwei. Mit ihren Forschungen gaben Arber und Smith der Biologie eine molekulare Schere in die Hand – bis heute sind die Restriktionsenzyme das Grundwerkzeug in den Laboren der Gentechnik.

Ritterschlag für den genetischen Fingerabdruck

Die Möglichkeiten der Genforschung schienen in den 1980er Jahren unbegrenzt. Medikamente wie Insulin ließen sich dank Gentechnik einfacher und in größeren Mengen herstellen. Die Funktion von Schmerzmitteln verbesserte sich. Auch als im Jahre 1984 der britische Biologe Alec Jeffreys den genetischen Fingerabdruck erfand, galt Gentechnik uneingeschränkt als großer Segen für die Menschheit. Noch beschwor niemand den Überwachungsstaat in der Pipette herauf.

Es war genau 9:05 Uhr, als Alec Jeffreys am Montag, dem 10. September 1984, ein Licht aufging. In seinem Labor an der Universität von Leicester entdeckte der Forscher, dass die DNA jedes Menschen einzigartig ist. Zwar glichen sich die Bausteine des Erbguts über weite Strecken, dennoch gibt es winzige Unterschiede in jedem Individuum. Das war eine Sensation: Noch in den 1970er Jahren waren Menschen biologisch nur nach den Blutgruppen A, B, AB und 0 zu unterscheiden – vier Varianten für sechs Milliarden Menschen.

Alex Jeffreys half nach. Erst kurz zuvor hatte der Biologe Mini-Satelliten in der DNA entdeckt – kleine Abschnitte, die sich oft wiederholen und Tandem-Repeats genannt werden. Bei der ersten Entdeckung wiederholten sich stets 33 Basenpaare. „Zunächst hatte ich ein Gefühl von ‚Na und?‘", erinnert sich Jeffreys heute. Die Mini-Satelliten als Teil der DNA zu erkennen war gewiss wichtig, aber die Bedeutung erschloss sich nicht auf den ersten Blick. Dann warf Alex Jeffreys ein Auge auf seine Technikerin Jenny Foxon.

Die Mitarbeiterin hatte bereits für eine andere Testreihe Blut für eine DNA-Untersuchung hergegeben. Nicht nur das: Auch Mitglieder der Foxon-Familie waren genetisch in der Instituts-Datenbank von Leicester verzeichnet. Vielleicht, so ahnte Alec Jeffreys, lassen sich in einer Familie stets dieselben Mini-Satelliten nachweisen. Damit wäre der Beweis von Blutsverwandtschaft erbracht. Das Na-und-Gefühl wich Euphorie. An jenem Montagmorgen hielt Alex Jeffreys den ersten genetischen Fingerabdruck der Welt in Händen. „Es sah aus wie eine furchtbar schmierige, unscharfe Masse", so Jeffreys heute. Dennoch erkannte der Biologe auf Anhieb die Mini-Satelliten in jeder DNA. Die Tandem-Repeats von Vater und Mutter Foxon waren in der DNA der Tochter erkennbar. Keine Frage: Die Testkandidaten waren miteinander blutsverwandt.

Trotz dieser Ähnlichkeiten sah der „genetische Fingerabdruck", wie Jeffreys die Entdeckung nannte, bei jedem Individuum anders aus. Zwar erbte die Tochter die Mini-Satelliten ihrer Eltern, aber die Länge dieser Abschnitte variierte. Trug der Mini-Satellit in der DNA der Mutter 25 Basenpaare, war er in der DNA der Tochter nur 19 Basenpaare lang. Mit dieser Entdeckung schlug Alec Jeffreys zwei Fliegen mit einer Klappe. Zum einen konnte er nachweisen, dass zwei Individuen miteinander verwandt sind, zum anderen, dass jede DNA so einzigartig ist wie ein Fingerabdruck – einzige Ausnahme dieser Regel sind ein-eiige Zwillinge. Gegenüber der Fachzeitschrift „Proceedings of the national academy of sciences" kommentiert Jeffreys die Entdeckung: „Mit einem Mal war uns klar, dass wir tatsächlich auf eine DNA-Methode zur biologischen Identifizierung gestoßen waren. In diesem Moment veränderte sich mein Leben von Grund auf."

Der genetische Fingerabdruck eröffnete ungeahnte Möglichkeiten. Es erschien nun möglich, Vaterschaft nachzuweisen. Die Forensik bekam ein mächtiges Werkzeug in die Hand, um zum Beispiel Brandleichen zu identifizieren. Getrennte Zwillinge konnten hoffen, dank einer Mini-Satelliten-Datenbank einander wiederzufinden. Diese Möglichkeiten spielten sich in den Tagen nach der Entdeckung im Kopf von Alec Jeffreys ab. „Zunächst aber", so Jeffreys, „mussten wir erst einmal dafür sorgen, dass die Wissenschaft überhaupt bemerkte, was wir da entdeckt hatten."

Die Gelegenheit bot sich in Gestalt eines Jungen aus Ghana. Andrew Sarbah lebte mit seiner Mutter Christiana in England. Der Vater lebte in Afrika, die Eltern waren geschieden. 1983 reiste der 13-Jährige nach Ghana, um den Vater zu besuchen. Als er zurückkehrte, nahm ihn die britische Einwanderungsbehörde am Flughafen von London-Heathrow fest. Die Beamten verdächtigten Andrew, den Reisepass gefälscht zu haben oder gar nicht Andrew Sarbah zu sein. Stattdessen fand sich Mutter Christiana mit dem Vorwurf konfrontiert, einen Austausch in Ghana organisiert zu haben, um ein fremdes Kind nach England zu schmuggeln. Dank der Hilfe des Parlamentariers Martin Stevens durfte Andrew zwar zu seiner Mutter nach Hause, doch das Damoklesschwert der Abschiebung schwebte über den Köpfen der Familie.

Heute erscheint es kaum vorstellbar, dass die Verwandtschaft zwischen Mutter und Sohn nicht nachgewiesen werden konnte. Tatsächlich aber liefen alle Versuche, die Behörden zu überzeugen, ins Leere. Sozialarbeiter im Londoner Hammersmith Law Center zogen alle Register. Sie versuchten die Verwandtschaft anhand von Fotos zu belegen und brachten Erklärungen anderer Familienmitglieder vor. Die Behörde erhielt einen DNA-Test des Jungen, der nach herkömmlichen Methoden durchgeführt worden war. Er zeigte zwar die Verwandtschaft von Christiana und Andrew Sarbah, nicht aber, ob es sich tatsächlich um Mutter und Sohn handelte oder nur um ein Verwandtschaftsverhältnis zweiten Grades. Bei einer Anhörung lehnte die Einwanderungsbehörde die gesammelten Beweise als nicht aussagekräftig genug ab.

Ein Zeitungsartikel von 1985 brachte die Wende. In der Presse las eine der Mitarbeiterinnen des Hammersmith Law Center, Sheona York, von der Entwicklung des genetischen Fingerabdrucks durch Alec Jeffreys, meldete sich in Leicester und bat um Hilfe. Der Forscher nahm sich des verzwickten Falles an. Nicht nur war er in der Lage, der Familie aus der Patsche zu helfen, ihm bot sich überdies die einmalige Gelegenheit, den genetischen Fingerabdruck im Feldversuch zu testen. Das aber war kein leichtes Unterfangen, wie sich rasch herausstellen sollte.

Die Familienverhältnisse waren nebulös. Mutter Christiana konnte nicht mit Sicherheit sagen, wer Andrews Vater war. Auch lebten alle ihre Schwestern in Ghana – sie hätten sich ebenfalls dem Test unterziehen müssen, um Verwandtschaft zweiten Grades ausschließen zu können. Alec Jeffreys: „Ich dachte zunächst: ‚Vergiss es! Bei diesem Puzzle fehlen zu viele Teile‘.“ Aber der Genetiker entdeckte eine Hintertür.

Christiana Sabrah hatte drei weitere Kinder, deren Vater eindeutig bekannt war. Anhand der DNA-Proben der Mutter und der Kinder gelang es Jeffreys, die DNA des nicht zur Verfügung stehenden Vaters zu rekonstruieren. Die Idee war einfach: Jene Mini-Satelliten, die zwar in den drei Kindern vorkommen, in der Mutter aber nicht zu finden sind, mussten vom Vater vererbt worden sein. Damit hatte Jeffreys die DNA-Struktur des Vaters erkannt. Was zu tun blieb, war ein simpler Vergleich.

Der Genetiker verglich den genetischen Fingerabdruck von Andrew mit dem der Mutter und dem des Vaters und stellte fest, dass die DNA des Jungen aus den Mini-Satelliten der beiden Erwachsenen zusammengesetzt war. Andrew war der Sohn seiner Mutter. Die Einwanderungsbehörde akzeptierte das Ergebnis. Die Familie durfte zusammen in England leben. „Der Blick in den Augen der Frau hat mich für meine Arbeit belohnt,“ schreibt Alec Jeffereys in seinen Erinnerungen, und der Forscher sollte noch eine weitere Belohnung erhalten. Während viele Fachkollegen in der Vergangenheit für ihre Errungenschaften in der Genetik den Nobelpreis bekommen hatten, ehrte England Alec Jeffreys auf originär britische Art – mit dem Adelstitel. Sir Alec arbeitet noch heute als Professor für Genetik an der Universität von Leicester. Seit seiner Entdeckung des genetischen Fingerabdrucks hat die Vererbungslehre ihre Heimat, die medizinischen Fakultäten, verlassen.

Ein Code mit drei Milliarden Buchstaben

Fortan galt Genetik nicht länger als suspekte Wissenschaft für schrullige Professoren, sondern als zukunftsweisende Technologie mit Alltagstauglichkeit. Allerdings fehlten den Genetikern noch viele wichtige Feinwerkzeuge. Das änderte sich in den 1980er und 1990er Jahren. 1983 entdeckte der US-Forscher Karry Mullis die Polymerase-Kettenreaktion – eine Möglichkeit, DNA-Stücke massenhaft zu vervielfältigen. Dank Mullis' Erfindung wurde es in den 1990er Jahren möglich, aus kleinen Schnipseln von Neandertaler-DNA so viel Material des prähistorischen Erbguts zu kopieren, dass eine Untersuchung überhaupt erst möglich war.

Die Bohrmaschine der Biologie fanden 1997 die US-Forscher Andrew Fire und Craig Mello in einem Wurm. Mit einer Spritze injizierten die Biologen künstliche RNA in ein Exemplar des Fadenwurms Caenorhabditis elegans. Die eingeschleuste RNA war nicht aus einer, sondern aus zwei Strängen zusammengesetzt und ähnelte damit der DNA. Die betroffene Wurmzelle reagierte heftig. Ein Mechanismus tauchte im Zytoplasma auf und zerstörte die künstliche RNA in wenigen Augenblicken. Bei diesem Prozess vernichtete der Mechanismus allerdings auch Teile der eigenen mRNA. Als Resultat konnte die Zelle keine Proteine mehr herstellen. Wie war das möglich? Fire und Mello untersuchten das Phänomen und kamen schließlich zu der Erkenntnis: Das zuständige Gen war bei dem Experiment einfach abgeschaltet worden. RNA-Interferenz nannten Fire und Mello ihre Entdeckung. Sie ist von so großer Bedeutung, dass Andrew Fire und Craig Mello für ihre Arbeiten 2006 den Nobelpreis für Physiologie oder Medizin in Empfang nahmen.

Gene gezielt abschalten – mit RNA-Interferenz ist das möglich. Nicht nur die Biologie profitiert von dieser Weiterentwicklung, es sind vor allem Mediziner, die in der RNA-Interferenz Möglichkeiten zur Behandlung von Krankheiten erkennen. Sie hoffen, Tumore, Virusbefall und Erbkrankheiten durch die Weiterentwicklung der RNA-Interferenz behandeln zu können.

Als 1990 das Human-Genom-Projekt startete, begann das bislang größte Unternehmen in der Geschichte der Genetik. Ziel des Projektes war es, die Abfolge sämtlicher Bausteine menschlicher DNA zu entziffern. Wie die gesamte Wissenschaft wuchs auch das Human-Genom-Projekt rapide. Noch kurz bevor das Projekt begann, wusste niemand auch nur ansatzweise, wie viele Gene der Mensch in sich trägt. Erste Schätzungen beliefen sich auf 3000 – bald war jedoch klar, dass es mehr sein mussten. Die Aufgabe, alle zu finden, schien fast unlösbar. Noch kurz vor Projektstart hatte allein die Entdeckung des Adrenalin-Gens fast zehn Jahre gedauert. Aber der Coup gelang. Dank der gemeinsamen Anstrengung zweier wissenschaftlicher Teams und eines gewaltigen finanziellen Fonds der internationalen Staatengemeinschaft konnte bis Ende 1999 die erste Sequenz eines menschlichen Chromosoms entschlüsselt werden. 2003 war das menschliche Genom vollständig sequenziert. Aus den geschätzten 3000 waren drei Milliarden Genbuchstaben geworden. In Druckform würden sie ein Buch dieses Formats mit 1,2 Millionen Seiten füllen. Aus Gregor Mendels Sonderdruck über die Vererbungslehre von 1865 war das große Buch des Lebens geworden.

Wunder für die Welt – Wahnsinn der Wissenschaft

Segen für die Menschheit oder Fluch aus dem Labor – die Argumente pro und contra Gentechnik sind so zahlreich wie die Bestandteile des menschlichen Genoms. Wo liegen die ethischen Grenzen der Stammzellenforschung – ist ein Embryo schon nach der ersten Zellteilung schützenswert? Ist der genetische Fingerabdruck eine Hilfe für den Kommissar oder ein Helfershelfer des Überwachungsstaates? Als „schiefe Ebene, auf der kein Halten mehr ist", bezeichnete der Frankfurter Philosoph Jürgen Habermas die Debatten um Für und Wider der Genforschung im Jahr 2002. Die Auseinandersetzungen dauern an.

Genetik aber dreht sich nicht nur um Geld und Werte. Mittels Ergebnissen des Human-Genom-Projekts, das weltweit frei zur Verfügung steht, sind immer neue Einblicke in die Funktionsweise der Gene möglich. Die Ergebnisse lassen ein Panoptikum der Biologie entstehen:

Mediziner entdeckten 2006 Störungen bei den Botenstoffen Dopamin und Noradrenalin – vermutlich die Ursache der bei Kindern verbreiteten Krankheit Hyperaktivität.

Durch Gentechnik gelang es 2006 in Kalifornien, die Körpertemperatur von Mäusen um ein halbes Grad Celsius zu senken. Ergebnis: Die Mäuse lebten deutlich länger als ihre warmen Brüder. Überdies waren sie noch in hohem Alter wesentlich aktiver.

2006 gelang die Sequenzierung des Seeigel-Genoms. Erstaunliche Erkenntnis: Die augenlosen Seeigel können sehen – und zwar mit den Füßen.

Ein Gen ist verantwortlich für die Innere Uhr eines Lebewesens. Das fanden Forscher 2006 heraus, die nach den Mechanismen suchten, die Tiere zu bestimmten Tageszeiten Mahlzeiten zu sich nehmen lassen. Die Entdecker der genetischen Inneren Uhr sind Schweizer.

Ein Indianer kennt keinen Schmerz – vielleicht eine wahre Aussage. US-Biologen entdeckten 2006, dass Schmerzempfindlichkeit von Mensch zu Mensch unterschiedlich ausgeprägt ist. Ein Gen regelt die Produktion des Schmerzmoleküls BH4 im Körper.

Der Duft chinesischer Teerosen ist die Ursache einer genetischen Mutation. Das kam 2008 heraus. Europäische Teerosen duften nicht.

Der blinde Höhlenfisch Astyanax mexicanus bekam 2008 durch klassische genetische Rückkreuzung sein Augenlicht wieder.

Britische Forscher verschmolzen im April 2008 die Stammzellen eines Menschen und einer Kuh. Die Zelle lebte drei Tage lang. Per Gesetz darf ein solcher Hybride vierzehn Tage am Leben gehalten werden – der Zellhaufen erreicht dann die Größe eines Stecknadelkopfes. Gegner der Gentechnologie gingen auf die Barrikaden.

Zwischen Horrorszenarien und Hoffnungsträgern entstand bereits Anfang der 1990er Jahre ein neuer Zweig der Wissenschaft: die Paläogenetik. Diesmal aber waren die Verästelungen der jungen Wissenschaft rückwärts gerichtet, in die Vergangenheit.

Zuchtstation für Dinosaurier – Fantasie und Realität der Paläogenetik

Anfang der 1990er Jahre machte George Poinar jun. von der Universität Berkeley im US-Bundesstaat Kalifornien die Paläogenetik zur Sensationswissenschaft. Er entdeckte in vierzig Millionen Jahre alten, in Bernstein eingeschlossenen Termiten gut erhaltene Erbsubstanz. Die Entdeckung inspirierte Buchautor Michael Crichton zu der Saurierfantasie „Jurassic Park". Die Geschichte von den wiederbelebten Dinosauriern sorgte weltweit für Euphorie. Mit einem Schlag schienen alle Probleme der Geschichtsforschung gelöst. In Büchern, Filmen und Vorstellungen stiegen leibhaftige Riesenechsen aus Reagenzgläsern, wurden Einstein und Goethe wiedergeboren und die bedrohten Tierarten der Welt vor dem Aussterben gerettet.

Die Realität erteilte solchen Träumen eine Absage. Die menschliche Erbsubstanz besteht aus Millionen von Bruchstücken. Nur komplett ergeben sie ein vollständiges Bild, eine Blaupause des Lebens. Selbst damit bleiben Klon-Experimente Wunschträume der Paläontologen. Zerfallene DNA wieder zu vollständigen Chromosomen zusammenzusetzen ist jenseits aller wissenschaftlichen Kunst. Noch komplizierter wäre es, aus Chromosomen eine funktionierende Eizelle zusammenzuflicken, aus der sich Leben entwickeln könnte. Die Steuer- und Regelungsenzyme, die beim Heranreifen längst ausgestorbener Lebewesen eine Rolle spielten, haben die Dinosaurier mit ins Grab genommen.

Je älter die Erbsubstanz, desto mehr zerfällt sie in unleserliche Schnipsel. Ein Rückgriff auf Jura, Trias oder Kreide, die Erdzeitalter der Riesenechsen, ist angesichts des DNA-Verfalls eine viel zu große Rolle rückwärts. Bei 50.000 Jahren ist Schluss. Mehr Erfolg versprechen jüngere Epochen, aus denen ebenfalls Überreste von Lebewesen überliefert sind. Auf der Suche nach lohnenswertem Untersuchungsmaterial wurden Paläogenetiker an den Wurzeln der Menschheit fündig.

Der deutsche Paläogenetiker Matthias Krings aus München wagte 1996 ein Aufsehen erregendes Experiment: die Suche nach menschlicher Erbsubstanz in den Knochen eines Neandertalers. Tatsächlich fanden Krings und sein Team nach dreijähriger Vorbereitung, vielen Tests und zwei Versuchen eine Sequenz Neandertaler-Erbmaterial. Das älteste Erbgut der Menschheit war sichergestellt. Ein Vergleich mit den DNA-Strängen anatomisch moderner Menschen ergab: Unsere Gene sind neandertalerfrei.

Diese Meldung ging Anfang 1997 um die Welt. Seither hat sich die Verbindung von Archäologie und Genetik als fruchtbar erwiesen. Heute ist Erbmasse nicht länger ein Brei von Basenpaaren, sondern ein klar strukturiertes Datengerüst, ein historischer Fahrplan durch die Geschichte der Biologie und die Kulturentwicklung des Menschen. Nächste Haltestelle: Evolution.

MENSCHENAFFE, AFFENMENSCH

GENETISCHE SPURENSICHERUNG
AM TATORT EVOLUTION

E inst haben die Kerls auf den Bäumen gehockt", sinnierte Erich Kästner – und der Leser schmunzelte. Kästner hatte Recht, auch ohne
tiefen Einblick in die Evolutionsbiologie unserer Tage. Mensch und Affe haben
einen gemeinsamen Stammbaum, an dem gibt es nichts zu rütteln. Eines Tages
aber trennten sich Gene und Wege von Menschen und Affen. Seither ist die
Frage, wann die frisch gebackene Gattung Homo vom Baum kletterte, ein Rätsel sowohl der Natur- als auch der Kulturwissenschaft. Immerhin geht es um
die Feststellung, wie alt er nun wirklich ist, der Mensch – ein Methusalem der
Erde oder ein Teenager der Evolution.

Die Stoppuhr der Vergangenheit

Gene ticken. Das fanden die Biologen Linus Pauling und Emile Zuckerkandl
1962 heraus. Sie verglichen Arten miteinander, die sich in ihrer Entwicklung
voneinander getrennt hatten, also einen gemeinsamen Vorfahren aufwiesen.
Im Hämoglobin der Testkandidaten fanden die Forscher Aminosäuren, die sich
umso mehr voneinander unterschieden, je jünger die untersuchte Art war. Fazit: Evolution folgt einem Rhythmus.

Die Theorie war geboren – was fehlte, war ein Messergebnis. Der Endpunkt
der Skala war die Gegenwart mit noch lebenden Probanden. Den Anfang fanden die Genetiker in Fossilien, deren Überreste genug Informationen herga-

ben, um die entsprechenden molekularen Stellen identifizieren zu können. In den alten Knochen steckte der entscheidende Wissensbonus: Die Fossilien waren auf herkömmliche Art datierbar. Geologen und Archäologen hatten ihre Herkunft durch naturwissenschaftliche Methoden außerhalb der Genetik bereits festlegen können. Damit war auch der Startpunkt des evolutionären Wettlaufs geortet. Nun musste die Strecke abgeschritten werden.

Seither gilt: In jeder biologischen Art tickt eine molekulare Uhr. Ihre Ganggeschwindigkeit ergibt sich aus der Zeit der Evolution dieser Art und aus der Mutationsrate der Gene. Die Entdeckung ließ Historiker und Biologen aufhorchen. War der Rhythmus für eine Art festgestellt worden, für die datierte Fossilien vorlagen, ließ sich mit dieser Schablone auch das Alter von Arten bestimmen, deren Anfang nicht fossil belegt und deshalb unklar ist. Prominentester Prüfling für einen solchen Test wäre der Mensch, dessen wahres Alter sich im Streit um Fossilfragmente aus Ostafrika verliert.

Aber der Traum von der Bestimmung der menschlichen Geburtsstunde blieb zunächst unerfüllt. Gene sind bisweilen unberechenbar. Viele Faktoren lassen den Rhythmus der molekularen Uhr schwanken und machen vermeintlich exakte Messungen zur Schlitterpartie. Dazu zählt die Dauer einer Generation. 1999 stellte der US-Biologe Francisco Ayala fest, dass die molekulare Uhr umso schneller geht, je kürzer die Dauer einer Generation ist, oder andersherum – je schneller sich die Art fortpflanzt. Hingegen, so Ayala, gehe die Uhr langsamer, je größer eine Population ist. Denn je mehr Individuen einer Art existieren, umso seltener kommen die Mutationen einzelner zum Tragen. Die Veränderung der Erbanlagen, die bei einem von nur zwei Individuen einer Population mit Sicherheit weitervererbt werden würde, hat bei 1000 Individuen nur eine geringe Chance zu überleben.

Die Uhr tickt, aber ihr Räderwerk ruckelt. In Labors schleichen sich Ungenauigkeiten ein und kommen als Merkwürdigkeiten wieder heraus. So soll eine entscheidende Verzweigung im Stammbaum der Tiere, aus der sich später sowohl der Mensch als auch die Stubenfliege entwickelten, molekularen Studien zufolge 1200 Millionen Jahre alt sein. Das widerspricht allerdings der Datierung von Fossilien, die als früheste Dokumente der Ausbreitung höherer Tiere gelten. Sie sind mit 543 Millionen Jahren gerade einmal halb so alt. Die molekulare Uhr schlägt dreizehn.

Eine Stellschraube fand 2004 der französische Biologe Emmanuel Douzery. An der Universität von Montpellier wies Douzery darauf hin, dass sich die Ungenauigkeit der Messung reduzieren ließe, indem jede Gattung ihre eigene Mutationsgeschwindigkeit bekäme. Douzery nahm Maß und fand, dass die Veränderungen der Gene tatsächlich in Pflanzen in einem anderen Takt ablaufen als bei Tieren, Pilzen oder Einzellern. Im Labor kalibrierte der Franzose für jeden eine eigene Ganggeschwindigkeit der Gene und rechnete zurück. Demnach gibt es Pflanzen seit 1010 Millionen Jahren, Pilze und Tiere seit 984 Millionen Jahren. Die Trennung der Vorfahren von Mensch und Stubenfliege schraubte Douzery zurück auf 695 Millionen Jahre und damit in die Nähe der Daten aus Fossilien. Die weiterhin klaffende Lücke von 150 Millionen Jahren erklärte der Biologe mit dem Zeitraum, der zwischen Entstehung und Ausbreitung einer Art liege.

Die Entdeckung der evolutionären Eckdaten schlug Wellen, aber der Sturm im Reagenzglas ließ noch auf sich warten. Schließlich fassten US-Genetiker das heiße Eisen Menschwerdung an, an dem sich Anthropologen seit Jahrzehnten die Finger verbrennen. Wann trennten sich Mensch und Affe?

Vom Geröllgerät zur Genanalyse

Bisherige Schätzungen sind vage. Irgendwann zwischen drei und dreizehn Millionen Jahren vor heute sollen die Gattungen getrennte Wege gegangen sein. Mancher Forscher meint, das Schädelfragment des etwa sieben Millionen Jahre alten Sahelanthropus tschadensis sei mit Sicherheit bereits hominid. Dem halten Kritiker entgegen, dass das Bruchstück eines einzigen Knochens nicht aussagekräftig genug sei, um eine ganze Art zu bestimmen. Zweiter Kandidat auf der Bewerberliste für den Posten des ersten Menschen ist Orrorin tugenensis, ein etwa sechs Millionen Jahre alter Typus, dessen Überreste Martin Pickford 2000 in Kenia entdeckte und der pünktlich zum Jahrtausendwechsel als „Milleniummann" durch die Presse spukte. Doch ob sich zu diesem Zeitpunkt tatsächlich Mensch und Affe trennten, ist fragwürdig.

Da sich die biologische Trennung nicht eindeutig nachweisen ließ, rätselten Archäologen bislang an Artefakten herum. Wann begann die Menschwerdung in kultureller Hinsicht? Mit der Erschaffung der ersten Werkzeuge oder mit der Nutzung von Werkzeugen, welche die Natur Menschen und Affen in die Hand legt? Ist ein Grabstock schon ein Zeichen für Menschwerdung oder wird er es erst, wenn ein Steinbeil daran befestigt wird?

Die frühesten bekannten Artefakte, also künstlich hergestellte Hinterlassenschaften des Menschen, sind so genannte Geröllgeräte aus Ostafrika. Sie entstanden aus der Notwendigkeit eines scharfen Werkzeugs, vermutlich, um Fleisch damit zu zerlegen. Dazu schlugen die frühesten Erfinder zwei runde Geröllsteine gegeneinander, bis einer davon brach. Perfektes Design der Altsteinzeit: Auf der einen Seite war das Werkzeug rund und lag gut in der Hand, auf der anderen hatte es nun eine scharfe Kante. Die ältesten dieser Geröllgeräte sind 2,4 Millionen Jahre alt. Ihr Erfinder war Homo habilis, der sich dank dieses Patents den Namen „der geschickte Mensch" verdiente. Einige Millionen Jahre später entdeckten die Nachfahren der Geröllmeister die Genetik und damit eine Möglichkeit, in die Zeit vor den ersten Steinwerkzeugen zurückzublicken.

Diesmal stand die Werkstatt in Arizona. An der dortigen Staatsuniversität warf der Genetiker Sudhir Kumar einen Blick ins Räderwerk der molekularen Uhr von Meerkatzenartigen. Von diesen Affen war der Zeitraum bereits bekannt, in dem sie sich von jenem Stammbaum trennten, auf dem später der Mensch sitzen sollte. Datierung: 24 bis 35 Millionen Jahre vor heute. Genug Zeit für die Meerkatzen, Mutationen zu entwickeln. Heute haben sich aus den frühen Typen 59 Arten gebildet. Je mehr Unterschiede zwischen den Arten, umso häufiger waren die Gene mutiert, und das brauchte eine gewisse Zeit. Gemessen an der Häufigkeitsskala, in der eine genetische Mutation stattfindet, ergab sich für die Meerkatzen ein Entwicklungszeitraum von 24 bis 35 Millionen Jahren vor heute. Dieses Ergebnis lag bereits aus anderen Untersuchungen vor, als Sudhir Kumar eine Idee kam.

Vorausgesetzt, die Mutationshäufigkeit der Gene ist bei verwandten Arten in etwa gleich, ließe sich mit dieser Stoppuhr auch die Entwicklung des Menschen messen. Das Biologenteam in Arizona verglich nun die Gene der eigenen Gattung mit Schimpansen, Makaken und Mäusen, notierte die Unterschiede und zählte die Mutationen aus, die zu diesen Unterschieden geführt hatten. Das Resultat war die erste wissenschaftlich geprüfte Geburtsurkunde des Menschen, abgestempelt frühestens vor fünf, spätestens vor sieben Millionen Jahren.

Brief und Siegel bekamen damit sowohl der Milleniummann als auch sein Konkurrent auf den Seniorentitel, Orrorin tugeniensis. Beide hatten in dem von Sudhir Kumar festgestellten Zeitraum der frühen Menschwerdung gelebt. Damit ergab die Untersuchung ein diplomatisches Ergebnis, denn welcher von den beiden Kandidaten letztendlich die so genannte Krone der Schöpfung begründete und tragen darf, bleibt weiterhin offen.

Rauswurf für Rassenideologen

Der Mensch ist ein Mutant. Seit seiner Entstehung machte er bislang unzählbare Veränderungen durch – mehr als die meisten anderen Lebewesen. Peter Keightly von der Universität Edinburgh fand heraus, dass der bei den Kollegen in Arizona festgestellte evolutionäre Startschuss der Hominiden vor etwa sechs Millionen Jahren der Gattung genug Zeit ließ, um wenigstens hundertvierzigtausendmal das Erbgut zu verändern. Vor allem die regulatorischen Bereiche, die das Ablesen weiterer Gene ermöglichen, blieben oft in Bewegung. Ratten und Mäuse, die ebenfalls seit annähernd sechs Millionen Jahren über die Erde trippeln, haben sich an den entsprechenden Stellen im Erbgut kein einziges Mal verändert. Woran liegt das? Muss der Mensch die Nager als perfektere Ergebnisse der Evolution anerkennen? Für Peter Keightly lag eine mögliche Erklärung darin, dass die gesamte heutige Population des Menschen möglicherweise von nur etwa 10.000 Individuen abstammt. Nur durch dieses in der Biologie „Flaschenhalseffekt" genannte Phänomen hätten sich auch die vielen Mutationen durchsetzen können, die sonst im Regelfall durch Selektion eliminiert worden wären, so der Genetiker. Bei Ratten und Mäusen lag der Fall anders. Die Nagetiere waren zum fraglichen Zeitpunkt weit verbreitet, es gab sie überdies in großer Zahl. Unter solchen Voraussetzungen geht die Mutation eines einzelnen Gens in der Masse der Individuen unter.

Das Auszählen der menschlichen Gene legte nicht nur Geburtsstunde und Herkunft der Hominiden fest, es räumte auch mit ideologischen Diskussionen um Menschenarten auf. Die Unterarten entstanden vermutlich nach Ende der letzten Eiszeit vor mehr als 10.000 Jahren – eine Entwicklung, die auch soziale und politische Folgen hatte.

Die Behauptung der Rassenideologen, Menschen seien biologisch in Formen unterteilbar, hat an Boden verloren. Zwar sind Unterschiede zwischen einzelnen Populationen feststellbar, aber eine allgemein gültige Unterteilung konnte bislang niemand unangefochten vornehmen. Während manche von den vier Gruppen Europiden, Mongoliden, Indianiden und Negriden sprechen, sind es für andere mehr als vierzig Formen, die durch Vermischung entstanden sind. Die Zahlen schwanken. Ohne Fundament aber ist Naturwissenschaft auf Sand gebaut. Biologen winken bei der Artendebatte heute meist ab. Die „Menschenrasse" gilt nicht länger als biologische Kategorie, sondern als sozialpsychologisches Konstrukt. Dennoch ebben die Diskussionen nicht ab.

Dem schiebt erst die Genetik einen Riegel vor. Der augenscheinlichste Unterschied in der Entwicklung der Menschenformen ist die Hautfarbe. Das optisch Eindrucksvollste aber täuscht über die inneren Werte hinweg. Der Biologe Esteban Parra fand an der Universität von Toronto im kanadischen Mississauga heraus, dass nur eine Handvoll Gene die Hautfarbe beeinflusst, der Mensch aber trägt insgesamt 3,1 Milliarden Gene im Erbgut.

Eine Absage erteilte die Genetik 2004 auch jenen Medizinern, die an Krankheiten glauben, die angeblich ausschließlich bestimmte Menschenarten heimsuchen. Francis Collins, einer der Leiter des Human-Genom-Projektes, hatte sich mit einem Team von Wissenschaftlern der Frage gewidmet, ob und wie menschliche Arten anhand von Genen bestimmbar sind. Grundlage der Debatte war die im April 2003 für vollendet erklärte vollständige Entzifferung der Abfolge der menschlichen Genomsequenz. Das Ergebnis schmetterte die Argumente der letzten Unverbesserlichen nieder. „In vielen Fällen", so Collins, „liegen die Ursachen für gesundheitliche Schwächen nicht in den Genen, sondern sind auf Kultur, Ernährungsgewohnheiten, den sozioökonomischen Status, Zugang zu medizinischer Versorgung, Bildung, Umwelteinflüsse, den gesellschaftlichen Status, Diskriminierung und Stress zurückzuführen." Ausnahmen seien jedoch bekannt, räumt Collins ein, etwa die Tay-Sachs-Krankheit bei aschkenasischen Juden und die Sichelzellenanämie der Schwarzafrikaner.

Der Mensch verändert sich noch immer mit für Genetiker erstaunlicher Geschwindigkeit. Ein Motor, der die Gene des Menschen in Bewegung hält, ist

Kultur. Das Enzym Laktase sorgt dafür, dass im Körper von Homo sapiens Milchzucker abgebaut werden kann. Vor 10.000 Jahren fehlte davon im Erbgut noch jede Spur. Bis dahin lebte der Mensch ausschließlich von der Jagd, vom Früchtesammeln und an wenigen Quellorten der Zivilisation bereits vom Ackerbau. Die Domestizierung milchgebender Tiere ließ noch auf sich warten; sie mag dadurch verzögert worden sein, dass die ersten Viehzüchter der Welt zwar das Fleisch der Tiere schätzten, die Milch von Schaf, Rind und Ziege für sie aber ungenießbar war. Wann sich das Enzym in den Genen des Menschen einnistete, ist unbekannt, aber es sorgte dafür, dass die Hirten die Milch ihrer Tiere trinken konnten. Auch die Ausbreitung der neuen Nahrungsquelle lässt sich anhand des Laktase-Enzyms verfolgen: Die Milchmänner aus dem Vorderen Orient zogen westwärts.

Heute tragen etwa neunzig Prozent aller Europäer die Genvariante, die ihnen den Genuss von Milch erlaubt. Die Verbreitung der Milch als Nahrungsmittel lässt sich damit ebenso feststellen wie das Phänomen, dass der Mensch seit der Entstehung des Homo sapiens keineswegs zur Ruhe kam. Die Evolution geht weiter.

Affenzwilling auf zwei Beinen

Wie rasch verändert sich der Mensch? – wollte Benjamin Voight von der Universität Chicago 2006 wissen. Dem Biologen lagen die Auswertungen des Erbmaterials verschiedener Menschengruppen vor, 60 Daten stammten von den Yoruba in Nigeria, 89 von Ostasiaten aus den Städten Tokio und Peking, 60 von Europäern.

Voight entdeckte, dass in den vergangenen 10.000 Jahren etwa siebenhundert menschliche Gene eine Mutation durchgemacht hatten. Dazu gehörte die Herausbildung des Enzyms Laktase ebenso wie die Entstehung der verschiedenen Hautpigmente – beide Phänomene sind Reaktionen auf Umwelteinflüsse. Wichtige Erkenntnis am Rande: Alle Menschen unterscheiden sich. Manche in mehreren DNA-Bausteinen, einige sogar nur in einem einzigen. Nur eineiige Zwillinge sind von dieser Regel ausgenommen. Sie gleichen sich wie ein Ei dem anderen.

Das eigentliche Ziel des Projektes aber war es, die Unterschiede zwischen Menschen und Schimpansen herauszufinden und erst einmal zu beweisen, dass es so etwas überhaupt gab.

Das war einige Monate zuvor in Frage gestellt worden. Kurz nach der Entdeckung, dass die Entwicklung von Menschen und Affen vor etwa sechs Millionen Jahren auseinandergegangen war, hatte der Vergleich des komplett entzifferten Erbgutes beider Arten für Aufsehen gesorgt. Ergebnis: Schimpanse und Mensch sind enger miteinander verwandt, als Homo sapiens bislang angenommen hatte. 98,8 Prozent der Genome sind deckungsgleich. Demnach verdankt der Mensch nur 1,2 Prozent seiner DNA, dass er nicht als dicht behaartes Säugetier an Blättern kaut. Das Ergebnis sorgte für Unruhe in den biologischen Fakultäten. Schon riefen Zoologen nach neuen Definitionen. Der Mensch, so die Forderung, sollte keinen eigenen Gattungsplatz im Stammbaum des Lebens mehr besetzen dürfen. Charles Darwin hätte sich die Hände gerieben. Aber Homo sapiens kam noch einmal davon.

Bereits 1975 hatten Genetiker vermutet, dass nicht allein die Gene den kleinen Unterschied im Inneren groß herauskommen lassen. Es müssen andere Faktoren eine so wichtige Rolle gespielt haben, dass Menschen und Affen sich trennten. Hauptverdächtiger war die Boten-RNA, auch Messenger-RNA oder mRNA genannt. Diese Ribonukleinsäure enthält eine Kopie der DNA und trägt die Informationen für die Proteinbiosynthese. Dabei entstehen Proteine, die vom Körper unter anderem zum Aufbau der Zellstruktur oder als Hormon verwendet werden. Jedes Protein benötigt die Informationen des genetischen Codes, den die mRNA liefert. Der Vorgang ist bei allen Lebewesen gleich, aber einige sind schneller als andere.

Durch die Geschwindigkeit seiner mRNA gewinnt der Mensch im Wettlauf um den besten Evolutionsplatz das Rennen um Haaresbreite vor den Affen. Das fand Yoav Gilad an der US-amerikanischen Yale-Universität 2006 heraus. Er untersuchte die Leberzellen von Menschen, Schimpansen, Orang-Utans und Rhesusaffen. Über die Hälfte der darin enthaltenen Gene waren bei allen Probanden gleich aktiv. Vierzehn Gene aber arbeiteten beim Menschen am schnellsten. Damit stand für Gilad fest: „In den fünf Millionen Jahren der Entwicklung des Menschen kam es zu raschen Veränderungen in einer bestimmten Gruppe von Genen." Für den Biologen ist es vorstellbar, dass die Umstellung der Ernährungsgewohnheiten dabei eine wichtige Rolle spielte. Immerhin ist der Mensch das einzige Tier, das seine Nahrung kocht. Wie bei der Entwicklung der Laktase wird auch dieser Eckpunkt des kulinarischen Lebens nicht ohne Spuren im Erbgut von Homo sapiens geblieben sein: Durch die warmen Mahlzeiten stimuliert, arbeitete die Boten-RNA auf Hochtouren – Mensch und Affe begannen endgültig, getrennte Wege zu gehen.

Die Entdeckung des Menschenfresser-Gens

Die Genetik hatte den Menschen vom Affen getrennt – als nächstes stempelte sie ihn zum Kannibalen ab. Das Fleisch, das über frühen Feuern brutzelte und für rasante Mutationen bei Homo sapiens gesorgt haben soll, könnte Menschenfleisch gewesen sein. Diese These stellte der Londoner Biologe Simon Mead auf, erntete Kritik, aber servierte Beweise.

In der Kulturgeschichte Europas ist der Kannibalismus ein Ungeheuer aus den Märchen. Menschen, die Menschen mit Genuss essen, gibt es ausschließlich in den Schauergeschichten der Kolonialzeit. Im 16. und 17. Jahrhundert brachten Kolonialisten und Konquistadoren von ihren Reisen in die Neue Welt Seemannsgarn heim nach Europa, in dem es um zerstückelte Opfer ging, die im Kochtopf der Eingeborenen gelandet oder gar roh verspeist worden sein sollen. Bis heute ist der Missionar im Kochtopf beliebtes Sujet bei Karikaturisten.

Als Ethnologen in den folgenden Jahrhunderten nachforschten, fanden sie vom Gewaltkannibalismus der vermeintlich Wilden allerdings nichts. Vielmehr entdeckten sie, dass es bei manchen Völkern tatsächlich einen Ritus gibt, in dessen Verlauf Teile menschlicher Körper verspeist werden. Noch heute verbrennen die Yanomami im Amazonas-Regenwald ihre Toten und rühren die Asche in einer komplexen Zeremonie in eine Bananensuppe, die ein zuvor Ausgewählter in sich aufnimmt. Solche Praktiken zeigen keinesfalls Menschen als Leichen fressende Bestien. Sie sind Beispiele für einen sorgsamen Umgang mit dem Tod. In vielen Fällen dient die Aufnahme des Toten in den Körper der Lebenden dem Glauben an den Erhalt der Seele.

Eine gefährliche Form dieses rituellen Kannibalismus praktizierten die Fore, ein Stamm in Papua-Neuguinea. Sie verspeisten das Gehirn ihrer Verstorbenen.

Der Ritus verbreitete sich vermutlich Ende des 19. Jahrhunderts, hielt sich aber nicht lange. Bereits Mitte der 1950er Jahre wurde er von der australischen Regierung verboten. Diese kurze Zeit aber genügte, um eine Krankheit bei den Fore entstehen zu lassen: Kuru, „der lachende Tod", wie ihn die Fore nannten. Wer von Kuru befallen wurde, begann krankhaft zu lachen, beim Gehen zu schwanken, zu zittern, erlitt schwere Fälle von Demenz und starb wenige Monate später. Niemand wusste, woher Kuru kam. Aber die Krankheit ging zurück, nachdem die Regierung die kannibalistischen Praktiken verboten hatte. Der Zusammenhang war deutlich. Die Fore erkrankten durch das Essen der Leichenhirne. Wieso das Essen von Menschenhirn krank macht, blieb vorerst ein Rätsel.

In der südenglischen Grafschaft Sussex dachte 1985 zunächst niemand an Kuru, als „Kuh 133" begann, beim Gehen zu schwanken. Das Rind zog die Beine nach, knickte immer wieder ein, keilte beim Melken aus und verlor schließlich die Orientierung. Den Stallgenossen erging es bald darauf ähnlich. Eine Untersuchung von „Kuh 133" offenbarte Löcher im Hirn des Tieres. Die europäische Landwirtschaft hatte ihren ersten Fall von Boviner spongiformer Enzephalopathie (BSE) und den als „Rinderwahnsinn" bekannten größten Nahrungsmittelskandal der Landwirtschaftsgeschichte.

Woher kam BSE? Wie bei Kuru blieb auch bei der Rinderkrankheit die Ursache zunächst ungeklärt. Dann entdeckten die BSE-Detektive die Tatwaffe im Tierfutter. Die infizierten Kühe waren mit Tiermehl gefüttert worden, in dem kranke Schafe verarbeitet waren. Die Schafe wiederum hatten an Scrapie gelitten, einer Variante von BSE. Damit schien der Fall gelöst. Als sich die Wissenschaft jedoch zu Wort meldete und behauptete, durch die BSE-Fälle einen neuen Krankheitserreger entdeckt zu haben, winkten die britischen Landwirtschaftsbehörden noch drei Jahre nach dem Tod von „Kuh 133" ab. Alles lief weiter wie zuvor. Aber weitere Fälle von Rinderwahnsinn ließen die Öffentlichkeit aufschreien und die Behörden aufhorchen. Nun endlich schenkten die offiziellen Stellen in Großbritannien den Genetikern Gehör, die schon geraume Zeit versuchten, auf seltsame Strukturen in ihren Reagenzgläsern aufmerksam zu machen.

Prionen waren für BSE verantwortlich. Das sind infektiöse Proteine, die der US-Mediziner Stanley Prusiner 1982 entdeckt hatte. Vor allem in den Nervenzellen des Gehirns vermehren sich Prionen dadurch, dass sie gesunden Proteinen ihre abnorme Struktur aufzwingen. Von einer bestimmten Konzentration an zerstören die Prionen die Zellen, sie durchlöchern das Gewebe, das schließlich aussieht wie ein Schwamm (spongiform). Prusiner, dessen Theorie der BSE-geschüttelte Krisen-PR-Stab der britischen Ministerien zunächst nicht beachtete, erhielt 1997 den Nobelpreis für Physiologie oder Medizin.

Kuru, Scrapie und BSE – die Parallelen zwischen den Krankheiten waren auffällig. Der Störungsverlauf war bei Kühen, Menschen und Schimpansen ähnlich. Auf die Affen hatten Forscher in den 1960er Jahren die Krankheit zu Versuchszwecken übertragen. Auch der Verzehr des Fleisches von Artgenossen schien eine Rolle zu spielen. Noch einmal holten Mediziner die rätselhaften Todesfälle bei den Fore aus dem Archiv und verglichen die Untersuchungsergebnisse: Tatsächlich stellte sich heraus, dass auch Kuru auf Prionen zurückgeht, die im Nervensystem Eiweiße zu faserartigen Strukturen verklumpen. Kannibalismus kann krank machen.

Historikern wäre diese Erkenntnis nicht aufregend erschienen, wenn sich nicht 2003 Simon Mead am University College London gefragt hätte, warum nur einige Fore an Kuru erkrankt, andere aber gesund geblieben waren. Auf dem Prionen-Gen PRNP entdeckte Mead eine Mutation, welche einen Teil der Fore offensichtlich vor der Krankheit schützte. Das Protein trug entweder Valin oder Methionin, beides Aminosäuren. Erkrankt waren stets jene Fore, die von beiden Elternteilen jeweils dasselbe Gen erhalten hatten, also zweimal Valin oder zweimal Methionin. Wer aber von jedem Elternteil eine andere Genvariante erhielt, war gegen Kuru immun. Ein Rückschluss auf die Geschichte des Menschen drängte sich auf. Aber dem britischen Biologenteam fehlte es noch an Belegen.

Mead fand heraus: Was auf Papua-Neuguinea funktionierte, gilt auf der ganzen Welt. Menschen, die von Vater und Mutter je einmal Valin und Methionin an der entsprechenden Position erhalten, sind gegen die neue Variante der Creutzfeldt-Jakob-Krankheit immun. Diese Krankheit ist erst seit 1996 bekannt und wird durch den Verzehr von mit BSE-Erregern verseuchtem Rindfleisch übertragen. Simon Mead stellte sich die Frage: Wieso ist der Mensch gegen eine Krankheit immun, die es erst seit wenigen Jahren gibt?

Die Antwort lag auf der Hand. Da Selektion und Mutation in den Genen von Homo sapiens Prozesse sind, die viele Tausend Jahre dauern, ist es wahrscheinlich, dass schon die meisten Menschen der Frühgeschichte gegen eine dem Kuru ähnliche Krankheit immun waren. Die Verbindung von Valin und Methionin könnte es den Hominiden ermöglicht haben, das Fleisch der eigenen Art zu essen, ohne durch den Verzehr zu erkranken und auszusterben. Mead schätzte, dass die Gene sich vor etwa 500.000 Jahren an die rohe Kost anpassten. Der moderne Mensch und sein Vetter, der Neandertaler, waren zu dieser Zeit allerdings noch nicht entwickelt. Die Welt gehörte Homo heidelbergensis.

Einen Misston hörte eine Genetikerin aus Spanien in der Komposition ihres Londoner Kollegen. Marta Soldevilla versuchte 2006 die Forschung Simon Meads zu reproduzieren und kam zu einem anderen Ergebnis. An der Pompeu-Fabra-Universität in Barcelona nahm Soldevilla das PRNP-Gen von 174 Individuen unter die Lupe und fand heraus, dass es in 28 Versionen vorkommen kann. Daran sei allerdings nicht erkennbar, dass die fraglichen Aminosäuren in der immunisierenden Kombination gehäuft auftauchten, so die Biologin, vielmehr wirke die Verteilung der Genversionen wie zufällig. Auch bei der Datierung des Kannibalen-Gens gehen die Meinungen auseinander. Der zurückgedrehte Uhrzeiger bringt das Team um Marta Soldevilla auf eine Datierung von vor 200.000 Jahren und damit in die Nähe der Entstehung von Homo sapiens. Der Unterschied umfasst eine Zeitspanne von 300.000 Jahren.

Die Trennkost der Evolution

Während die Frage nach dem Kannibalen-Gen zunächst offen blieb, fand ein Forscherteam in Leipzig heraus, dass die Art der Nahrung tatsächlich die Aktivität der Gene beeinflusst. Für das Beispiel der Laktose, die dem Menschen vor 10.000 Jahren erst das Milchtrinken ermöglichte, bedeutet diese Erkenntnis, dass Homo sapiens in der Jungsteinzeit zunächst Milch probierte und daraufhin das Enzym ausbildete – über einen Zeitraum mehrerer Generationen. Der umgekehrte Fall, dass wenige Individuen das Enzym vorab besaßen, dann erst die Milch aus dem Euter molken und fortan gegenüber Individuen ohne Laktaseenzym einen Vorteil hatten, scheint ausgeschlossen. Den Beleg dafür fand Mehmet Somel im Januar 2008 in einer Maus.

Gleich ein Dutzend der Nager fraß sich bei einem Test im Max-Planck-Institut für evolutionäre Anthropologie in Leipzig rund und satt. Eine der Mäusegruppen bekam Obst und Gemüse vorgesetzt – Schimpansendiät. Auch die nahen Verwandten des Homo sapiens ernähren sich in erster Linie vegetarisch. Gelegentlich darf es aber auch ein Stück Fleisch sein. Mäusegruppe zwei knabberte vom Tagesmenü der Institutskantine: statt Rohkost gab es Gebratenes und Gekochtes – ein historisches Menü, denn der Frühmensch stellte sich zu einem bislang unbekannten Zeitpunkt seiner Geschichte auf warme Mahlzeiten um. Möglicherweise – so vermuten Anthropologen – bildeten sich dank weichgekochter Nahrung beim Vorläufer des Menschen die langen Zähne zurück, mit denen Schimpansen noch heute imponieren. Die dritte der Leipziger Mäusegruppen fand in ihren Näpfen Fast-Food, Reste von Hamburgern und Pommes frites nach den Rezepten einer US-amerikanischen Kette. Die vierte und letzte Gruppe bekam gewöhnliches Mäusefutter vorgesetzt, ihre Daten sollten als Vergleichsmodell dienen. Zwei Wochen schlemmten die Mäuse, dann sahen die Genetiker nach, wie sich die Tiere verändert hatten.

Wie zu erwarten war: Die Fast-Food-Tiere hatten den größten Körperumfang entwickelt. Mit diesem Ergebnis wollten sich die Forscher in Leipzig aber nicht abspeisen lassen, entnahmen Mäuse-DNA aus der Leber und verglichen die Messwerte mit jenen Daten, welche die Tiere mit normalem Mäusefutter geliefert hatten. Resultat: In der Leber war die Hölle los. Von 13.168 abgelesenen Lebergenen zeigten 830 veränderte Aktivität. Immerhin kommen 117 dieser Gene auch bei Menschen und Schimpansen vor. Eine vergleichbar heftige Reaktion ist demnach bei Homo sapiens und Primaten zu erwarten.

Auf das Gehirn der Mäuse hatte die Trennkost offenbar keine Auswirkung – mit einer Ausnahme: Die Fast-Food-Gruppe zeigte auch im Denk- und Steuerorgan veränderte Genaktivität. „Das wirft die faszinierende Frage auf, welche Effekte eine Fast-Food-Ernährung auf das Gehirn hat", resümieren die Forscher um Mehmet Somel. Diese Frage muss zunächst unbeantwortet bleiben.

Bis zum Homo frittensis ist es noch ein weiter Weg. Schon jetzt aber wirft das Leipziger Experiment neues Licht auf die Vergangenheit des Menschen. Dessen Essgewohnheiten lassen sich nur ungefähr rekonstruieren. Anthropologen schätzen, dass die Vorfahren der Hominiden vor mehr als sieben Millionen

Jahren begannen, Aas zu fressen. Die Umstellung von rein vegetarischer Kost auf gelegentlichen Fleischkonsum mag durch Notsituationen hervorgerufen worden sein. Dürreperioden können das pflanzliche Nahrungsangebot dramatisch eingeschränkt haben. Um nicht zu verhungern, lasen die Frühmenschengruppen auf, was sie am Boden fanden – dazu werden auch Tierkadaver gehört haben. Frischfleisch gab es nur in Glücksfällen; Jagen war eine Kunst, die vermutlich erst Homo habilis vor 2,4 Millionen Jahren entwickelte; immerhin erfand diese Menschenart auch das erste Werkzeug. Einen weiteren Stern auf der Menükarte erhielten die Vorfahren des Menschen durch die Entdeckung, dass Fleisch über einem Feuer gegart werden kann. Die ältesten Belege für kontrollierte Brände stammen vom Turkanasee in Afrika und sind 1,6 Millionen Jahre alt. Sollten die Flammen zu dieser Zeit neben ihrer Funktion als Wärmespender und Lichtquelle schon als Herdstelle gedient haben, hieße der Chefkoch Homo erectus. Allerdings waren die Brände noch zufällig – vermutlich durch Blitzeinschlag erzeugt und von den Hominiden gehütet. Welcher Menschenart schließlich der zündende Gedanke kam, selbst Feuer zu entfachen, weiß niemand. Heute gilt der Verzehr rohen Fleisches als Gespenst aus der menschlichen Vergangenheit.

Das Experiment in Leipzig legt nahe, dass diese Stationen der Steinzeitküche eng mit der Entwicklung des Menschen verbunden gewesen sind. Wer Fleisch statt Blätter aß, brachte seine molekularen Aktivitäten in Schwung. Welche Veränderungen die neuen Nahrungsquellen bei den Hominiden auslösten, ist noch unbekannt. Nach einigen Generationen mag es im Enzymhaushalt einen Unterschied zwischen Vegetariern und Fleischessern gegeben haben. Während die einen auf den Bäumen blieben, um weiter Blätter zu kauen, streiften die anderen am Boden umher, um nach Tierkadavern zu suchen. Vielleicht half der Fleischkonsum dem Frühmenschen sogar auf die Sprünge und spielte eine Rolle bei der Entwicklung des aufrechten Gangs. Der US-Anthropologe Owen Lovejoy vermutet, dass teilweise aufrecht gehende Individuen den entscheidenden Vorteil hatten, dass sie gesammelte Nahrung mit beiden Händen nach Hause tragen und deshalb größere Mengen an Vorräten anhäufen konnten als jene, die hartnäckig auf vier Beinen liefen. Heißhunger auf Fleisch, hervorgerufen durch eine veränderte DNA-Struktur, mag dabei eine Rolle gespielt haben.

Verräterische Vor-Verdauung

Evolution geht durch den Magen – dieser Ansicht ist auch Nathaniel Dominy. Doch statt Fleisch hält der Molekularbiologe aus den USA Wurzeln und Knollen für besonders gehaltvoll, wenn es um die Aussagekraft geht. An der Universität von Kalifornien in Santa Cruz versuchte Dominy den Speiseplan der frühen Menschen zu rekonstruieren und darin das Rezept der Menschwerdung zu entdecken.

Ging es um Steinzeit-Leckereien, fühlten Forscher Fossilien bislang immer nur auf den Zahn. Ragen bei einer Art lange Eckzähne aus dem Kiefer, gilt das meist als Zeichen dafür, dass rohe oder harte Kost zerkleinert werden musste. Die Vermutung liegt nahe, der Mensch habe sich von den beim Affen noch sichtbaren Hauern getrennt, als er lernte, seine Nahrung weichzukochen. Manche Schlussfolgerung aber war falsch. So galten die Zähne des Orang-Utan bislang als Hinweis darauf, dass diese Affenart mit dem Menschen enger verwandt ist als Schimpanse oder Gorilla. Diese Verwandtschaft von Homo sapiens und Orang-Utan soll in den Backenzähnen ablesbar sein, die sich stark ähneln. Doch Erkenntnisse der Genetik versalzten den Anthropologen diese Suppe. Der Schimpanse steht dem Menschen näher als die rothaarige Affenart. Die Ähnlichkeit der Backenzähne ist zufällig.

In anderen Fällen jedoch verrät das prähistorische Gebiss viel über den Speisezettel des menschlichen Vorfahren. So fanden Genetiker 1999 in den Isotopen fossiler Zähne Spuren, die darauf schließen lassen, dass das Grundnahrungsmittel der frühen Hominiden harte Gräser waren. Das Ergebnis überraschte die Forscher, da die flache Form der Zähne besser dafür geeignet war, Nüsse und Samen zu kauen. Dominy ging der Sache nach und brachte Form und Funktion der Zähne zusammen.

Der Genetiker entdeckte, dass Wurzeln und Knollen dieselben Spuren in den Isotopen des Zahnschmelzes hinterlassen wie Gräser. Demnach kauten die Vorfahren des Menschen statt auf Halmen lieber auf Zwiebeln – so jedenfalls die Vermutung. Ein Beweis aber fehlte. Dominy kam eine Idee: Er reiste nach Afrika, um die Fundstellen der Fossilien unter die Lupe zu nehmen. Vor Ort entdeckte er den afrikanischen Nacktmull, ein Ratten ähnliches Nagetier – und zwar in lebender und fossiler Form. Von beiden Varianten nahm Dominy Zahnproben und verglich das Ergebnis mit der Isotopenuntersuchung der Hominidenzähne. Das Ergebnis war verblüffend. Die fossilen Nager und die heute lebende Art trugen im Zahnschmelz dieselben Isotope wie der in der Nähe gefundene Frühmensch. Der heutige Nacktmull ernährt sich noch immer von Wurzeln und Knollen. Er gräbt so lange im Boden, bis er auf etwas Essbares stößt. Findet er nichts, gräbt er an einer anderen Stelle weiter. Sah so auch das Tagwerk der frühen Menschen aus? „Vielleicht", sagt Nathaniel Dominy gegenüber der Universitäts-Zeitung „Santa Cruz Review". „Wir wissen, dass Hominiden fortschrittlich genug waren, grobe Grabwerkzeuge zu benutzen, und vielleicht waren sie auch so klug zu erkennen, dass die Erdhügel, die von den Ratten zurückgelassen wurden, ihnen einen Hinweis darauf gaben, wo sie graben sollten."

Der Vorfahr des Menschen unterschied sich demnach in seinen Essgewohnheiten kaum von einem Nagetier – bis zu jenem Tag, an dem der Mensch, vermutlich Homo erectus, den Geistesblitz hatte, die harten Wurzeln weich zu kochen. An den frühen Feuern der Hominiden, so meint Dominy, begann die Trennung von Menschen und Affen an wenigstens einer Position im Erbgut, dem Amylase-Gen. Dieser Erbfaktor ist für die Produktion des Enzyms Amylase zuständig. Nimmt der Mensch Nahrung auf, sorgt die Amylase im Speichel dafür, dass bereits im Mund Stärke in Zucker umgewandelt wird – die Verdauung beginnt schon vor dem Runterschlucken. Wie Genetiker herausfanden, liegt das Amylase-Gen in mehreren Kopien im Menschen vor, deren Zahl allerdings variieren kann. Nathaniel Dominy wollte zunächst der Vermutung nachgehen, dass die Menge der Amylase-Gene auch die Konzentration des Enzyms im Speichel beeinflusst. Dazu nahm der Molekularbiologe Speichelproben von fünfzig Studenten heller, dunkler und mischtoniger Hautfarbe. Zusätzlich erleichterte er die Probanden um einige Zellen der Mundschleimhaut. Der Vergleich bestätigte die Vermutung: Wer mehr Amylase-Gene in den Zellen trug, bei dem war die Konzentration des Enzyms im Speichel deutlich höher. Bis zu fünfzehn Genkopien fanden die Forscher in der Studentenspucke – kleine Enzymkraftwerke, die jeder noch so stärkehaltigen Nahrung Paroli bieten konnten. Damit war Homo sapiens zum Massenproduzenten des Enzyms erklärt. Gleichzeitig stellte sich Nathaniel Dominy die Frage, wie viel Amylase dem Frühmenschen zur Verfügung stand. Antwort gaben die Schimpansen. In ihrem Speichel fanden die Genetiker nur zwei Kopien des Gens. Im Gegensatz zum Menschen scheinen Schimpansen Stärke also nur in geringem Maße verdauen zu müssen.

Die Suche nach dem Zusammenhang zwischen Nahrung und Erbgut führte zu Ethnien rund um den Globus. Nathaniel Dominy schaute Völkern in den Kochtopf und in die DNA. Stets entdeckte er einen Zusammenhang zwischen dem Amylase-Gen und den Ernährungsgewohnheiten. Die Jakuten, ein Turkvolk in Ostsibirien, leben von einer Reisart, die stärkearm ist. Nahe Verwandte der Jakuten sind die Japaner, deren Reisarten wiederum vor Stärke strotzen. Wie erwartet, haben Jakuten weniger Amylasegene als Japaner. Um auszuschließen, dass dieses Resultat durch geografische Faktoren wie etwa die Umweltbedingungen in Ostasien beeinflusst wurde, forschte Nathaniel Dominy auch am anderen Ende der Welt, in Afrika, nach dem Amylasegen. Von den zahlreichen afrikanischen Ethnien wählte er die Hadza aus Tansania aus. Sie ernähren sich oft von stärkehaltigen Wurzelknollen. Die Mbuti hingegen, ein Pygmäenvolk aus der Savannen- und Regenwaldlandschaft, sind als Jäger- und Sammlerkultur zum Großteil auf Fleisch und Strauchfrüchte angewiesen. Wie in Asien trugen auch in Afrika beide Ethnien Amylasegene, die den Ernährungsgewohnheiten entsprachen: Bei den Hadza zählte Dominy im Durchschnitt 6,7 Kopien, bei den Mbuti waren es nur 5,4. Bei so vielen Indizien ist Zufall fast ausgeschlossen: Die Art der Nahrung wirkt sich auf die Gene des Menschen aus. Für die Frühgeschichte der Hominiden mag das bedeuten, dass die Entdeckung gekochter Nahrung einen genetischen Schub auslöste. Die Energie, die zuvor in die Zerkleinerung und Verdauung roher Wurzelknollen floss, wurde dank der Entwicklung von Amylasekopien nicht länger benötigt. Vielleicht, so spekulierte Nathaniel Dominy, konnten durch eine derartige Verlagerung von Ressourcen im menschlichen Körper andere Organe mit mehr Energie versorgt werden – zum Beispiel das Gehirn, das möglicherweise durch die Erfindung der warmen Mahlzeit rasch zu wachsen begann.

NEANDERTALER

DER ERSTE STAR DER PALÄOGENETIK

Vor allem der Neandertaler wird verdächtigt, Kannibale gewesen zu sein. Zwischen den wenigen Hinterlassenschaften dieser Menschart fanden Archäologen wiederholt Knochen mit Schnittmarken und werteten das als Zeichen dafür, dass das Fleisch der Toten von den Gebeinen gelöst worden war. Der Verdacht, das Gewebe sei gegessen worden, lag nahe.

Zu den berühmten Entdeckungen im Zusammenhang mit dem mutmaßlichen Steinzeitkannibalismus zählen die Gebeine von Krapina. Diesen Nibelungenschatz der Neandertalerforschung entdeckte der Geologe Dagutin Kramberger 1889 nördlich von Zagreb. Insgesamt 889 Fragmente meist menschlicher Knochen lagen unter einem eingestürzten Felsüberhang im Erdreich. Obwohl das Knochenpuzzle bis heute nicht zusammengesetzt werden kann, gehen Anthropologen davon aus, dass die Überreste zu 28 Menschen gehörten – vermutlich war eine Sippe unter dem Felsüberhang gestorben, als dieser einstürzte. Für Aufsehen sorgte die Entdeckung von Krapina jedoch nicht wegen des vermeintlich tragischen Todes der Neandertaler, sondern wegen der Spuren von Kannibalismus, die an den Knochen deutlich zu erkennen waren – Reste eines grausigen Mahls, wie die Salongesellschaft des 19. Jahrhunderts schaudernd vermutete.

Tatsächlich belegten Brandspuren und abgetrennte Köpfe Manipulationen an den Leichen. Aufgeschlagene Knochenenden und Schädel ermöglichten den steinzeitlichen Kannibalen, an Knochenmark und Gehirn zu gelangen. Aasfresser kamen dafür nicht in Frage. Kein Tier hätte solche Spuren an einer Leiche hinterlassen.

Krapina blieb zunächst ein Einzelfall, dennoch wurde der Neandertaler den Ruf des Monstrums nicht mehr los. Erst mehr als hundert Jahre später meldeten Anthropologen erneut Kannibalismus an Neandertalerknochen. Tatort diesmal: die Höhle von Moula-Guercy im Südosten Frankreichs. Im Eingang der Höhle saßen vor 100.000 Jahren hungrige Vertreter der Gattung Homo neanderthalensis und ließen den Blick über die unter ihnen fließende Rhône schweifen. Auf dem Speiseplan standen Wildziege, Rothirsch und Artgenossen.

Gebeine von sechs Neandertalern sammelte der französische Archäologe Alban Defleur 1991 in der Höhle auf und brachte sie in die Universität von Marseille. Dort erbrachte die Spurensicherung Parallelen zum Fall Krapina. Auch in Moula-Guercy waren die Knochen aufgeschlagen, und das Mark war freigelegt worden. Schnittmarken wiesen darauf hin, dass die Toten zuvor entfleischt worden waren, nachweislich waren Zungen und Gehirne entfernt. Für Defleur gab es keinen Zweifel: „Die Fossilien von Moula-Guercy und ihr Kontext sind der beste Beweis dafür, dass einige Neandertaler Kannibalismus praktizierten."

Zeit, Ort und Menschenart spielen keine Rolle – Kannibalismus gab es in der Frühgeschichte der Menschheit ebenso wie in der Neuzeit, er taucht auf bei Homo neanderthalensis und Homo sapiens, auf dem Balkan und in Frankreich, am Amazonas und in der Südsee. Zwar bleiben die Motive für Kannibalismus bisweilen ungeklärt – insbesondere in den Fällen der Frühgeschichte –, dass es aber bisweilen üblich war, Artgenossen zu verspeisen, liegt auf der Hand, auch ohne den Beweis aus dem Genlabor.

Ob auch in den Neandertalergenen ein Hinweis auf die Möglichkeit zum Verzehr von Artgenossen zu finden ist, müssen künftige Untersuchungen zeigen. Zwar steht diese Erkenntnis für die Paläogenetik noch aus, Neandertalergene aber sind bereits seit 1996 untersucht.

Das Traumpaar der Eiszeit

Damals sorgte ein Experiment in München weltweit für Aufsehen, als der schwedische Genetiker Svante Pääbo und sein deutscher Kollege Matthias Krings eine Antwort auf die Frage suchten, ob Homo sapiens und Homo neanderthalensis gemeinsame Nachkommen gezeugt haben. Spuren der Vermischung könnten noch immer in den Menschen der Gegenwart verborgen sein, vermuten Anthropologen. Schlummert im modernen Menschen ein kleiner Neandertaler?

Die Frage war nicht neu. Anthropologen vermaßen schon seit Beginn des 20. Jahrhunderts die wenigen Knochen, die von einer ganzen Menschenart übrig geblieben sind, blieben aber den Beweis für eine Verbindung der Arten schuldig. Gelegenheiten für Rendezvous hat es im eiszeitlichen Europa genug gegeben. Homo sapiens und Homo neanderthalensis lebten etwa 10.000 Jahre lang zusammen und mussten sich die wenigen eisfreien Korridore des Kontinents teilen. Zwar war der Neandertaler ein alteingesessener Europäer und der anatomisch moderne Mensch ein Einwanderer aus Afrika, aber es gab Kontakte. Die Immigranten hatten neue Technologien im Gepäck und machten Kunst. Die Neandertaler machten große Augen. Sie versuchten ihrerseits Statuetten zu schnitzen, wie ein merkwürdig geformter Stein aus der Höhle von La Roche Cotard vermuten lässt, den die französischen Archäologen Jean-Claude Marquet und Michel Lorblanchet 2003 fanden. Die Form des Feuersteins erinnert an einen Katzenkopf – nach Meinung der Entdecker ein unbeholfener Versuch, einem Stein Form zu geben. Der Fund von La Roche Cotard ist etwa 32.000 Jahre alt. Zu dieser Zeit lebten bereits beide Menschenarten in Europa. Vergleichbare Kunstzeugnisse des Neandertalers aus früheren Tagen sind nicht bekannt. Wo Kunst und Technik getauscht wurden, mag sich auch Blut vermischt haben. Ein Beweis dafür aber bleibt bislang Wunschdenken der Wissenschaft, und jeder Verdacht, die Eiszeitmenschen endlich in flagranti erwischt zu haben, ist ein Schlagzeilenlieferant.

Als 1998 im portugiesischen Lagar Velho Straßenbauer die Überreste eines Kindes aus der Altsteinzeit freilegten, horchte die Fachwelt auf. Wie der US-Anthropologe und Neandertaler-Experte Erik Trinkaus feststellte, trug der Kopf des Kindes Merkmale des modernen Menschen, während die kurzen und gedrungenen Beine eher denen eines Neandertalers ähnelten. Befürworter der Vermischungstheorie sahen sich bestätigt: Das Kind hatte vor 24.500 Jahren gelebt und damit fünftausend Jahre nach dem Ende des letzten heute bekannten Neandertalers. Die Vermutung: Mischformen mit Merkmalen beider Arten lebten in Europa, bevor sich die äußeren Merkmale von Homo sapiens durchsetzten. Für Lagar Velho hätte das bedeutet: Die krummen Oberschenkel der Neandertaler verschwanden, die hohe Stirn des Homo sapiens blieb.

Trinkaus fand weitere Indizien für die Vermischungstheorie: Im September 2003 untersuchte der US-Forscher einen Unterkiefer, den Wanderer in einer Höhle in den südwestlichen Karpaten entdeckt hatten. Die Datierung des Knochens ergab ein Alter von etwa 35.000 Jahren – in jener Zeit gab es sowohl Neandertaler als auch anatomisch moderne Menschen in Europa. Tatsächlich gehörte der Unterkiefer zum Typus Homo sapiens, dessen Kieferknochen sich in einem Merkmal besonders drastisch von denen des Neandertalers unterscheiden: Homo neanderthalensis hatte kein Kinn. Merkwürdig hingegen fand Erik Trinkaus, dass der Kieferträger aus den Karpaten auffallend starke Weisheitszähne besaß – ein Merkmal, das von keinem anderen Homo sapiens-Fossil überliefert war. Wenn jemand in der Frühgeschichte Europas mächtige Weisheitszähne trug, gehörte er zu den Neandertalern. Das Vorhandensein von Kinn und Weisheitszähnen an ein und demselben Knochen passte in die Theorie der Artenvermischung. Homo sapiens und Homo neanderthalensis waren das Traumpaar der Eiszeit.

Für die Anhänger der Vermischungstheorie gibt es damit genug Indizien für die Vermutung, dass es in einer Zeit zwischen 40.000 und 20.000 Jahren vor heute in Europa eine hybride Menschenart gab, die in dieser Form bislang in keinem Lehrbuch auftaucht. Aber dieser Zwischenmensch erfährt Widerspruch seitens der Anatomie.

Kritiker von Trinkaus' These verweisen auf Extremformen im Knochenwuchs, wie sie noch heute bei ein und derselben Menschenart auftauchen können. Das Skelett eines australischen Ureinwohners unterscheidet sich im Schädelbau deutlich von den übrigen Vertretern der Gattung Homo sapiens. Selbst bei den Menschen desselben geografischen Raums sind unterschiedliche Ausprägungen anatomischer Merkmale häufig: Eine auffällige Schädelnaht, eine merkwürdig geformte Gelenkpfanne oder robuste Weisheitszähne gehören heute in die normale Spannbreite genetischer Varianz. Ob solche Veränderungen auch schon in den Tagen der letzten Neandertaler üblich waren, blieb eine offene Frage.

Eine Antwort sollte das Experiment in München bringen. Der deutsche Paläogenetiker Matthias Krings aus dem Team von Svante Pääbo wählte einen prominenten Kandidaten für den Versuch: das Skelett des Frühmenschen, das Johann Carl Fuhlrott 1856 bei Mettmann entdeckt und das der gesamten

Hominidenart den Namen gegeben hatte: Neandertaler. Von der Idee bis zur Ausführung vergingen drei Jahre. Schließlich öffnete das Rheinische Landesmuseum in Bonn die Tür des Panzerschranks und gab ein Fragment zur Untersuchung frei. Ein rechter Unterarmknochen reiste Ende 1996 nach München. Dort entnahmen Krings und Pääbo dem kostbaren Fossil einige Milligramm Knochenmehl – die Grundlage für eine Reihe von Tests und zwei Versuche, das Genom des Neandertalers zumindest in Teilen zu entschlüsseln. Der Versuch gelang. Zwar blieb die ermittelte Gensequenz lückenhaft, doch genügten die lesbaren Positionen, um Vergleiche mit den entsprechenden Stellen des modernen Menschen zuzulassen. Ergebnis: Neandertaler-DNA weicht in 27 Stellen vom Erbgut des heute lebenden Menschen ab. Das ist viel. Alle heute lebenden Ausprägungen des Homo sapiens – Negriden, Australiden, Europiden, Mongoliden und ihre Zwischenformen – sind nur in acht Positionen ungleich.

Unsere Gene sind neandertalerfrei! Diese Meldung ging auf dem Titelblatt der Fachzeitschrift „Cell" bald nach dem Experiment um die Welt, obwohl Krings und Pääbo den Unterschied zwar publiziert, aber nur zurückhaltend kommentiert hatten. Während für die Öffentlichkeit der Vetter aus der Eiszeit zu einem entfernten Verwandten wurde, bohrten Genetiker weiter in Knochen und Erbgut. Zwei Jahre, nachdem in München die Tür zur Paläogenetik aufgestoßen worden war, kam die Bestätigung aus Glasgow. Dort fand William Goodwin 1999 heraus, dass der Genpool von Neandertaler und heutigem Menschen so viele Unterschiede aufweist, wie der von Homo sapiens im Vergleich mit dem Erbgut des Schimpansen. Noch aber war das letzte Wort über die Vermischungstheorie nicht gesprochen.

Der Vergleich hinke, meinten Kritiker des Experiments. Ein heute lebender Homo sapiens mag in den vergangenen 50.000 Jahren zahlreiche Genmutationen mitgemacht haben – so viele, dass sich sein Erbgut von dem seiner eiszeitlichen Vorfahren unterscheidet. Zwar wären diese Unterschiede nur gering, aber möglicherweise lägen sie genau an jenen Stellen der Homo sapiens-DNA, die mit den Basenpaaren des Neandertalers verglichen worden waren. Ein weiterer Test sollte her, bei dem die DNA des Neandertalers verglichen werden sollte mit der DNA eines gleichzeitig lebenden Homo sapiens. Erst 2004 war es soweit. In Leipzig wiederholten die Genetiker des Max-Planck-Instituts für evolutionäre Anthropologie das Experiment von München, diesmal mit neuer

Technik und einem neuen Protagonisten. Den Part des Homo sapiens spielte nicht ein heute lebender Mensch, sondern der Knochen eines Eiszeitjägers. Ernüchterndes Ergebnis: Auch zwischen diesen Probanden war es nicht zum Genaustausch gekommen. Die Gegner dieses Fazits ließen sich den Wind jedoch noch nicht aus den Segeln nehmen.

Die Geschlechterfrage sorgte für einen weiteren berechtigten Zweifel im Genlabor. Die Gensequenz aus München stammte aus den Mitochondrien der Neandertaler-Zellen und nicht aus dem Zellkern selbst. Für Genetiker ist mitochondriale DNA oder mt-DNA besser zur Untersuchung geeignet, sie birgt allerdings einen entscheidenden Nachteil – mt-DNA wird nur von der Mutter an die Nachkommen weitergegeben. Im Fall des Neandertaler-Tests bedeutet das eine entscheidende Einschränkung für die Aussagekraft des Experiments. Falls ein Neandertalermann und eine Homo sapiens-Frau Nachkommen hatten, so hinterließ der Vater keine genetischen Spuren in der mt-DNA. Wer in diesen Genen liest, kommt zu einem zweifelhaften Ergebnis.

Um hieb- und stichfeste Belege zu erzielen, musste eine längere Sequenz des Neandertaler-Genoms her. Aber die ließ noch auf sich warten. Die Genetik stieß an ihre technischen Grenzen. Noch war es nicht möglich, DNA aus dem Zellkern der Neandertalerknochen zu sequenzieren – und das blieb noch eine Weile so. Neun Jahre lang gingen die Experimente weiter, aber bei allen fast hundert Untersuchungen des Neandertaler-Erbguts stand nur mt-DNA zur Verfügung. Die bestätigten einerseits zwar das bereits gemeldete Ergebnis, dass sich Neandertaler und Homo sapiens nicht vermischt haben, andererseits blieben die alten Fragen.

Den Durchbruch meldeten im November 2006 Molekularbiologen des Max-Planck-Instituts für evolutionäre Anthropologie in Leipzig. Dort gelang es dank ausgereifterer Technik, erstmals Zellkern-DNA eines Neandertalerfossils zu untersuchen. Unter den Bohrern des Leipziger Teams unter Leitung von Richard Green lag ein Knochen aus der Vindija-Höhle in Kroatien, etwa 38.000 Jahre alt.

Zuvor waren sechs Knochen als Probematerial in Frage gekommen, doch wie sich herausstellte, waren fast alle Fossilien verunreinigt. Das war vorauszusehen. Gebeine, die einige zehntausend Jahre im Boden liegen, werden zur Heimat von Generationen von Bakterien; Tiere nagen an den Knochen und hinterlassen genetische Spuren, die auf die falsche Fährten führen, zuletzt spült die auf den meisten Grabungen übliche Fundwäsche den letzten Rest verwertbarer Neandertaler-DNA in den Ausguss. Wenn das der Genprobe noch nicht den Garaus gemacht hat, greift der Entdecker des Fossils womöglich mit bloßer Hand nach dem Menschenrest und verunreinigt den potenziellen genetischen Schatz mit seiner eigenen modernen DNA. Das würde dem Reagenzglas den Boden ausschlagen, denn die DNA des modernen Menschen und jene des Neandertalers sind sich so ähnlich, dass eine Unterscheidung bei verunreinigten Proben schwierig würde – die historische Quelle würde sich wegen eines einzigen Handgriffs trüben. Was der Schmutz am Probenmaterial in den Zentrifugen bewirken kann, erfuhren die Leipziger Biologen bei der Untersuchung des Knochens eines Höhlenbären. „Wir haben an dem Knochen menschliche DNA entdeckt", erinnert sich Johannes Krause an die Überraschung im Labor. Das Erbmaterial war allerdings kein Zeugnis von schamanistischen Tiermenschen, sondern zeigte einmal mehr, dass bereits die bloße Berührung eines Fossils genügen kann, um es für die Wissenschaft unbrauchbar zu machen. Krause: „Vermutlich könnte man sogar aus einem Stein menschliche DNA gewinnen."

Der Knochen aus der Vindija-Höhle war das einzige der sechs Muster, das solche Verunreinigungen nicht trug. Er ergab den Stoff, aus dem molekulare Träume sind: Etwa eine Million DNA-Bausteine ließen sich aus den Zellkernen gewinnen. Dann war Schluss. Für den Anfang war das viel, bis zur Lesbarkeit des kompletten Neandertalergenoms aber ist es noch ein weiter Weg. „Das ist nur ein Tropfen auf den heißen Stein", beurteilt Edward Rubin vom Energy Joint Genome Institute in Kalifornien das Ergebnis. Rubin arbeitete ergänzend mit den Biologen in Leipzig zusammen. In einem Interview mit dem US-Sender „National Public Radio" kommentiert Rubin: „Es liegt jetzt eine Million genetischer Informationen vor, aber die stehen im Kontext von über drei Milliarden. Wir haben also gerade mal an der Oberfläche gekratzt."

Wie es darunter aussieht, wollen die Biologen bald wissen. Bis die drei Milliarden Basenpaare des Neandertalers entziffert sind, vergeht allerdings noch geraume Zeit. Optimisten rechnen mit einem Jahr, vorsichtige Schätzungen weiten diesen Zeitraum auf zehn Jahre aus. Im Max-Planck-Institut sind die Forscher noch vorsichtiger. Johannes Krause äußerte gegenüber dem Fachmagazin „Nature", dass es vielleicht gar nicht genug fossile Knochen von Neander-

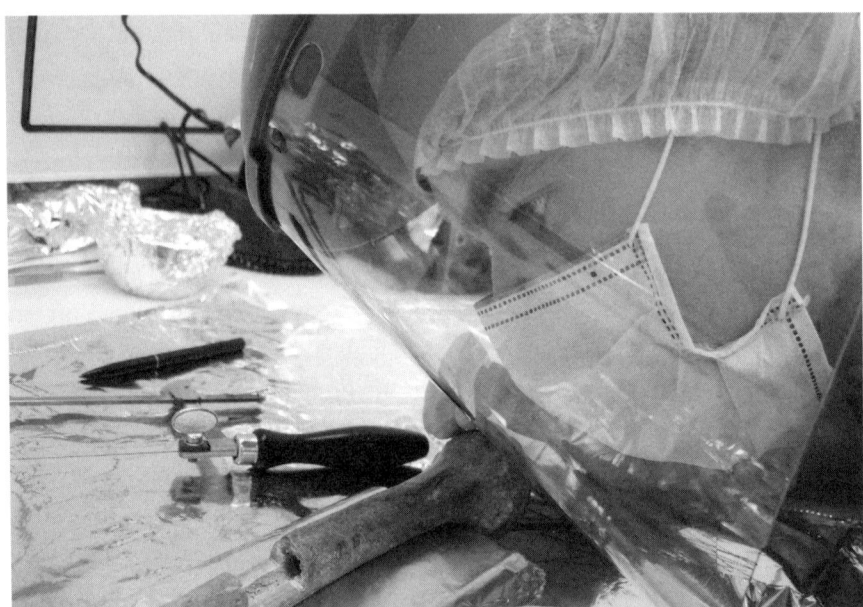

Knochenarbeit im Labor – der Molekularbiologe Johannes Krause bereitet Proben fossiler Knochen für einen DNA-Test vor. Im Max-Planck-Institut für evolutionäre Anthropologie in Leipzig arbeiten Wissenschaftler an der Entschlüsselung des Neandertaler-Genoms.

Pionier der Paläogenetik – der Schwede Svante Pääbo begründete die molekulare Archäologie, als er Mitte der 1980er Jahre DNA-Tests an ägyptischen Mumien durchführte. Heute leitet der Molekularbiologe das Max-Planck-Institut für evolutionäre Anthropologie in Leipzig.

talern gibt, um ein vollständiges Genom zu entschlüsseln. Statt der hundert Milligramm Knochenmehl, die für das Leipziger Experiment nötig waren, müssten 20.000 Milligramm untersucht werden. Die Paläogenetik hat eine Hürde genommen und läuft vor die Wand.

Immerhin führt der erste Schritt ins Erbgut des Neandertalers zum biologischen Beweis dessen, was Anthropologen schon lange wussten: Anatomisch moderner Mensch und Neandertaler sind miteinander verwandt. Die Zellkern-DNA von Homo neanderthalensis und Homo sapiens ist zu wenigstens 99,5 Prozent gleich – eine Bestätigung, aber keine Überraschung: Schon die DNA von Mensch und Schimpanse ähneln sich zu 99 Prozent. Überdies ergibt der Vergleich der Neandertaler-DNA mit der Homo sapiens-DNA die wichtigste Aussage des Experiments: Die Entwicklungslinien beider Menschenarten trennten sich vor 516.000 Jahren. Zu dieser Zeit war von Homo sapiens noch lange nichts zu sehen. Die ältesten Knochen des anatomisch modernen Menschen sind etwa 160.000 Jahre alt und stammen aus Afrika. Der Neandertaler ging demnach seine eigenen Wege in Europa. Ob sich der Mensch mit den Augenwülsten und sein schlanker Blutsverwandter bei ihrem späteren Zusammentreffen ein Liebesnest in der eiszeitlichen Tundra bauten, bleibt ein Geheimnis.

Kopf an Kopf zum Riesenhirn

In Leipzig ist die Genetik dem Verständnis der menschlichen Evolution einen großen Schritt näher gekommen. Aber die Frage, ob Neandertaler und Homo sapiens miteinander Kinder zeugten und ob in jedem heutigen Zeitgenossen ein Neandertaler schlummert, beantwortet auch die neue Untersuchung noch nicht.

Das bereitete dem US-Forscher Bruce Lahn Kopfschmerzen. Er fand 2005 im Hirn des Menschen eine Version des Microcephalin für codierenden Gens. Menschen mit Defekten auf der von Lahn entdeckten Haplogruppe D des Gens leiden unter einer krankhaften Störung des Hirnwachstums. Diese Erkenntnis stellte der Forscher an der University of Chicago auf den Kopf und zog den Umkehrschluss, dass Microcephalin eine Rolle bei der Größe des menschlichen

Gehirns spielen könnte. Sollte die Annahme richtig sein, müsste das Gen schon geraume Zeit im Menschen vorhanden sein. Tatsächlich ergaben Tests bei 89 Personen, dass sich die Haplogruppe D von Microcephalin schon vor 1,1 Millionen Jahren im Erbgut der Frühmenschen gebildet hat. Zu dieser Zeit wanderte noch Homo erectus über die Erde und breitete sich von Afrika bis nach Asien aus. Neandertaler und Homo sapiens waren jedoch noch lange nicht in Sicht.

Bei der anschließenden Datierung des Gentyps für den anatomisch modernen Menschen stieß Lahn auf eine Merkwürdigkeit. Der Haplotyp D von Microcephalin war zwar weitaus älter als Homo sapiens, doch bekam die jüngste Menschenart die Genvariante offenbar nicht von ihren Vorfahren in die Wiege gelegt. Sie entwickelte sich im Erbgut erst vor etwa 37.000 Jahren. Es ist möglich, dass Selektionsdruck die Mutation des Gens im Homo sapiens auslöste und der Mensch das Rad damit zweimal erfand, doch erscheint das unwahrscheinlich, da es bereits mehr als eine Million Jahre in anderen Menschenarten vorhanden war. Vermutlich, so die Theorie von Lahn, kam es zu einer Vermischung zweier Arten und dabei zum Gentransfer.

Welche Arten sich gekreuzt haben, will der Biologe an der Verteilung des Gentyps in der heutigen Weltbevölkerung erkennen: Er tritt meist bei Europäern auf. Eine Artenvermischung wird deshalb für den Großraum Europa am wahrscheinlichsten. Dort aber lebten vor 38.000 Jahren nur Neandertaler und Homo sapiens. Ist das große Hirn des Homo sa-piens ein Geschenk der ausgestorbenen Menschenart?

Aus anthropologischer Sicht wäre das durchaus vorstellbar. Immerhin trug der Neandertaler mehr Hirnmasse in seinem Kopf als sein Verwandter. In einen durchschnittlichen Neandertalerkopf passten 1300 bis 1700 Kubikzentimeter Gehirn. Ein im israelischen Amud gefundener Neandertaler verfügte sogar über 1750 Kubikzentimeter – mehr als irgendein Mensch vor oder nach ihm, gleich welcher Art. Ein heute lebender Homo sapiens muss hingegen mit 1400 Kubikzentimetern grauen Zellen auskommen, vor 30.000 Jahren waren es sogar noch weniger. Zwar lässt die Größe des Gehirns keine eindeutigen Rückschlüsse auf die Intelligenz zu, doch hatten die Neandertaler zweifelsohne Köpfchen. Ihre Hirnmasse mag das Erbe sein, dass Homo sapiens bis heute Kopfzerbrechen bereitet.

Lautmalerei mit drei Vokalen

Es gibt indessen Erkenntnisse, die noch spannender sein könnten als der Akt zwischen den Arten: Läge ein komplett entschlüsseltes Neandertaler-Genom vor, ließen sich die Basenpaare mit denen des anatomisch modernen Menschen vergleichen und Unterschiede feststellen. Konnten die Neandertaler sprechen wie Homo sapiens, oder waren sie gutturale Grunzer? Hatte Homo sapiens bei der Kommunikation einen Vorsprung und überlebte, während der Neandertaler stumm blieb und deshalb ausstarb?

Bei der Suche nach der Neandertalersprache stieß die Archäologie bislang an ihre Grenzen. Erhalten hat sich ein einziges Zungenbein eines Neandertalers in der israelischen Kebara-Höhle, aber auch das muss nicht zwingend ein Beleg dafür sein, dass der frühe Vetter des Menschen Reden schwang. Die Gleichung hat zu viele Unbekannte: Je nachdem, ob der Miniknochen oben oder unten im Kehlkopf saß, waren mehr oder weniger Laute möglich. Überdies nutzte ein Kehlkopf allein nicht viel – erst Bänder und Sehnen machen die Musik und geben bei der Stimmbandbreite den Ton an. Beim Reden sind etwa hundert Muskeln im Einsatz. Sie produzieren in einem durchschnittlichen Gespräch fünfzehn Laute pro Sekunde, die zudem noch den Umweg über das Sprachzentrum im linken Teil des Gehirns nehmen. Dort jedenfalls liegen für Homo sapiens die Voraussetzungen, um sich artikulieren zu können. Beim Neandertaler sind die zur Sprachentwicklung nötigen Muskeln und Hirnwindungen nur hypothetisch – entsprechendes Gewebe ist nicht erhalten. Selbst die Abdrücke von Hirnstrukturen, die gelegentlich im Innern von fossilen Schädelkalotten zu finden sind, verraten nichts über das Sprachzentrum des Neandertalers, das vermutlich in tiefen Hirnschichten verborgen lag. Trotz des sensationellen Zungenbeins von Kebara blieb der Neandertaler für die Anthropologen stumm.

Das war einigen Wissenschaftlern nur recht. Noch in den 1960er Jahren veröffentlichten US-Biologen Pamphlete, in denen sie es für unerhört erklärten, dem Neandertaler die Fähigkeit des Sprechens zu attestieren – ein Talent, dass ihrer Meinung nach erst den zivilisierten Menschen ausmache und biologisches Vorrecht von Homo sapiens sei. Sprache aber ist nicht unbedingt ein Vorteil, sie kann gefährlich sein. Der Kehlkopf des Menschen ist so gebaut, dass er es unmöglich macht, gleichzeitig zu schlucken und zu atmen. Demnach birgt Sprechen ein Erstickungsrisiko. Säuglinge sind davon nicht betroffen, bei ihnen ist zwar der Kehlkopf von Geburt an vorhanden, allerdings senkt er sich erst im Alter von drei Monaten ab. Bis dahin können Neugeborene gleichzeitig trinken und atmen – eine Voraussetzung für das Stillen. Auch Säugetiere kennen das Schluckproblem nicht. Einzig Homo sapiens nimmt die Nachteile des Sprechens in Kauf, um sich artikulieren zu können. Angesichts des Zungenbeins von Kebara scheint auch der Neandertaler gesprochen zu haben. Oder doch nicht?

Einen vielversprechenden Test unternahmen die Genetiker vom Leipziger Max-Planck-Institut für evolutionäre Anthropologie. Das Team um Svante Pääbo arbeitete nach den Erfolgen mit der Zellkern-DNA weiter am Erbgut des Neandertalers und fand darin 2007 das Gen FOXP2. Hinter dem Kürzel verbirgt sich aussagekräftiger Inhalt: Vermutlich ermöglicht erst FOXP2 dem Menschen das Sprechen. Entdeckt wurde die Relevanz des Gens bei der Untersuchung einer britischen Familie, bei der etwa die Hälfte der Familienmitglieder an Sprachstörungen litt. Die Leipziger Forscher fanden heraus, dass auch Homo neanderthalensis mit dem Sprachgen ausgestattet war. Damit war allerdings noch nichts bewiesen.

FOXP2 kodiert Proteine. Die so programmierten Eiweiße sind allerdings nicht nur im Menschen zu finden, sondern auch bei Tieren: Affen, Menschenaffen und Mäuse sind damit ausgestattet. Doch obwohl einige Meerkatzenarten verschiedene Arten von Warnrufen beherrschen, sind diese Tiere von Sprechfähigkeit weit entfernt. Der genetische Unterschied liegt im Detail.

Nur zwei Aminosäure-Sequenzen von FOXP2 sind beim Menschen und Schimpansen unterschiedlich. In dieser Feinheit mag der gewaltige Unterschied dafür liegen, ob Sprechen möglich ist oder nicht. Die Frage, ob diese Sequenzen auch beim Neandertaler vorkommen, sollte ein Skelett verraten, das in der Höhle von Sidron in Nordspanien gefunden worden war. Der Knochen war 43.000 Jahre alt und sauber genug fürs Genlabor. Tatsächlich fanden die Biologen dieselben Gensequenzen, die bei Homo sapiens noch heute vorkommen. Der Neandertaler konnte sprechen. „Neandertaler trugen ein FOXP2-Protein, das identisch mit jenem in heute lebenden Menschen ist, welches sich nur in zwei Positionen von dem des Schimpansen unterscheidet. Wenn man die unwahrscheinliche Möglichkeit des Gentransfers außer Acht lässt, bedeutet das, dass diese Veränderung bereits im Vorfahr des modernen Menschen und des Neandertalers vorhanden war", erklärt Johannes Krause gegenüber der Fachzeitschrift „Current Biology". Die Sprache hat demnach weder Mensch noch Neandertaler erfunden, sie ist das Erbe einer Menschenart aus noch älterer Zeit. Bis in solche Tiefen reichen die Lote der Genetik aber nicht hinab. Zwar lässt sich die Mutationsrate von Genen anhand der molekularen Uhr mehrere Millionen Jahre zurückrechnen, doch sind das Zahlenspiele. Für handfeste Untersuchungen ist der zur Verfügung stehende Zeitraum begrenzt. Bei 50.000 Jahren ist Schluss.

Anthropologen versuchen zu rekonstruieren, wie sich das Ur-Europäisch der Neandertaler angehört haben könnte. Selbst mit Sprachgen stieß die Zunge von Homo neanderthalensis vermutlich schnell an ihre Grenzen. Durch einen langen Unterkiefer und die Anatomie des Schädels war der Neandertaler wohl kaum in der Lage, die Zunge in den oberen Mundraum zu heben. Ein weiterer gewichtiger Unterschied zum Homo sapiens war der kleinere Resonanzraum im Rachen. Statt mit Engelszungen dürfte der Neandertaler geredet haben, wie ihm der Schnabel gewachsen war. Das soll sich etwa so angehört haben, wie bei einem heutigen Menschen, der beim Sprechen den Kopf auf die Brust senkt: Die artikulierbaren Laute sind eingeschränkt. Es ist möglich, dass Homo neanderthalensis die Vokale a, i und u nicht hervorbringen konnte und sich stattdessen mit e, o sowie Knack- und Schnalzlauten verständigte – ähnlich wie die heute lebenden Khoisan im südwestlichen Afrika. Die Bremer Linguistin Christel Stolz verweist überdies auf den großen Nasenkanal des Neandertalers, der anders als bei Homo sapiens ständig geöffnet war. Im Artikel einer Fachzeitschrift schreibt Stolz über die verlorenen Worte des Eiszeitmenschen: „Seine Sprache dürfte, sofern vorhanden, für unsere modernen Ohren also eher vernuschelt geklungen haben."

Der Gen-Vergleich hat gezeigt, dass Homo sapiens nicht der erste sprechende Hominide war, dennoch mag er mit einer größeren Bandbreite an Artikulationsmöglichkeiten dem Neandertaler im Kampf ums Überleben etwas vorausgehabt haben. Wer den Gedanken weiterspinnt, kommt zu dem Schluss, dass ein derartiger Evolutions-Bonus dazu geführt haben könnte, dass Homo sapiens durchhielt, während Homo neanderthalensis ausstarb. Von solchen

Trümpfen mag es einige gegeben haben: Ausdauer, Musikalität oder Gewaltbereitschaft könnten dem anatomisch modernen Menschen in die Wiege gelegt worden sein, dem Neandertaler jedoch nicht zur Verfügung gestanden haben. Ob Homo sapiens aber tatsächlich das perfekte Modell der Evolution war, bleibt vorerst Spekulation.

Genetik mit Haut und Haaren

Neandertaler waren klein, schwer und rothaarig – so sieht das Bild des Ur-Europäers aus, das die Anthropologie zeichnet. Grundlage für dieses Modell sind Knochenfunde und wissenschaftliche Phantasie. Mit den Mitteln der Forensik ergibt das den Stoff, aus dem sich Neandertaler als Dermoplastiken rekonstruieren lassen, die so lebensecht wirken, dass sie in Museen von den Besuchern der Art Homo sapiens kaum zu unterscheiden sind. Während aber die Anatomie des Knochenbaus als gesichert gelten kann, sind Muskeln, Haut und Haar nicht erhalten. Deshalb galten Rekonstruktionsversuche bislang stets auch als Interpretation der daran arbeiteten Künstler und Wissenschaftler. In zwei Punkten greift die Genetik der Anthropologie nun unter die Arme.

Helle Haut und rote Haare – so zeichnet die Molekularbiologie das aktuelle Bild des stämmigen Eiszeitmannes. Recht ähnlich sah das Phantombild aus, das Anthropologen bislang vom Neandertaler entworfen hatten. Hinweise lieferten die Umweltbedingungen in einer der rauesten Klimaphasen Europas, jener Zeit, in der der Neandertaler lebte. In den Tagen der letzten Eiszeit, die vor etwa 10.000 Jahren zu Ende ging, war Sonnenlicht in ganz Europa Mangelware. Der Neandertaler muss damit fertig geworden sein, immerhin überstand seine Art in 250.000 Jahren zwei Eiszeiten. Wer mit wenig Sonnenlicht auskommen muss, braucht helle Haut. Noch heute sind Menschen der nördlichen Hemisphäre eher hellhäutig. Das liegt am Melanin. Das Pigment färbt die Haut dunkel und ist dafür zuständig, dass der Mensch vor intensiver Sonneneinstrahlung geschützt ist. Keine Sonne, kein Melanin: Wenn weniger UV-Strahlen auf die Haut treffen, wandert der darin enthaltene Farbstoff in die oberen Schichten der Haut und verschwindet schließlich. Dem modernen Mitteleuropäer ist das allzu rasche Verblassen der Urlaubsbräune gut bekannt.

Den Neandertalern war es recht. Dank heller Haut nahmen sie mehr Sonnenstrahlen auf – so jedenfalls lautete die bislang gängige Theorie. Aber die hatte einen Haken: Niemand konnte überprüfen, ob Neandertaler und moderner Mensch sich so sehr ähnelten, dass die von Homo sapiens bekannte Wirkung auf Homo neanderthalensis übertragbar war. Hinter dieses Fragezeichen setzte die Genetik 2007 ein Ausrufungszeichen.

Erneut lieferte der Knochen von El Sidron Untersuchungsmaterial; zusätzlich gab ein 50.000 Jahre alter Fund vom italienischen Monte Lessini Erbmaterial her. Darin entdeckte der Genetiker Michael Hofreiter am Max-Planck-Institut in Leipzig eine Variante des Gens MC1R, die in dieser Form beim anatomisch modernen Menschen nicht vorkommt.

Bei Homo sapiens regelt MC1R die Produktion des Melanins. Ist das Gen defekt, überwiegt Phäomelanin in der Haut, und der Träger ist hellhäutig, blond oder rothaarig und hat viele Sommersprossen. Ist das Gen normal, überwiegt das dunkle Eumelanin, das für braune oder schwarze Haare und einen dunklen Teint zuständig ist. Heute tragen etwa zwei Prozent der Weltbevölkerung den Gendefekt. Wie Hofreiter feststellte, gab es helle Haut und rote Haare aber auch bei den Neandertalern.

Der Genetiker verglich die Neandertaler-Variante aus den Fossilproben mit der gesunden Variante eines heutigen Menschen. Die prähistorische DNA war weniger aktiv als die moderne. Hofreiter zog daraus den Schluss, dass die Neandertaler über denselben Gendefekt verfügten wie Homo sapiens. Demnach sollen etwa ein Prozent der Neandertaler die Kombination rothaarig und hellhäutig besessen haben. Damit belegt die Genetik die Vermutung der Anthropologie. Neandertaler besaßen die Anlage zur Hellhäutigkeit, in einigen Fällen hatten sie sogar rote Haare und Sommersprossen. Dieses Ergebnis ist vor allem deshalb erstaunlich, weil bei Homo sapiens und bei Homo neanderthalensis der Gendefekt unabhängig voneinander auftritt. Bei beiden Arten ist MC1R nicht identisch, jede Art trug ihre Version des Gens, von Vermischung ist zumindest an diesem Punkt keine Rede. Unter Umwelteinflüssen scheint sich das Gen in beiden Fällen gleich verändert und den Defekt ausgebildet zu haben: Wer kaum die Sonne sieht, braucht helle Haut. Das galt vor 40.000 Jahren für den Neandertaler genauso wie für den anatomisch modernen Menschen. Doch während Homo neanderthalensis zu diesem Zeitpunkt bereits seit 200.000

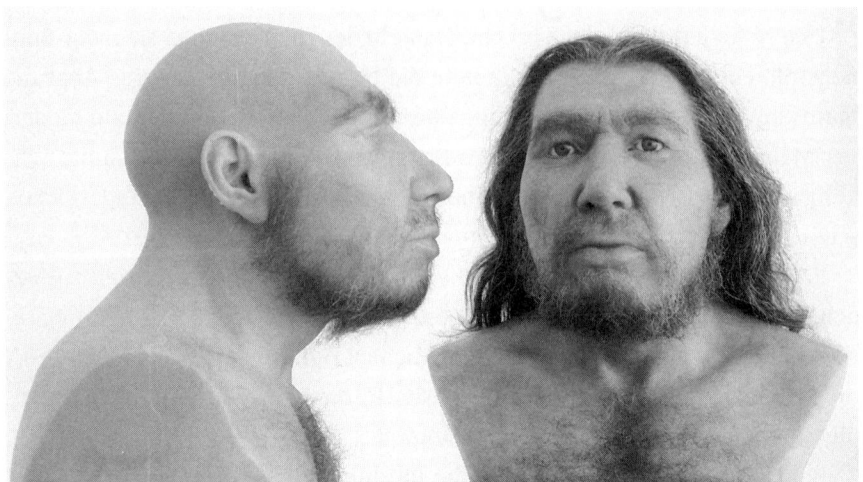

Phantombild eines Ausgestorbenen – bislang rekonstruierten Anthropologen den Neandertaler anhand von Knochenfunden. Künftig erlauben Einblicke in die DNA genauere Aussagen. So soll es unter den Neandertalern auch Rothaarige gegeben haben.

Jahren mit Unterbrechungen im Schatten der Gletscher lebte, war Mitteleuropa für Homo sapiens Neuland. Der Einwanderer kam über viele Umwege aus Afrika. Als er dort den Platz an der Sonne verlassen hatte, war Homo sapiens vermutlich noch dunkelhäutig. Erst das Klima des Nordens macht den Europäer zu dem, was er heute ist: zu einem Weißen, der ein Schwarzer war.

Angesichts von Pressemeldungen über die Rotschöpfe der Eiszeit sträuben sich Wissenschaftlern die Haare. Schon sechs Jahre vor dem Experiment in Leipzig ging die Nachricht um die Welt, Neandertaler seien rothaarig gewesen – ausnahmslos. Diese Zeitungsente schwamm auf einem Teich von Missverständnissen. Die britische Genetikern Rosalind Harding hatte 2001 die molekulare Uhr für die Homo sapiens-Variante von MC1R zurückgedreht und errechnet, dass das Gen vor etwa 100.000 Jahren entstanden sein muss. Die Andeutung der Forscherin, der Neandertaler könne möglicherweise damit in Verbindung gebracht werden, gelangte als zaghaft formulierte Hypothese in die Öffentlichkeit, kam aber als Tatsache aus den Redaktionen vieler Zeitungen heraus. Die Presse sah rot. Aus der bereits falschen Nachricht „Neandertaler waren Rotschöpfe" wurde in der „Times" am 16. April 2001 die Schlagzeile „Rotschöpfe sind Neandertaler". Insbesondere den Schotten und Iren schrieb das Blatt Verwandtschaft mit den Neandertalern zu, da sie mit zehn Prozent einen der weltweit höchsten Anteile von Rothaarigen an der Gesamtbevölkerung haben. Die Zeitung „The Irish World" ging noch einen Schritt weiter und erkannte in der legendären Rauflust der Schotten einen Hinweis auf das rohe Erbe aus der Eiszeit. Aber alle Träume vom Überleben der letzten Neandertalergene auf den Britischen Inseln gingen unter. Erst das Experiment in Leipzig brachte den Beleg: Beide Arten trugen MC1R im Erbgut, aber jeder Hominide war auf seine Art ein ganz besonderer, blasser Typ.

Der Neandertaler der Zukunft

In den Leipziger Laboren summen die Maschinen und rauchen die Köpfe. Seitdem die Genetiker am Max-Planck-Institut für evolutionäre Anthropologie die Zellkern-DNA des Neandertalers zu einem kleinen Teil sequenziert haben, bieten sich immer neue Untersuchungsmethoden am prähistorischen Erbgut an. Die roten Haare des Homo neanderthalensis wachsen nur auf der Spitze eines Eisbergs aus genetischem Material. Unter der Oberfläche warten bislang ungeahnte Möglichkeiten, Neues über den ausgestorbenen Vetter des anatomisch modernen Menschen herauszufinden – und damit über Homo sapiens selbst. Es ist vor allem der Reflex auf den Menschen der Gegenwart, der die Leipziger Biologen interessiert. Johannes Krause: „Was macht den Menschen zum Menschen? Wir versuchen herauszufinden, welche Erbinformationen sich in den letzten 500.000 Jahren im Erbgut verändert haben. Damit können wir der Frage nachgehen, ob eine bestimmte Fähigkeit nur im Menschen vorkommt oder ob es sie auch im Neandertaler gab oder vielleicht auch im Schimpansen." Einen Quantensprung erwartet Krause noch für 2008. In einem Gespräch im März des Jahres vermutete der Mitarbeiter des Neandertaler-Genom-Projekts, das vielleicht schon im Sommer das vollständige Neandertaler-Genom sequenziert sein könnte. „Vollständig ist jedoch ein dehnbarer Begriff", erklärt Krause. Vermutlich wird es in Leipzig gelingen, 3,1 Milliarden Basenpaare des Neandertalers zu entschlüsseln. Das wäre zwar die Menge des vollständigen Erbgutes, doch die Technik macht dem Traumziel einen Strich durch die Rechnung. „Wir arbeiten mit der so genannten Shotgun-Sequenzierung", so Krause weiter. Dabei werden DNA-Schnipsel zufällig sequenziert. Für das Ergebnis bedeutet das, „dass bestimmte Bereiche vielleicht mehrfach vorliegen, andere dafür gar nicht. Tatsächlich werden die 3,1 Milliarden Basenpaare etwa sechzig Prozent des gesamten Neandertaler-Genoms abdecken." Das wäre zwar mehr als die Hälfte, aber selbst bei dieser immer noch hohen Erfolgsrate machen die Genetiker Abstriche. „Die einzelnen Teile sind so kurz, dass man sie nicht an die richtige Stelle puzzeln kann. Das Neandertalergenom vollständig und in der richtigen Reihenfolge zusammenzusetzen ist unmöglich." Dennoch glauben die Leipziger Biologen an einen Teilerfolg. Die genetische Flanke des Neandertalers soll verlängert werden durch Homo sapiens und Schimpansen. Von beiden sind die Genome vollständig bekannt – sie können beim Zusammensetzen der Neandertaler-DNA als Schablonen dienen. Johannes Krause: „Liegt ein Basenpaar, das wir vom Neandertaler haben, beim modernen Menschen und beim Schimpansen an derselben Stelle, gehen wir davon aus, dass diese Basen auch beim Neandertaler in dieser Position einzufügen sind."

Die schnelle Entwicklung der Paläogenetik ist zu einem Teil das Verdienst der mit ihren Möglichkeiten arbeitenden Wissenschaftler. Der andere Teil geht aufs Konto der Technik. In den vergangenen sechs Jahren füllten sich die Genlabore mit einem halben Dutzend neuer Technologien. Sie ermöglichen neue Untersuchungsmethoden: Was gestern noch als unmöglich galt, liefert morgen eine Sensation. Geld spielt dabei eine Rolle. Während das Human-Genom-Projekt, bei dem das menschliche Erbgut vollständig sequenziert werden konnte, noch dreizehn Jahre gedauert und fünf Milliarden Euro gekostet hat, müssen Länder, Institute und Stiftungen heute nicht mehr so tief in die Geldbörse greifen, um ein Genom zu sequenzieren. 100.000 Euro kostet ein entsprechendes Ergebnis heute. Aus den Petrischalen leuchtet den Leipziger Genetikern eine rosige Zukunft entgegen. Johannes Krause: „In den nächsten zwei Jahren werden wir das Tausend-Euro-Genom erreichen. Da kann es einem schon schwindelig werden."

GENE AUF GROSSER FAHRT

DER MENSCH EROBERT DEN GLOBUS

Die Wiege des Menschen stand in Ostafrika. Nirgendwo sonst auf der Welt entdeckten Anthropologen so viele Knochen von Frühmenschen wie in Äthiopien, Kenia und Tansania. Sämtliche fossilen Stars der Menschheitsgeschichte kommen aus dortigen Regionen wie der Olduvai-Schlucht, der Afar-Senke oder dem Turkana-See: Australopithecinen, Homo habilis, Homo erectus lebten hier, vielleicht – so der Verdacht – stieg in Ostafrika sogar der Vorfahr des Menschen erstmals vom Baum herab und probierte das Leben auf dem Boden.

Der älteste Vertreter des Vormenschen zählt zu den jüngsten Entdeckungen in der Geschichte der Anthropologie. „Ardipithecus ramidus kaddaba" gilt mit einem Alter von 5,8 Millionen Jahren als eines der ältesten Fossilien früher Menschen. 2001 stellte Johannes Haile-Selassie von der University of California den neuen Altmenschen vor, von dem im Sand Äthiopiens gleich ein Dutzend Knochenfragmente gefunden wurden – ein seltener Glücksfall, der überdies Schlüsse auf den Knochenbau von Ardipithecus ramidus kaddaba erlaubte. Der Frühmensch konnte bereits aufrecht gehen. Seine Eckzähne waren kleiner als die im Gebiss von Primaten. Zweifellos hatte die Entwicklung zum Menschen in diesem Individuum bereits begonnen.

Die Evolution nimmt sich Zeit. Es dauerte zwei Millionen Jahre, bis sich aus Ardipithecus eine neue Art bildete. Vor 4,2 Millionen Jahren lebte mit „Australopithecus anamensis" der vermutlich erste Australopithecine auf der Erde – ebenfalls in Ostafrika, diesmal in der äthiopischen Afarwüste. Im Vergleich zu seinem Vorfahren war Australopithecus anamensis größer gewachsen – gegenüber heutigen Menschen aber noch immer zwergenhaft klein. Männliche Vertreter der Art sollen bis zu 1,40 Meter hoch und 45 Kilogramm schwer gewesen sein. Berühmtester Fund eines Australopithecinen ist das Skelett AL 288-1, das sein Entdecker Donald Johanson 1974 „Lucy" taufte. Johanson meinte es mit den Überresten eines weiblichen Individuums zu tun zu haben. Heute ist die US-Anthropologin Olga Soffer anderer Ansicht. Sie wirft Johanson und vielen männlichen Kollegen wissenschaftlichen Chauvinismus vor. Allein die Zierlichkeit eines prähistorischen Individuums sei kein Grund, es für weiblich zu erklären, so Soffer. Die Wissenschaftlerin schlägt vor, die berühmte Lucy künftig Lucifer zu nennen.

Dieser Ur-Äthiopier war ein Meister der Fortbewegung. Er ging aufrecht, konnte sich aber dank langer Hände und Füße noch geschickt an den Ästen der Bäume entlanghangeln. Gemessen am Skelett AL 288-1 erreichten die Australopithecinen ein Alter von etwa zwanzig Jahren. Den Titel „Homo" aber verlieh die Anthropologie erst einer später auftauchenden Art.

Vor etwa 2,4 Millionen Jahren erschien Homo habilis auf der Erdoberfläche. Er hatte einen größeren Hirnschädel, eine stärker gewölbte Stirn und größere Schneidezähne als die Australopithecinen. Auch er tauchte in Ostafrika auf. Die ersten entdeckten Fragmente eines Homo habilis lagen im Erdreich um den Turkanasee an der Grenze zwischen Kenia und Äthiopien. Der so genannte „geschickte Mensch" war ein Meister der Anpassung. Er musste es sein, um dem sich stark verändernden Klima in Ostafrika trotzen zu können. Dort zog sich der Wald vor zwei Millionen Jahren immer mehr zurück, Savanne breitete sich aus und erforderte neue Strategien und Fähigkeiten bei der Nahrungssuche. Während der affenartige Paranthropus, ein Zeitgenosse von Homo habilis, in dieser Periode der Erdgeschichte immer neue Formen ausbilden musste, um mit den Klimaveränderungen zurechtzukommen, überlebte Homo habilis mit nur wenigen Unterschieden alle Umweltveränderungen, mochten sie noch so dramatisch sein. Der Mensch hatte sich zu einem Erfolgsrezept der Natur entwickelt. Den Großraum Ostafrika aber schien er auch als Überlebenskünstler zunächst nicht verlassen zu wollen.

Am Ufer des Turkanasees tauchte 1975 das bis heute älteste Fossil eines Homo erectus auf, jener Menschenform, die vermutlich vor 1,8 Millionen Jahren der Wiege der Menschheit entstieg und nach vier Millionen Jahren Evolution als erste Art über den geografischen Tellerrand Ostafrikas hinausschaute. Dabei mag die Größe des neuen Menschen eine Rolle gespielt haben. Homo erectus war ein Riese. Ausgewachsene Exemplare schossen bis zu einer Höhe von 1,80 Metern auf. Erectus war stärker als seine Vorfahren, sein Hirnvolumen war größer, er stellte als erster Faustkeile her, jagte und kannte das Feuer, baute Hütten aus Stangen, Fellen und Knochen. Vermutlich waren es diese Errungenschaften, die es Homo erectus ermöglichten, auf Reisen zu gehen.

Seine Ausflüge führten den Frühmenschen in andere Regionen Afrikas. Anthropologen fanden Knochen von Homo erectus in Marokko und Algerien ebenso wie in Südafrika, am anderen Ende des Kontinents. Damit waren die Grenzen der Reiselust aber noch nicht erreicht. Dank einer zum Laufen und Jagen perfekt geeigneten Anatomie mit verlängerten Achillessehnen, langen Bändern und kurzen, aber hervorragend arbeitenden Muskeln verließ Homo erectus Afrika. Bald darauf loderten seine Feuer auf dem Gebiet des heutigen Italiens und Deutschlands, in Frankreich und Großbritannien, auf Java und in China. Der Mensch hatte begonnen, den Globus zu erobern.

Bis hierher schaffte es die Anthropologie im 20. Jahrhundert noch ganz ohne die Möglichkeiten der Genetik. Bei der Frage nach der Verbreitung des Menschen über die Erde sind die Funde fossiler Knochen jedoch von begrenzter Aussagekraft. Der Knochen eines Neandertalers in Usbekistan erzählt, dass sich seine Spezies einst weit nach Osten ausgebreitet hatte. Wie weit er aber darüber hinaus kam, das weiß niemand. Weitere Knochen mögen unentdeckt im Boden liegen oder schlichtweg vergangen sein. Die Aussage, der Neandertaler kam bis Usbekistan, ist deshalb nur die halbe Wahrheit. Dieses Dilemma ist der Anthropologie bekannt, eine Lösung gibt es nicht. Neue Knochenfunde können mitunter ganze prähistorische Weltbilder zum Einsturz bringen und neue entstehen lassen.

Schon über die Laufbahn von Homo erectus gibt es verschiedene Ansichten. „Out of Africa I" zufolge verließ der hochgewachsene Hominide seine Heimat Afrika vor 1,8 Millionen Jahren und erreichte in Rekordzeit die äußersten Winkel der Welt. Funde von Erectusknochen auf Java sind 1,8 Millionen Jahre alt – genauso alt wie die ältesten Funde aus Afrika. Der Mensch benötigte für die Entwicklung vom Ardipithecus zum Homo erectus fünf Millionen Jahre, aber wanderte innerhalb weniger zehntausend Jahre von Afrika bis nach Ostasien.

Die Wanderlust vererbte Homo erectus an seinen Nachkommen Homo sapiens. Auch der anatomisch moderne Mensch erschien zuerst in Ostafrika. Nahe des äthiopischen Dorfes Herto entdeckte der Anthropologe Tim White im Jahr 2003 den ältesten Sapiensknochen. Das Fossil war 160.000 Jahre alt. Der nächstjüngere bekannte Homo sapiens ist 140.000 Jahre alt und lebte in China. Das sei eine Bestätigung für die Hypothese vom afrikanischen Auswanderer, meinten viele Anthropologen und nannten dieses Modell „Out of Africa II". Manche Kollegen aber sahen das anders.

Kritiker der „Out of Africa II"-Theorie halten der Verbreitungsthese entgegen, dass sich die Menschenform Homo sapiens an mehreren Stellen auf dem Globus gleichzeitig entwickelt haben muss, und zwar aus Homo erectus. Der Vorfahr war schon allerorten gelandet, also warum das Rad zweimal erfinden? Sapiens tauchte tatsächlich allmählich überall dort auf, wo es Erectus schon gab: in Afrika, Asien, später in Europa. „Out of Africa" oder multiregionale Theorie – welche Annahme stimmt?

Die Anthropologen spielten Remis. Jeder neue Fund eines Knochens schien mal die eine, mal die andere Theorie zu bekräftigen. Gelegentlich schlossen Forscher sogar frisch entdeckte Schädel in den Panzerschränken ihrer Institute ein, damit die Gegner sie nicht als Zugpferde vor den Karren ihrer Hypothesen spannen konnten. Das geschah im Fall des nur etwa einen Meter großen „Flores-Menschen". Bei dem 2003 auf der indonesischen Insel Flores gefundenen Schädel sollte es sich nach Meinung der Entdecker um eine eigenständige kleinwüchsige Menschenart handeln, die sich vor 18.000 Jahren abseits von allen anderen Hominiden auf der Insel separat entwickelt hatte. „Homo floresiensis schlägt einen weiteren Nagel in den multiregionalen Sarg", verkündeten die Anthropologen Marta Mirazón Lahr und Robert Foley aus Cambridge. Bald darauf kursierte die Geschichte vom „Hobbit"-Menschen in der Presse. Gegner dieser Theorie erhoben jedoch Einspruch – sie glaubten vielmehr daran, dass es sich bei dem Flores-Menschen um einen Vertreter der Art Homo sapiens handelte, der an Zwergenwuchs litt. Also keine neue Menschenart als Zündstoff für die Anthropologie? Kurzerhand nahm der indonesische Paläoanthropologe Teuku Jacob den Schädel in Gewahrsam und untersuchte ihn exklusiv an der Gadjah-Mada-Universität in Jakarta – über Monate. Der britische Forscher Chris Stringer vom Naturhistorischen Museum in London kritisierte, dass der sensationelle Fund damit der Forschung nicht zur Verfügung stehe. Der Indonesier aber konterte, in Jakarta sei der Fund „wesentlich sicherer" als auf Reisen durch die Labore der Welt. Die Debatte um den „Hobbit" von Flores läuft noch immer auf Hochtouren. Eine Entscheidung zwischen Multiregionalisten und Anhängern der „Out of Africa"-These ist nicht in Sicht. Aber noch während die Anthropologie mit Panzerschränken, Hypothesen und einem Bündel alter Knochen im Gepäck an ihre Grenzen stößt, kommt die Genetik auf einem übersichtlicheren Weg ans Ziel.

Dort steht die „Schwarze Eva", eine Idee der Genetikerin Rebecca Cann. Bereits 1987 – die Paläogenetik steckte noch in den Kinderschuhen – hatte Cann versucht, den Fossilien der Anthropologen mit den Mitteln der Genetik auf die Sprünge zu helfen. An der Universität von Hawaii untersuchte die Forscherin 147 DNA-Proben von Menschen aus fünf Erdteilen. Ergebnis: Die Unterschiede im Erbgut waren nur gering. Wie Cann herausfand, ähneln sich die Gene des Homo sapiens besonders in den Populationen Europas, Amerikas, Asiens und Australiens. Nur das Erbgut der Afrikaner weicht davon ab. Warum?

Die Unterschiede sind marginal und doch gewaltig. Auf der einen Seite ist das afrikanische Erbgut kaum von dem der Menschen auf anderen Kontinenten zu unterscheiden. Diejenigen Positionen jedoch, die einen Unterschied erkennen lassen, brachten Rebecca Cann zu dem Schluss, dass die Evolution in Afrika länger am Werk war als in anderen Teilen der Welt. Je älter die genetischen Informationen sind, desto mehr Mutationen haben sie mitmachen können. Demnach ist afrikanische DNA das älteste Erbgut der Welt. Rebecca Cann hatte eine Brücke über die Debatten der Menschheitsforschung geschlagen, ging jedoch noch einen Schritt weiter.

Vor 200.000 Jahren, meinte Cann, habe es in Afrika eine Urgruppe des Homo sapiens gegeben. Das ist zwar hypothetisch, aber wahrscheinlich. Als die Forscherin 1987 mit dieser Behauptung für Wirbel im Anthropologen-Lager sorgte, dachte die Forschung noch, Homo sapiens seit 140.000 Jahre alt und stamme aus Asien, wo der bis dato älteste Knochen gelegen hatte. Erst die Entdeckung des noch älteren Homo sapiens von Herto in Äthiopien 2003 bestätigte, was Rebecca Cann schon sechzehn Jahre zuvor behauptet hatte. Der anatomisch moderne Mensch kam aus Afrika. Dort, so meinte die Forscherin, lebte Homo sapiens einst in einer Gruppe von nur wenigen hundert Individuen – der

Ursippe aller heute lebenden Menschen. Die US-Zeitschrift „Time Magazine" reduzierte den Kernstamm der Menschheit sogar noch weiter auf ein einziges Individuum, die „Schwarze Eva", die behaarte Urmutter aller Menschen.

Wenn Geschichte durch den Magen geht

Afrika war die Startrampe für die größte Expedition der Menschheit. Zwar pochen die Anhänger der multiregionalen Theorie noch immer auf ihre Version der Menschheitsgeschichte, aber ihr Lager dünnt aus. Seit dem Experiment Rebecca Canns legt die Genetik Beweis um Beweis dafür vor, dass der Mensch eines Tages Ostafrika verließ, um zum Globetrotter zu werden. Was Homo sapiens nicht wusste: In seinem Magen hatte sich ein blinder Passagier eingenistet, der seinen Entdeckern Kopfzerbrechen bereitete.

Helicobacter pylori, von Forschern liebevoll H. pylori genannt, ist zugleich Übeltäter der Menschheit und Segen für die Genetik. Die australischen Wissenschaftler Barry Marshall and Robin Warren entdeckten den Magenerreger 1981 und erhielten dafür 2005 den Nobelpreis für Physiologie oder Medizin. Die Entdeckung des Winzlings war aber nicht nur für die Medizin revolutionär. Wie sich herausstellte, wusste H. pylori als Zeitzeuge der ersten Wanderungsbewegungen der Menschheit viele Geschichten zu erzählen – vorausgesetzt, man verstand es, ihm seine Geheimnisse zu entlocken.

Die Bakterie ist ein zäher Bursche. Sie nistet sich in der Schleimhaut des Magens ein und kann sogar der Magensäure widerstehen. In der bakteriell angegriffenen Schleimhaut kann sich durch H. pylori eine chronische Entzündung bilden. Mediziner vermuten, dass die Bakterie für neunzig Prozent aller Magengeschwüre verantwortlich ist. Schuld an der Verbreitung des Bakteriums ist der Mensch selbst. Die Bakterien wandern durch Mund-zu-Mund-Übertragung von einem Wirt zum anderen. Da ältere Menschen immun gegen eine Infizierung mit Helicobacter sind, muss die Ansteckung in jungen Jahren erfolgen. Mediziner vermuten, dass in den meisten Fällen Mütter die Bakterie über die Mundschleimhaut an ihre Kinder weitergeben.

Trotzdem ist H. pylori keine Zeitbombe. Seit der Entdeckung des Bakteriums stellten Infektionsbiologen zwar fest, dass etwa die Hälfte aller Menschen mit dem Bakterium infiziert ist. Das muss aber nicht heißen, dass es in jedem Fall ein Magengeschwür heranreifen lässt. Eine Erkrankung hängt von vielen Faktoren ab. In manchen Fällen weiß der Träger bis zu seinem Tod nicht einmal, dass sich die Bakterie jahrelang in seiner Magenschleimhaut befunden hat. Entwickelt sich die Krankheit jedoch, hat H. pylori in 75 Prozent der Fälle seine Hand im Spiel.

Obwohl erst vor wenigen Jahren entdeckt, ist H. pylori ein alter Bekannter des Menschen. Homo sapiens trägt die Bakterie seit etwa 58.000 Jahren mit sich herum – lange genug, um viele evolutionäre Veränderungen seines Wirtes miterlebt zu haben, die, da sind sich die Biologen sicher, nicht spurlos an H. pylori vorübergingen.

Was für Rebecca Cann und andere Genetiker die menschliche DNA ist, wurde für Infektionsbiologen die Genstruktur von H. pylori. Am Max-Planck-Institut für Infektionsbiologie in Berlin untersuchte Mark Achtman die Zellkern-DNA von 370 verschiedenen Formen des Bakteriums, die von 27 ethnischen Gruppen aus verschiedenen Regionen der Welt stammten. Dabei bestätigte sich einmal mehr jene Annahme, nach der sich Menschengruppen umso mehr voneinander unterscheiden, je weiter sie räumlich getrennt leben und je mehr Zeit seit der Trennung vergangen ist. Tatsächlich fand Achtman heraus, dass die Evolution von Mensch und Bakterium parallel verlief. Auch hat die räumliche und zeitliche Trennung verschiedene Formen von H. pylori entstehen lassen. Sieben Stämme zählten Achtman und sein Team. Überdies gelang es den Biologen, aus dem Erbgut der modernen Bakterien die ursprüngliche Form von H. pylori zu rekonstruieren und seine Herkunft zu bestimmen. Die Ur-Bakterien kamen demnach aus Afrika, dem Nahen Osten, Zentralasien und Ostasien.

Schärfere Umrisse ergaben sich dank der Kontaktfreudigkeit von H. pylori. Bisweilen treffen zwei verschiedene Bakterien im Magen eines Menschen aufeinander und tauschen Erbinformationen aus. Eine lebende Bakterie übernimmt freie DNA von abgestorbenen. Aus dieser genetischen Fusion ergibt sich ein Mosaikgenom – und das ist verräterisch. Achtman gelang es, die verschmolzenen Teile des Erbguts zu identifizieren und den zuvor gefundenen Ur-Bakterien gegenüberzustellen. Bei diesen Vergleichen zeigten Gene von europäischen Bakterien Einflüsse aus Zentralasien – ein Hinweis auf menschliche

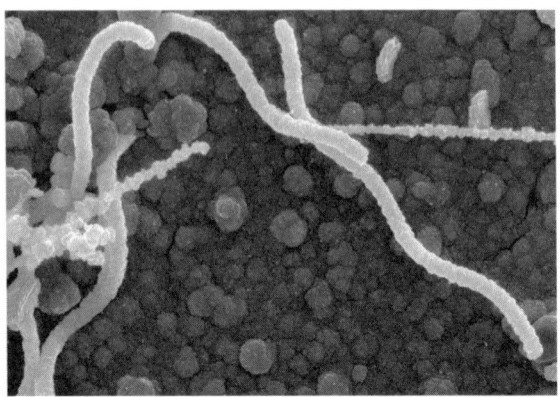

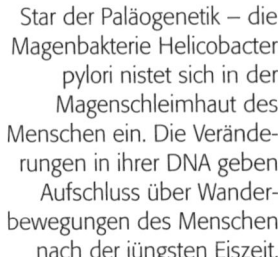

Star der Paläogenetik – die Magenbakterie Helicobacter pylori nistet sich in der Magenschleimhaut des Menschen ein. Die Veränderungen in ihrer DNA geben Aufschluss über Wanderbewegungen des Menschen nach der jüngsten Eiszeit.

Einwanderer aus Asien, so der Forscher. Andere H. pylori-Populationen entwickelten sich während der mehrere tausend Jahre langen Isolation der Polynesier im Pazifik – eine Bestätigung für die Theorien der Völkerkunde und Archäologie über diesen Raum. Die Wanderung der Vorfahren amerikanischer Ureinwohner über die Beringstraße ließ sich ebenso verifizieren wie die Expansion der Bantu in Afrika. Im Magen des Menschen lag ein Atlas der Frühgeschichte.

Die Bakteriengenetik stieß damit noch lange nicht an ihre Grenzen. Auch Migrationsströme der vergangenen Jahrhunderte hinterließen Spuren in der menschlichen Magenschleimhaut. Europäische Bakterien verbanden sich seit dem 16. Jahrhundert mit ihren Verwandten in Nord- und Südamerika und sind lebende Dokumente für die Kolonisierung der Neuen Welt. Auch der Sklavenhandel sowie die Entdeckung Afrikas und Australiens durch die Europäer veränderte H. pylori-Stämme nachhaltig. Die Bakterie ist der Star der Populationsgenetik.

Die ersten Australier – kopfüber nach Down Under

Endstation Australien. Zweimal hatte der Mensch seine Kinderstube im Osten Afrikas verlassen, um die Welt zu entdecken. Homo erectus und nach ihm Homo sapiens kamen als erste Global Player bis nach Asien und Europa. Irgendwann setzte der Mensch seinen Fuß auch auf den fünften Kontinent. Dazu musste er nicht einmal Meister im Bootsbau sein oder ein Herr der sieben Meere. Der Ozean zog sich zurück. Die Hominiden lebten zu dieser Zeit vermutlich schon mehrere tausend Jahre an der eurasischen Küste. Im Pazifik herrschte Ebbe, da setzte sich der Mensch in Bewegung. Die Meeresarme zwischen Eurasien und Melanesien verengten sich, eine Landbrücke zwischen Neuguinea und Australien hob sich aus dem Wasser. Die ersten Menschen betraten australischen Boden.

Dieses Szenario von der Überquerung der tiefblauen Südsee ist graue Theorie. Die Frage, wie und wann der Mensch tatsächlich nach Australien gelangte, gehört zu den ungelösten Rätseln der Geschichtsforschung. Unter australischen Ureinwohnern kursiert die Legende von der Traumzeit, in der Welt und Menschen entstanden. Unter Archäologen hingegen geht die Sage von einem Skelett namens Mungo 3, das 1974 in den Sanddünen des australischen Mungo-Sees entdeckt wurde. Während die Aborigines die Traumzeit etwa 40.000 Jahre zurückverfolgen, sind sich die Knochenforscher nicht einig, wie alt ihr beinerner Zeuge tatsächlich ist. Verkehrte Welt: Die Mythologie ist exakter als die Wissenschaft.

Mungo 3 soll das älteste menschliche Fossil Australiens sein. Diese Ehre genoss das Skelett nicht immer. Bei seiner Entdeckung 1974 lag der Tote in einem Grab, sein Leichnam war mit rotem Ocker bestreut – ein Ritus, den auch die Neandertaler im weit entfernten Europa kannten –, und seine Hände lagen an seinem Geschlechtsteil. Ausgräber Alan Thorne ließ an der Universität von Canberra eine Datierung nach der Radiokarbonmethode durchführen, die dem Toten ein Alter von 28.000 bis 32.000 Jahren bescheinigte. Während Anthropologen und Archäologen in den folgenden zehn Jahren über dem Schicksal von Mungo 3 brüteten, machte die Technik rasante Fortschritte. In den 1980er Jahren wiederholten die Forscher die Datierung der Knochen mit derselben, unterdessen jedoch verfeinerten Methode. Diesmal ergab das Auszählen der Kohlenstoff-Isotope ein Alter von 38.000 Jahren. In kaum zehn Jahren technischen Fortschritts war Mungo 3 um 6000 Jahre gealtert.

1999 wollte es Alan Thorne noch einmal genau wissen. Neue Datierungsmethoden hatten Einzug gehalten in die Altertumsforschung und wirbelten die Knochensammlungen der Archäologen durcheinander. Thorne und seine Kollegen machten dem Namen von Mungo 3 alle Ehre und untersuchten die

Knochen auf dreierlei Weise. Dieses Mal wollten die Archäologen auf Nummer sicher gehen. Sie untersuchten Kristalldefekte in Knochen und Zähnen, ermittelten den Zerfall der im Fossil gespeicherten Spuren von Uran und wandten das Verfahren der Lumineszenz an. Alle drei Tests lieferten dasselbe Ergebnis: Mungo 3 war etwa 60.000 Jahre alt. Die Anthropologie Down Under stand Kopf.

Die bislang ältesten Zeugnisse der Besiedlung Australiens waren mindestens 10.000 Jahre jünger. Im Norden und Westen des Kontinents hatten Archäologen im Laufe des 20. Jahrhunderts genug Material entdeckt, um die Besiedlung Australiens in die Zeit vor 40.000 oder 50.000 Jahren zu datieren. Auch die Fundorte passten geografisch zur Einwanderungstheorie. Die ältesten Entdeckungen lagen im Norden und Westen des fünften Kontinents, eben dort, wo die Einwanderer von Südostasien und Neuguinea kommend bevorzugt gelandet sein dürften. Plötzlich tauchte mit Mungo 3 ein 10.000 Jahre älteres Skelett auf, das überdies achthundert Kilometer im Landesinnern lag. Bis die ersten Einwanderer am Lake Mungo Fische fangen konnten, mussten sie bereits einige Generationen lang an der Küste gelebt haben. Schließlich brach eine Gruppe auf, um Neuland zu besiedeln – so jedenfalls Vergleichsmodelle von Landnahmen in Europa und Afrika. Demnach mussten die ersten Siedler lange vor Mungo 3 Australien erreicht haben.

Wie konnte das sein? Gar nicht, meinte James Bowler von der Universität Melbourne. 2003 fuhr der Forscher mit zentnerschwerer Ausrüstung auf der Ladefläche seines Geländewagens zum Lake Mungo hinaus, um die Datierung ein weiteres Mal zu prüfen. Die Methoden, derer sich Bowler bediente, ähnelten zwar jenen der Untersuchungen von 1999 – der Unterschied war jedoch gewaltig. Statt die Knochen und Zähne von Mungo 3 unter die Lupe zu nehmen, schaute sich Bowler die Ablagerungen am Fundort an. Mit Hilfe eines Verfahrens namens „Optisch angeregte Lumineszenz" fand der Forscher heraus, dass Mungo 3 tatsächlich nicht 60.000, sondern höchstens 50.000 Jahre, vielleicht sogar nur 40.000 Jahre alt sein konnte. Damit passte der Tote wieder in die bislang gültige Theorie der Besiedlungsgeschichte Australiens. Auch für den Fehler in der Datierung Alan Thornes hatte James Bowler eine Erklärung. Bei der Untersuchung der Ablagerungen war deutlich geworden, dass sich der Mungo-See vor etwa 60.000 Jahren mit Schmelzwasser gefüllt hatte, als Gletscher in diesen Raum vorgedrungen waren. Es ist vorstellbar, dass Rückstände aus dieser Periode in den Zähnen und Knochen des Mungomannes Spuren hinterließen, welche die Archäologen auf die falsche Fährte lockten. Australier gibt es also tatsächlich erst seit kurzem.

Noch immer war das letzte Wort über die Datierung von Mungo 3 nicht gesprochen. Während Archäologen und Anthropologen über Methoden und Fehlmessungen stritten, rückte die Molekularbiologie den Urahnen der Aborigines mit Gentests zu Leibe.

Weit entfernt von Australien untersuchte 2007 Toomas Kivisild an der Universität von Cambridge das Erbgut von 552 Aborigines und Einwohnern Neuguineas. Besonders den Y-Chromosomen der männlichen Linien schenkte der Forscher Aufmerksamkeit, überdies verglich er 172 Genprofile aus mtDNA, die ausschließlich über die Mutter weitergegeben wird. Mithilfe der molekularen Uhr errechnete das Team in Cambridge das Alter der Mutationen. Das Ergebnis zog einen Schlussstrich unter den Streit über das Alter des ersten Australiers.

Vor 50.000 Jahren erreichte der Mensch Neuguinea und Australien – so das Fazit Kivisilds. Die Pioniere stammten von Gründerpopulationen ab, die ihrerseits aus Afrika kamen. Nach den Berechnungen des Genetikers war Homo sapiens in nur 5000 Jahren von Ostafrika bis Ozeanien gelangt – einige zehntausend Jahre schneller als bislang angenommen.

Wie das Forscherteam um Kivisild herausfand, scheint es nur eine einzige Einwandererwelle nach Australien gegeben zu haben. Aus geografischer Sicht erscheint das logisch. Das Meer, das sich vor 50.000 Jahren zurückgezogen hatte und den Pionieren die Überfahrt zum anderen Ende der Welt ermöglichte, verwehrte späteren Gruppen den Schritt nach Down Under. Die ersten Australier blieben unter sich. Sollte das stimmen, wirft dieses Untersuchungsergebnis mehr Fragen auf, als es Antworten gibt.

Woher kamen in der australischen Frühzeit plötzlich neue Steinwerkzeuge? Bislang galt: Stellten Archäologen in einer Phase der Urgeschichte eine kulturelle Revolution fest, dauerte es meist nicht lange, bis der Verursacher dafür identifiziert wurde. Die Neandertaler kannten Faustkeile vermutlich durch Homo erectus; in der Jungsteinzeit erreichten Ackerbau und Viehzucht Europa, nachdem sie im Vorderen Orient jahrhundertlang ausprobiert worden waren; die Kunst der Bronzeverarbeitung schwappte vom Mittelmeer aus über den Kontinent. Fast alle kulturellen Umwälzungen hatten einen winzigen Kern, der sich wie mit dem Urknall des Kulturtransfers ausdehnte. In Australien galt das anscheinend nicht. Auf sich allein gestellt, entwickelten die Ureinwohner des fünften Kontinents ihre Werkzeugformen von selbst. Zwar bemerken Archäologen, dass einige bearbeitete Steine wie die 43.000 bis 47.000 Jahre alten Geräte von Penrith bei Sydney vergleichbaren Werkzeugen aus Südostasien ähneln, doch sind die Formen behauener Steine bisweilen schwer zu definieren und zu deuten. Es ist vorstellbar, dass die australischen Pioniere aus denselben Bedürfnissen heraus Werkzeuge herstellten wie die Menschen auf dem asiatischen Kontinent. Die Regel: „Wer Fleisch zerlegen will, braucht Steine mit scharfen Kanten", galt in Asien und Australien gleichermaßen.

Die genetische Untersuchung der Australier in Cambridge sorgt auch für Unruhe unter Linguisten. Wie Sprachforscher festgestellt haben, ging in der Frühzeit ein Riss durch den Kontinent. Die Urbevölkerung trennte sich so gründlich, dass heute eine deutliche sprachliche Grenze durch das Land läuft. Wann das geschah, lässt sich nicht feststellen. Unbekannt ist auch die Ursache für die Trennung. Der Linguist Robert Malcolm Ward Dixon an der Universität von Melbourne fand heraus, dass die Sprachen im Norden des Kontinents mehr Vielfalt zeigen als jene im Süden. Eine Erklärung dafür gab es bislang nicht. Wie Toomas Kivisild vermutet, begannen die Ureinwohner Australiens eines Tages, sich voneinander abzugrenzen und auseinander zu entwickeln. Einflüsse von außen, etwa durch eine zweite oder dritte Einwandererwelle, schließt der Genetiker mit Blick auf seine Forschungsergebnisse aus. Australier blieben demnach 30.000 bis 40.000 Jahre lang unter sich. Die Entwicklung ihrer Kultur gehörte zu den eigenständigsten Leistungen der Menschheitsgeschichte.

Gauguins Urahn – der Mensch entdeckt die Südsee

Irgendwann war er reif für die Insel. Homo sapiens hatte sich von Afrika über Europa, Asien und Teile Amerikas ausgebreitet, hatte Generationen dauernde Gewaltmärsche auf sich genommen und sogar Australien erreicht. Aber zur Ruhe kam er nicht. Das letzte Ziel lag im hintersten Winkel der Erde – die polynesischen Inseln.

Was Homo sapiens in diese Region lockte, lässt sich kaum nachvollziehen. Mit Sicherheit gab es reichlich Wasser, warmes Klima und Fische im Überfluss. Nach heutigem Verständnis erstreckt sich die Inselwelt Polynesiens über ein Drittel des Pazifiks. Dazu zählen Teile von Hawaii im Norden, die Osterinseln im Osten, Chatham im Süden und Tuvalu im Westen. Insgesamt bedeckt diese Inselwelt eine Fläche von fünfzig Millionen Quadratkilometern – die USA sind kaum zehn Millionen Quadratkilometer groß. Trotzdem ist Polynesien klein. Wer die Landfläche der Inseln addiert, kommt auf 26.200 Quadratkilometer, auf den Eilanden leben heute etwa 1,9 Millionen Menschen – etwa so viel wie in Hamburg. Es ist aber nicht das für Europäer merkwürdige Verhältnis von Fläche und Besiedlungsstruktur, das die pazifische Inselwelt für Forscher interessant macht, sondern ihre Geschichte. Historiker vermuten schon lange, dass Polynesien erst in den letzten Jahrtausenden der Menschheitsgeschichte entdeckt und besiedelt wurde, vielleicht erst vor 3000 Jahren. Wann genau und woher die Kolonisten kamen, darüber stritten sich Archäologen und Anthropologen bislang ohne Ergebnis.

Sie kamen über das Meer, so viel steht fest. Während Ethnologen heute die Theorie vertreten, dass die ersten Siedler der Südsee kurze Wege suchten und von Insel zu Insel zogen, gab es Mitte des 20. Jahrhunderts auch die Ansicht, dass die Besiedlung von Südamerika aus erfolgt sei – eine spektakuläre These: Wer von der Küste Perus oder Chiles nach Polynesien reisen will, muss 8000 Kilometer auf dem offenen Meer überwinden. Das war mit den technischen Mitteln der Steinzeit fast unmöglich, meinten die meisten Forscher. Nur Thor Heyerdahl war anderer Meinung.

Der norwegische Völkerkundler hatte auf den Marquesasinseln Steinfiguren der Vorzeit gesehen, die ihn stark an Plastiken aus Peru erinnerten. Er ging der Frage nach, ob das heutige Peru die Heimat jener Menschen gewesen sein könnte, die vor Tausenden von Jahren in einem kaum vorstellbaren Kraftakt den Pazifik im Bastboot überquerten. In der Überlieferung der Polynesier und Peruaner entdeckte Heyerdahl Elemente, die sich auffallend ähnelten. Mit den Menschen, so vermutete er, waren auch Kunst und andere Traditionen von Südamerika nach Polynesien gelangt. Was fehlte, war ein Beweis.

Von der Genetik war 1947 allenfalls die erste Wölbung der DNA-Doppelhelix zu sehen. Da waren die Forschungsmethoden der Völkerkunde schon ausgereifter und handfester. Um seine Südamerika-Theorie zu beweisen, stieg Thor Heyerdahl selbst in ein Floß – ein Fahrzeug, dass er in langer Vorbereitungszeit selbst gebaut hatte. Die 13,7 Meter lange Kon-Tiki bestand aus Balsaholz und Bambus und stach am 28. April 1947 von Callao in Peru aus in See. Mit an Bord: 1100 Liter Trinkwasser, 200 Kokosnüsse, Konservendosen, ein Funkgerät, eine Kamera und sechs Mann Besatzung. Auf dem Humboldtstrom segelte die Kon-Tiki nach Westen und erreichte nach 102 Tagen das Raroia-Atoll östlich von Tahiti. Alle Besatzungsmitglieder hatten die Fahrt überstanden, nur die Kon-Tiki war bei der Landung zerbrochen. Heyerdahl hatte in einem der letzten Forschungsabenteuer des 20. Jahrhunderts bewiesen, dass die Reise von Peru nach Polynesien möglich war. Glück gehörte allerdings dazu. Schon vor der Landung waren die Forscher an einigen Inseln vorbeigesegelt, konnten jedoch das leichte Floß in den zum Teil starken Strömungen nicht an Land manövrieren. So war das Experiment zwar erfolgreich, indem es zeigte, dass die Menschen der Steinzeit gewaltige Strecken über das Meer zurücklegen konnten. Ob die ersten Polynesier aber tatsächlich von Osten gekommen waren, bewies der Versuch nicht.

Neben Südamerika kommen nach heutigem Stand der Forschung Vietnam, Taiwan, Neuseeland und Australien als Heimat der insularen Auswanderer in Frage. Die wenigen fossilen Knochen, die Archäologen auf den Inseln bislang fanden, lassen sich zwar vermessen, problematisch aber ist die Deutung eines einzelnen morphologischen Merkmals. Ein merkwürdig geformtes Jochbein muss nicht bedeuten, dass sein einstiger Träger aus Asien kam. Pfadfinder im Dickicht der Auswanderungstheorien ist die Genetik.

Auf der Suche nach dem Südsee-Gen blieben die Molekularbiologen aber schon im Ansatz stecken. Die übliche Vorgehensweise, die Gene der heutigen Insulaner mit jenen aus Neuseeland und Taiwan zu vergleichen, schlug fehl. Der Grund war die intensive Vermischung der Menschen untereinander. In den vergangenen 3000 Jahren war keine der Populationen unter sich geblieben. Stattdessen hatten die Insulaner intensiv Waren und Gene mit ihren Nachbarn ausgetauscht. Die letzten messbaren Spuren der Ur-Polynesier im Genpool verwischten die Europäer, die vor dreihundert Jahren die Südsee erreichten und sich mit den Ureinwohnern vermischten. Die Genetiker standen mit leeren Händen da. Einzig die Artefakte der ersten Polynesier lagen vor ihnen, Keramik der Lapita-Kultur – aber die blieb das Spielfeld der Archäologen. Dann kam den Biologinnen Elizabeth Matisoo-Smith und Judith Robins eine Idee.

Die Lapita-Kultur war eine der ersten neolithischen Gruppen im südpazifischen Raum. Die Lapita-Leute betrieben Ackerbau, Viehzucht und Fischfang, stellten Klingen aus dem Vulkangestein Obsidian her und bauten Boote, die so perfekt an das insulare Leben angepasst waren, wie die Werftarbeiter selbst. Die Seefahrer waren nicht allein. Sie hatten Hunde, Schweine und Hühner an Bord, wenn sie von einer Insel zur nächsten paddelten. Das Erbgut der Haustiere aber hatte ähnliche Vermischungsprozesse durchlaufen wie das der Besitzer. Es war für einen historischen DNA-Test unbrauchbar. In den Booten der Lapita jedoch reiste noch ein Tier mit, das begann, die Inselwelt Polynesiens zu besiedeln: eine Ratte.

Kein blinder Passagier: Die Vorfahren der Polynesischen Ratte (Rattus exulans) galten in der Lapita-Kultur als Nahrungsmittel. Darauf lassen Funde von Rattenknochen an Lagerfeuern schließen. Demnach zog Rattus exulans als lebender Leckerbissen mit den Neolithikern von Insel zu Insel. Dort blieben die Tiere. Da Ratten nicht schwimmen können, waren sie auf die Verbreitung im Kielwasser der menschlichen Expansion angewiesen. Während sich die Menschen mit anderen vermischten, blieben die Ratten unter sich. Mit ihren europäischen Verwandten Rattus rattus und Rattus norvegicus, die von Kolonialschiffen auf die Inseln eingeschleppt wurden, wollten die einheimischen Ratten offenbar nichts zu schaffen haben. Die Arten kreuzten sich nicht. So entstand auf jeder Insel eine eigene Gruppe von Rattus exulans – perfektes Material für die Suche nach dem Südsee-Gen.

Tatsächlich entdeckten die Forscherinnen aus Auckland drei verschiedene DNA-Sequenzen bei der pazifischen Ratte. Für Elizabeth Matisoo-Smith und Judith Roberts war das genug Material, um Schlüsse auf die Besiedlung der Inselwelt zu ziehen: Um drei verschiedene Mutations-Gruppen im Erbgut auszubilden, benötigt eine Art viel Zeit. Demnach kamen die Lapita nicht in einer raschen pazifischen Völkerwanderung von Asien nach Polynesien. In diesem Fall hätte es nur eine einzige Rattenpopulation geben dürfen. Vielmehr vermuten die Biologinnen, dass die Reisen der Lapita lange dauerten. Möglicherweise vermischten sich die Einwanderer mit jenen Menschen, die in Jäger- und Sammlergruppen auf den Bismarck- und Salomoninseln lebten. Diese Inselgruppen gehören zu Melanesien, einem Gebiet nordöstlich von Australien. Von hier aus, so vermuten die Forscherinnen aus Neuseeland, können frühe Entdecker bereits vor 6000 Jahren nach Osten vorgestoßen sein, um die Inselwelt Polynesiens zu erkunden. Sie hatten schon Ratten an Bord, denen genug Zeit blieb, ihre Mutationen auszubilden, bevor die nächste Besiedlungswelle kam. Sie folgte vermutlich erst 3000 Jahre später.

Viel Zeit für Rattus exulans, den Spieß umzudrehen. Was vor Tausenden von Jahren als Reiseproviant nach Polynesien kam, ist heute einer der größten Schädlinge der Inselwelt. Die Polynesische Ratte macht sich über Reis, Mais, Zuckerrohr, Ananas, Kokosnuss und Getreide her. Fressen ist attraktiver als gefressen werden.

Mischmasch in Melanesien

Die Südseeratten haben ihr genetisches Geheimnis 2004 preisgegeben. Drei Jahre später gelang es dem Biologen Jonathan Friedlaender, auch die Gene der Melanesier zu entschlüsseln. Von den Inseln nördlich von Australien, zu denen auch Neuguinea gehört, waren die Lapita einst nach Osten gestartet. Wer sich auf die Suche nach der Herkunft dieser Insulaner begeben wollte, kam an Melanesien nicht vorbei.

Bevor die Europäer kamen, waren alle Melanesier schwarz. Die Hautfarbe machte so großen Eindruck auf die Entdecker aus der Alten Welt, dass sie die gesamte Inselgruppe danach benannten: *mélas* bedeutet griechisch schwarz, *nẽsos* Insel. Im Laufe der Jahrhunderte hat sich der dunkle Teint der Melanesier aufgehellt, die Nachfahren der Ureinwohner haben sich im Laufe der vergangenen Jahrhunderte mit Chinesen, Europäern, Indern und Vietnamesen vermischt. Das Erbgut aber ist noch immer ursprünglich und aussagekräftig genug, um die Geschichte der Südsee in Teilen nachzeichnen zu können.

Das Inselleben bescherte der Genetik ein Eldorado von Probenmaterial. Populationen, die sich auf kontinentalem Festland in Windeseile vermischen würden, benötigen in Insellage viele Generationen mehr. Die Folge: Das Erbgut bleibt länger isoliert und lässt sich einfacher identifizieren. Im Fall Melanesiens kam noch erleichternd hinzu, dass es aus mehreren geografischen Großräu-

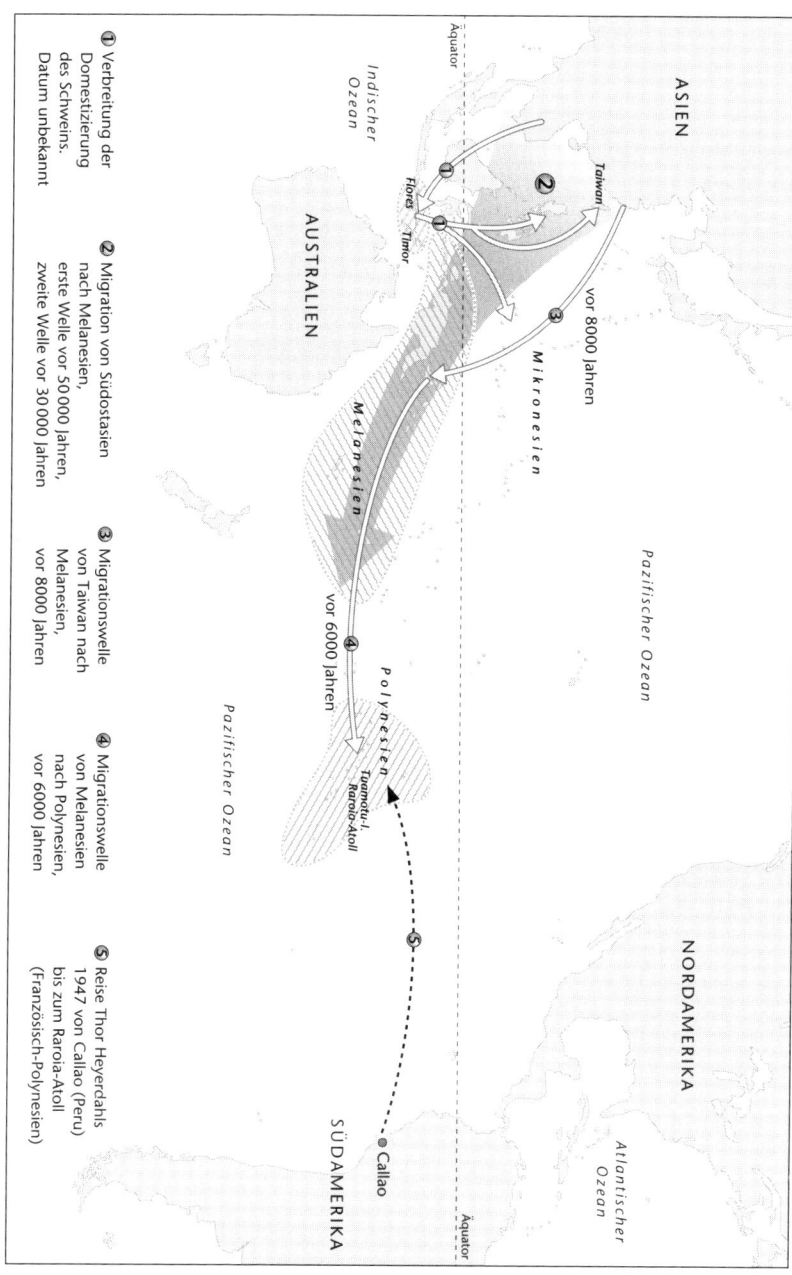

Langer Weg ins Paradies – die Besiedlung der Südsee dauerte 44.000 Jahre.
Die Analyse des Erbguts von Menschen, Schweinen und Ratten half
Molekularbiologen, die Route der Einwanderer nachzuzeichnen.

men besteht. Friedlaender untersuchte 32 Populationen und fand heraus, dass Menschengruppen eher unter sich bleiben, wenn sie in unzugänglichen Bergregionen leben. Das bestätigt die Völkerkunde am Beispiel Neuguineas. Auf der Insel leben so viele voneinander isolierte Populationen, dass sich dort 900 verschiedene Sprachen entwickelten – so viele wie nirgendwo sonst auf der Welt. Wer hingegen die Küstenstreifen der Inseln bewohnte, trug öfter das genetische Material anderer Populationen in sich. Das Meer brachte den Insulanern nicht nur Nahrung, sondern auch Kontakte.

Nach Auswertung des Materials kam Friedlaender zu dem Schluss, dass Melanesien in zwei Wellen besiedelt worden ist. Die ersten Menschen kamen frühestens vor 50.000, spätestens vor 30.000 Jahren – so die Datierung des US-Biologen. Das Ergebnis deckte sich mit den archäologischen Zeugnissen. Zwar sind die frühesten menschlichen Überreste Melanesiens aus dem Hochland Neuguineas auf etwa 25.000 Jahre vor heute datiert, den Beginn der Inselbesiedlung datieren Archäologen aber bereits auf 50.000 Jahre vor heute, in die letzte Eiszeit. In diesem Zeitraum erreichten auch die ersten Menschen Australien. Dann herrschte lange Ruhe. Aber Friedlaender fand noch eine Einwanderungswelle. Wie die mtDNA ihrer modernen Nachkommen verriet, bekamen die Jäger und Sammler der melanesischen Altsteinzeit vor etwa 8000 bis 3500 Jahren Besuch.

Die Vorfahren der Lapita-Leute legten im geografischen Großraum um Neuguinea an. Wie die Archäologie bestätigt, beginnt die Datierungsskala von Knochen und Artefakten im westlichen Melanesien erst vor 7000 bis 4000 Jahren. Kurz darauf setzten das Neolithikum und die Ausbreitung des Menschen auf der Inselwelt Polynesiens ein. Die Ergebnisse aus dem US-Labor bestätigen jedoch nicht nur auf naturwissenschaftliche Art, was die Kulturwissenschaft schon lange vermutete – Friedlaender lieferte auch einen Hinweis auf die Herkunft der Südsee-Insulaner. Die Neuankömmlinge stammten aus dem südostasiatischen Raum, möglicherweise aus Taiwan.

Die Schlussfolgerung hätte demnach lauten können: Der Mensch kam von Asien nach Melanesien, ließ sich dort eintausend Jahre nieder und brach schließlich nach Osten auf, um neue Inseln zu besiedeln. Aber Friedlaender gab sich mit dieser Vermutung nicht zufrieden. Er sammelte bis 2008 weitere Daten, diesmal von den polynesischen Inseln. Was drei Jahre zuvor den Genetikerinnen aus Neuseeland noch verwehrt war, konnte der US-Biologe dank neuer technischer Mittel nun probieren. Das Ergebnis überraschte: Im Erbgut der Polynesier sind nur wenige Spuren melanesischer mtDNA zu finden. Woher waren die Lapita gekommen, wenn nicht von Melanesien? Statt eine seit zwanzig Jahren offene Frage der Archäologie zu beantworten, stellte die Genetik eine neue und alle bisherigen Erkenntnisse auf den Kopf.

Nach der Antwort zu suchen ist nun wieder Aufgabe der Kulturwissenschaftler. Den entscheidenden Hinweis mag die Genetik bereits geliefert haben. Es sind die starken Vermischungsspuren von Küstenbewohnern und die isoliert lebenden Populationen der Menschen in gebirgigen Regionen. Jonathan Friedlaender vermutet, dass die Neuankömmlinge vor 8000 bis 3000 Jahren tatsächlich erst nach Melanesien kamen, aber schon damals nicht mit den Gruppen im Bergland in Kontakt traten. „Möglicherweise hatten sie davor Angst, denn es gab immer wieder Fehden zwischen den verschiedenen Siedlern", vermutet der Biologe. Vielleicht kam es tatsächlich zu Stammeskriegen zwischen den Alteingesessenen und den Neuankömmlingen. Die Wissenschaft kennt Vergleichbares. So stellen sich einige Anthropologen ein ähnliches Szenario auch für das eiszeitliche Europa vor, das von Gewaltakten zwischen dem Neandertaler und dem aus Afrika eingewanderten Homo sapiens erschüttert gewesen sein soll. Schließlich mögen die Küstenbewohner ihr Heil in der Flucht gesucht haben. Etwa vierhundert Jahre nach der Ankunft auf Melanesien zogen sie weiter nach Osten und fanden dort Polynesien und das Paradies. An den Stränden Melanesiens blieben nur genetische Fragmente zurück – gerade genug, um einen schwachen Fußabdruck im Sand der insularen Populationsgeschichte zu erahnen.

Schweine der Südsee

Menschen machen Müll – das war schon immer so. Während die Abfallberge der Industriegesellschaft ohne Ende in den Himmel wachsen, waren die nicht verwerteten Reste in der Alt- und Jungsteinzeit nur marginal. Aber es gab sie. Leder und Holz sind im Laufe der Jahrtausende kompostiert, Knochen aber blieben liegen. In den Abfallhaufen der Vergangenheit lesen heute Forscher mehrerer wissenschaftlicher Disziplinen wie in einem weit aufgeschlagenen Buch, darunter Archäologen, Osteologen, Ethnologen und seit kurzem auch Genetiker.

Teile dessen, was im Boden der Südseeinseln lag, landete im Labor von Keith Dobney im englischen Durham. Etwa gleichzeitig mit den Tests von Jonathan Friedlaender begann Dobney mit einem Experiment, das die Wanderungsbewegungen im Südpazifik klären sollte. Doch während der Kollege in den USA zu klären versuchte, wohin die Einwanderer gegangen waren, lag dem Briten daran zu erkennen, woher sie gekommen waren. Als Fährtenleser diente Dobney ein Schwein.

Das Haustier kam im Kielwasser der Lapita-Leute und breitete sich mit ihnen über die Inselwelt aus – ähnlich den Ratten, die drei Jahre zuvor in Auckland untersucht worden waren. Für Genetiker hat das Schwein gegenüber den Nagern einen großen Vorteil: Es ist domestiziert. Damit lassen sich seine Spuren bis zum Erbgut seiner noch wild lebenden Vorfahren zurückverfolgen. Dobney hatte 2007 bereits erfolgreich die Fährte nachgezeichnet, auf welcher der Vorfahr des Hausschweins aus dem Nahen Osten nach Europa gekommen war. Nun folgte er ähnlichen genetischen Abdrücken in den Pazifik. Er landete in Vietnam.

Von dort, so stellte Dobney fest, setzten die Schweine über auf die Inseln Flores und Timor in Indonesien. Das deckt sich mit den archäologischen Funden, nach denen das Neolithikum dort besonders früh angekommen ist. Von Indonesien aus schlugen die Borstentiere zwei Wege ein: einen in Richtung Norden nach West-Mikronesien und einen auf die Philippinen und nach Taiwan. Das wiederum deckt sich mit den Erkenntnissen des US-Genetikers Friedlaender, der anhand des genetischen Materials früher und heutiger Menschen den Beginn der pazifischen Wanderung im taiwanesischen Raum vermutet. Der Südsee-Insulaner kam tatsächlich aus diesem Gebiet, aber dort war er nur ein Durchreisender. Sein Startpunkt lag in Vietnam. Dort könnten sich die Lapita-Leute eigenständig entwickelt haben oder schon zu dieser Zeit Einwanderer aus noch entlegeneren Regionen gewesen sein.

Pfadfinder mit Augenwülsten

Mochten andere wandern – der Neandertaler blieb ortsfest. Homo neanderthalensis gab es nur in Europa. Dort war die Art vor 250.000 Jahren entstanden, dort blieb sie. Warum aber wagte sich der Neandertaler nicht nach Afrika oder Asien? Anthropologen vermuteten bislang, dass der ausgestorbene Vetter ein konservativer Geselle gewesen ist, der sich nur schwer auf andere Lebensräume und Umweltbedingungen einstellen konnte. Beleg für diese Theorie sind die bis heute weitgehend fehlenden Zeugnisse von Neandertalerkunst – erst Homo sapiens bemalte Höhlenwände und schuf Statuetten aus Stein. Wer den Gedanken weiterführt, kommt zu dem Schluss, dass die Neandertaler wegen ihrer Halsstarrigkeit untergingen, als das europäische Klima vor etwa 30.000 Jahren Kapriolen schlug. Wärme und Kälte wechselten sich ab – Homo neanderthalensis konnte sich nicht mehr anpassen. Er starb aus.

Das Bild hat unscharfe Ränder. Zwar gilt als gesichert, dass die Wiege des Neandertalers in Europa stand und der Vetter des Homo sapiens nicht aus einer anderen Region einwanderte. Doch scheint das Homo neanderthalensis keineswegs davon abgehalten zu haben, sein Glück in anderen Regionen der Welt zu suchen. Tabun, Amud und Kebara sind drei Fundstellen von Neandertalerknochen in Israel und damit die südlichsten Lagerplätze. Auch auf der Krimhalbinsel jagte der Neandertaler, und er fischte im Schwarzen Meer. Der bislang östlichste Fundort ist Teschik Tash in Usbekistan.

Das Grab eines etwa zehnjährigen Kindes lag einsam in einer Höhle auf 1600 Metern Höhe. Archäologen entdeckten die Überreste in dem zerklüfteten Gebirge 1938. Die Bestattung war außergewöhnlich. Die Überreste waren in einen Kreis aus Kalksteinen gebettet und von den Hörnern einer Bergziege umgeben. Die Neandertaler waren die ersten Hominiden, die ihre Toten bestatteten, und wie das Grab von Teschik Tash zeigte, hatten sie im Laufe der Jahrtausende bereits regionale Grabtraditionen entwickelt. Obwohl die Knochen des Kindes Spuren von Tierfraß trugen und das Grab damit als gestört gelten musste, sind die Ziegenhörner unmissverständlicher Beleg einer von Trauer und Religiosität geprägten Bestattungskultur.

Auf der Verbreitungskarte der Neandertaler war Teschik Tash ein Außenposten – fast alle Funde lagen wie ein Knäuel in Europa. Israel und die Krim mochten als Ausnahmen angesehen werden, das Kind aus Usbekistan aber war ein Exot. Mehr als 5000 Kilometer und drei Zeitzonen liegen heute zwischen Mitteleuropa und Teschik Tash. Zwischen dem Schwarzen Meer und Usbekistan ist bislang nicht ein einziger weiterer Neandertalerknochen aufgetaucht. Die Indizien sprechen dafür, dass eine Sippe Neandertaler über mehrere Generationen bis nach Mittelasien wanderte, dort aber an geographische Grenzen stieß. Jenseits von Teschik Tash erheben sich der Hindukusch und das Pamirgebirge, zwei Hindernisse, welche die Neandertaler vermutlich nicht überwinden konnten. Jenseits der Gebirgszüge war für Homo neanderthalensis die Welt zu Ende.

An diesem Gedankengebäude aber rüttelten Molekularbiologen im Jahr 2007. Auch östlich von Teschik Tash sind durchaus Knochen von Frühmenschen entdeckt worden, etwa in der Okladnikov-Höhle in Sibirien; bislang aber konnten sie nicht eindeutig einer Frühmenschenart zugewiesen werden. Benannt ist die Grotte nach ihrem Entdecker Alexey Okladnikov, jenem russischen Archäologen, der auch das Kinderskelett von Teschik Tash entdeckte. Wie sich erst 2007 herausstellte, gab es eine Verbindung zwischen den beiden Fundorten.

Die Gebeine aus Sibirien lagen auf 315 Metern Höhe im Altaigebirge. Für eine genaue Zuweisung waren sie zu stark zerstört, bislang aber nahmen Anthropologen an, es handele sich um Vertreter des Homo sapiens, vielleicht sogar um Vorfahren jener Menschen, die später von Sibirien aus Amerika besiedelten. Diese Meinung aber basierte auf der herkömmlichen Methode der Klassifikation alter Knochen, bei der einzelne Teile vermessen und mit Mustern anderer Individuen verglichen werden. Vielleicht nicht gut genug – meinten die Biologen im Max-Planck-Institut für evolutionäre Anthropologie in Leipzig. Sie suchten nach Hinweisen in der DNA der Frühmenschen aus Sibirien und fanden einen Neandertaler.

Nur 200 Milligramm Knochenmehl genügten. Von den Gebeinen aus Sibirien nahmen die Forscher mtDNA aus einem Oberarm- und einem Fingerknochen, vom Jungen von Teschik Tash etwas Probenmaterial aus dem Oberschenkel. Zunächst stellten die Biologen den Knaben aus Usbekistan auf die Probe. Beim Vergleich seiner DNA mit dem Erbgut von Neandertalern aus Mitteleuropa zeigten sich viele Übereinstimmungen. Das war zu erwarten – die Physiognomie des Jungen war so gut erkennbar, dass kaum Zweifel an seiner

Spezies bestanden. Für eine Überraschung hingegen sorgte der Vergleich der Neandertaler-DNA aus Mitteleuropa mit den Sequenzen aus Sibirien. Die Forscher fanden ähnliche Übereinstimmungen wie beim Jungen von Teschik Tash. Der Neandertaler war bis Sibirien vorgedrungen. Erstaunlich war, dass die vergleichbaren DNA-Stellen stark voneinander abwichen. Zwischen den Stationen Usbekistan und Sibirien war demnach so viel Zeit vergangen, dass Mutationen das Neandertaler-Erbgut verändert hatten. Zwischen den Fundstellen liegen 2000 Kilometer Luftlinie. Für diese Strecke muss Homo neanderthalensis mehrere tausend Jahre benötigt haben. Eventuell, so die Vermutung in Leipzig, stieß der Frühmensch bereits vor 125.000 Jahren nach Sibirien vor, als die Eem-Warmzeit das Eis schmelzen ließ und Wanderungsbewegungen möglich machte. Das ist erstaunlich, denn beide Funde sind mit annähernd 38.000 Jahren etwa gleich alt. Von Usbekistan aus muss sich ein Teil der dort lebenden Neandertaler auf den Weg nach Osten gemacht haben, während ein anderer dort blieb. Beide Gruppen werden sich im Anschluss unabhängig voneinander entwickelt haben.

Die Forscher des Max-Planck-Institut blicken über die Grenzen ihrer Untersuchung hinaus. Sie halten es für vorstellbar, dass der Neandertaler auch in Sibirien nur auf der Durchreise war. Vielleicht, so das Team um Svante Pääbo, erreichte er sogar China und die Mongolei.

Auf den Spuren des amerikanischen Adam

Wer war der erste Amerikaner? Die Geschichte der Besiedlung Nord- und Südamerikas hat so viel politische Sprengkraft wie keine andere frühgeschichtliche Frage weltweit. Ursache dafür ist der Kampf um Landrechte in Nordamerika, insbesondere den USA. Dort streiten Ureinwohner und US-Regierung seit Jahrzehnten darum, wem das Land eigentlich gehört. Über eine Antwort auf die Einwanderer-Frage grübelten bislang nur Archäologen und Linguisten. Der Sprachforscher Joseph Greenberg führte 1987 alle Sprachfamilien des amerikanischen Doppelkontinents auf drei Ur-Sprachen zurück. Wer die Kolonialsprachen Englisch, Französisch, Spanisch und Portugiesisch beiseite lässt, hört Amerind, Eskimo-Aleutisch und Na-Dené – drei Sprachfamilien, die laut Greenberg darauf hinweisen, dass Amerika in drei Einwanderungswellen besiedelt wurde. Zwar stellen sich bis heute viele Kollegen Greenbergs dieser Hypothese gegenüber taub, Archäologen aber nicken zustimmend. Die Altertumswissenschaftler glauben anhand von Bodenfunden zu erkennen, dass Amerika von Asien aus besiedelt wurde, und zwar in drei Wellen. Sprachfetzen, Keramikscherben und Pfeilspitzen aber genügten nicht für einen Beweis. Bis 1996 im Schlamm des Columbia River ein mutmaßlicher Zeitzeuge auftauchte. Er war seit fast 10.000 Jahren tot.

An ein so hohes Alter wollte der US-Anthropologe James Chatters zunächst nicht glauben, als ihm die Überreste einer Leiche in einem Eimer präsentiert wurden. Eine Hirnschale, Schädel, Brustbein, Hüft-, Hand- und Fußknochen brachte der örtliche Leichenbeschauer zu dem Forscher. Entdeckt hatten die Überreste zwei Kanufahrer, die bei den Vorbereitungen für ein Rennen im Schlick des Columbia River buchstäblich über die Knochen gestolpert waren. Der Leichenbeschauer des Städtchens Kennewick erkannte rasch, dass es sich um einen Fall für die Wissenschaft handelte und stattete James Chatters einen Besuch ab.

Chatters erkannte sofort, dass er die Überreste eines Mannes im mittleren Alter vor sich hatte. Zusammen mit dem Leichenbeschauer entwickelte der Wissenschaftler die Theorie, dass der Tote vermutlich im Flussufer gelegen hatte. Dort hatten Überschwemmungen kurz zuvor zu starken Uferabbrüchen geführt. Vermutlich war die Erosion auch Schuld daran, dass das Skelett aus dem Erdreich gespült wurde. Bis zu diesem Punkt waren die Erklärungen einfach. Aber dann begann der Kennewick-Mann, wie er von nun an genannt wurde, Schwierigkeiten zu machen.

Markante Stirn, gut entwickelter Rand der oberen Augenhöhle, Eckzahngrube – was Chatters aus dem Eimer zog, war der Kopf eines Weißen. Die Knochen waren alt, daran bestand kein Zweifel. Sie können zu einem Trapper oder einem Pionier aus dem 19. Jahrhundert gehört haben. Oder doch nicht?

Zunächst ließen die Zähne den Anthropologen stutzen. Sie waren flach gekaut – ein typisches Merkmal amerikanischer Ureinwohner. Deren Methoden, Getreide zu mahlen, waren bis zur Ankunft der Europäer und darüber hinaus steinzeitlich und lieferten ein grobes Mehl, das die Zähne abschliff. Die eigentliche Sensation aber war die Spitze eines Speers, die im Hüftknochen steckte.

Ein Vergleich mit der Typologie von Speer- und Pfeilspitzen ergab, dass diese Form steinerner Spitzen nur in Australien und Neu Guinea verwendet wurde. Wie passte das zusammen? Entweder war der Kennewick-Mann ein Siedler des 18. oder 19. Jahrhunderts, der sein Glück zunächst in Australien versucht hatte und dort verwundet worden war, oder es handelte sich um einen ungewöhnlichen Paläoamerikaner. Eine Radiokarbondatierung sollte Aufschluss geben.

Die Untersuchung schoss den Toten zurück in die Vorzeit des nordamerikanischen Kontinents. Die Knochen waren 9300 Jahre alt. Wer war der Kennewick-Mann? Jim Chatters probierte eine Rekonstruktion. Er fand gebrochene Rippen, eine schlecht verheilte Fraktur des Arms, eine weitere auf der linken Seite der Stirn. Solche Verletzungen gab es auch in der Gegenwart – bei Rodeo-Reitern. Für Chatters lag der Fall damit klar. Der Kennewick-Mann war ein Jäger, der im Kampf gegen große Tiere Blessuren davongetragen hatte.

Während ein ganzes Team von Anthropologen noch die Knochen maß, verglich und diskutierte, sorgte der Tote bereits für politischen Wirbel. In einem Interview hatte Jim Chatters gesagt, anhand der Knochenformen vermute er, dass der Kennewick-Mann Kaukasier gewesen ist. Das mochte viel bedeuten. Der in den USA gebräuchliche Begriff „Kaukasier" bezeichnet Angehörige einer Menschenart, die heute in weiten Teilen der Welt verbreitet ist. Kaukasier leben in Nordafrika, Europa, West-Asien und Indien. Zwar gilt die Einteilung heute als fragwürdig, im allgemeinen Sprachgebrauch ist sie aber noch immer zu finden – ausreichend Zündstoff für ein Missverständnis mit Tragweite.

Die Entdecker und Erforscher des Kennewick-Mannes mögen ihren Augen nicht getraut haben, als sie im Fernsehen Berichte sahen, nach denen der Kennewick-Mann aus Westeuropa gekommen sein soll. Auch die US-Zeitungen verbreiteten die Sensationsmeldung, der erste Nordamerikaner sei Europäer gewesen. Die Folgen ließen nicht lange auf sich warten. Die seit den 1960er Jahren geltenden Abmachungen zwischen amerikanischen Ureinwohnern und der US-Regierung über die Verteilung von Land gerieten ins Wanken. Wenn der erste Amerikaner tatsächlich Europäer gewesen sein sollte, dann – so die Schlussfolgerung von US-Lobbyisten – waren die Indianer nicht die Ureinwohner Amerikas. Folglich sollte auch ihr Anspruch auf Landrechte juristisch geprüft werden. Die Stämme in Nordamerika reagierten darauf mit der Forderung, die Leiche als Vorfahr der heute lebenden Indianer zu betrachten, sie gehöre ihnen und sollte nach indianischer Tradition bestattet werden, weitere Untersuchungen seien ausgeschlossen.

In diesem Durcheinander versuchten die Anthropologen kühlen Kopf zu bewahren. Während der Kennewick-Mann ein Gericht in Portland, Oregon, auf Trab hielt und die Richter die Knochen zunächst den Ureinwohnern zusprachen, dann wieder für die Wissenschaft freigaben, kramten die Forscher bereits emsig in den Magazinen der US-amerikanischen Museen. Dort lagerten Knochen der nordamerikanischen Steinzeit – genug Vergleichsmaterial, um die Spuren des rätselhaften Toten vom Columbia River nachzeichnen zu können, so hofften die US-Forscher. Sie hefteten sich an die Fährte des vermeintlich ältesten Amerikaners.

Die erste Hürde war die Beringstraße. Einer alten Theorie zufolge soll der amerikanische Kontinent von Sibirien aus besiedelt worden sein. Findige Frühmenschen kamen, so das gängige Modell, während der letzten Eiszeit vor etwa 15.000 Jahren über die Beringstraße, die Meerenge zwischen Asien und Amerika, in die Neue Welt. Dazu mussten sie weder schwimmen noch Boote bauen. Während der Eiszeit war so viel Wasser in den gewaltigen Gletschern gebunden, dass der Meeresspiegel erheblich sank. Teile der Beringstraße ließen sich zu Fuß überqueren. Auf der Fährte der Mammutherden erreichten Jägersippen des Homo sapiens zunächst Alaska und breiteten sich in der Rekordzeit von nur wenigen tausend Jahren bis nach Feuerland aus. Die ersten Amerikaner waren diesem Modell zufolge Asiaten aus Sibirien.

Wie passte das zu der vermutlich südpazifischen Herkunft des Kennewick-Mannes? Vermutlich gar nicht, fanden die US-Anthropologen heraus. Wenn der Tote vom Columbia River tatsächlich aus der Südsee gekommen war – und darauf deutete die Speerspitze ebenso wie die Form seiner Knochen –, könnte er Teilnehmer einer Expedition gewesen sein, die mit dem Boot von Polynesien aus die amerikanische Küste erreicht hatte. Thor Heyerdahl hätte sich gefreut.

Hypothesen aber gibt es wie Sand am Meer. Ein anderes Modell beschreibt Fischer des Südpazifiks, die sich entlang der asiatischen Küste nach Norden bewegten, über die Beringstraße schipperten und mit ihren Booten die Küste des amerikanischen Doppelkontinents bis Feuerland hinabfuhren. Damit wäre die verhältnismäßig rasche Besiedlung Südamerikas erklärt. An einen Dauerlauf der Mammutjäger will bislang kein Anthropologe glauben.

Kopfarbeit leistete 2001 ein Forscherteam der Universität von Michigan. Die Wissenschaftler um den Anthropologen Loring Brace untersuchten 2000 menschliche Schädel. Die Knochen waren zwischen 100 und 10.000 Jahre alt und stammten aus Amerika, Asien und Europa. Brace maß die Länge und die Breite des Schädels, die Länge und die Höhe des Nasenknochens, die Breite der Wangenknochen, die Breite der Augenhöhlen und einige weitere Charakteristika. Anschließend verglichen die Forscher die Daten und stießen auf eine überraschende Übereinstimmung: Die Knochen einiger prähistorischer amerikanischer Schädel wiesen große Ähnlichkeit mit solchen der frühgeschichtlichen Jomon-Kultur auf. Diese Gruppe gehörte zur Jungsteinzeit in Japan. Die Theorie aus Michigan lautete daher: Vor etwa 200.000 bis 170.000 Jahren erreichten Einwanderer aus Europa Asien und besiedelten Japan. Vor 15.000 Jahren wanderten dann die Jomon von Japan aus über die trocken gefallene Beringstraße nach Nordamerika ein. Auch der Kennewick-Mann, den Loring Brace nach derselben Methode vermaß, gehörte seiner Ansicht nach zur Jomon-Gruppe und hatte japanische Vorfahren. Die frühen Japaner aber sind nicht identisch mit der Ausprägung der Mongoliden, von denen sich die heutigen amerikanischen Ureinwohner ableiten lassen. Demnach gab es eine zweite Auswandererwelle, die vor etwa 5000 Jahren per Schiff von Asien nach Amerika vorgestoßen sein soll. Zu dieser Zeit lebten auf dem amerikanischen Doppelkontinent vielleicht nur noch wenige Nachkommen der ersten Einwandererwelle. Ob sich die Gruppen jemals begegnet sind, ob sie sich vermischt oder bekämpft haben, davon erzählen die Knochenfunde nichts.

Das Modell aus Michigan hat Schattenseiten. Die vielleicht größte ist die Vergangenheit der so genannten Kraniometrie, der Vermessung von Schädelmerkmalen. Die Nationalsozialisten missbrauchten das Verfahren für rassistische Zwecke, in Europa ist es seither diskreditiert. Selbst dort, wo es zu Forschungszwecken herangezogen wird, sind die Ergebnisse so zweifelhaft, dass sie eher als Vermutungen gelten, denn als Erkenntnisse mit wissenschaftlichem Fundament. Der Kennewick-Mann bleibt ein Rätsel.

Die Wahrheit über den amerikanischen Ur-Einwanderer liegt in seinem Erbgut verborgen. Verwandtschaft mit heute lebenden Menschen auf anderen Erdteilen lässt sich mit den heutigen Methoden der Genetik und der Molekularbiologie feststellen. Das gilt auch für den Kennewick-Mann. Doch der Tote vom

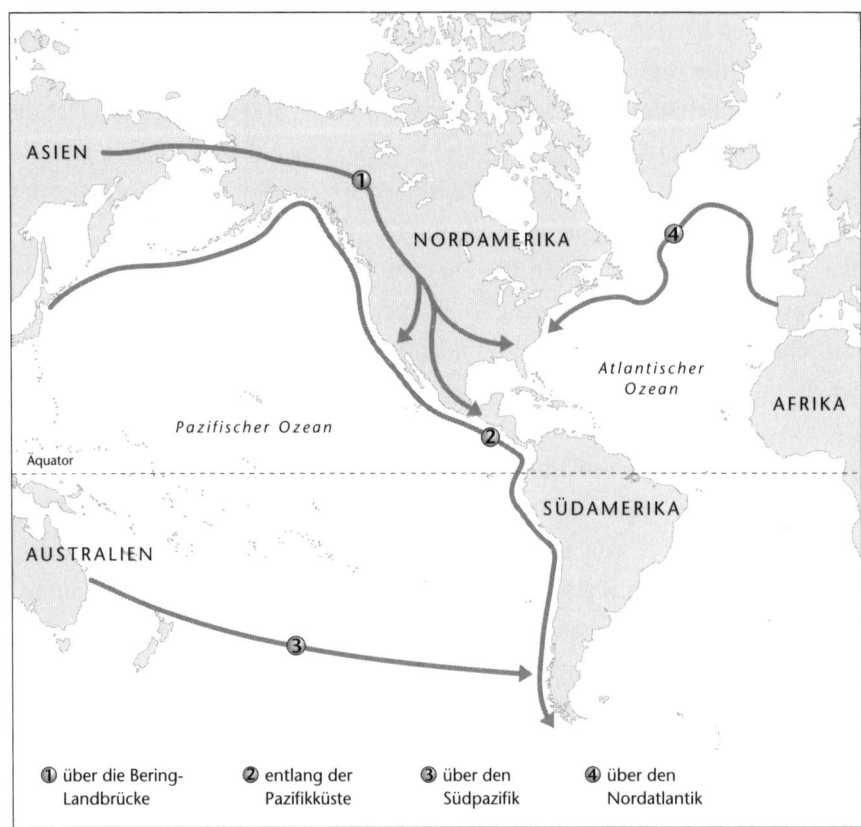

Die große Überfahrt ist entschlüsselt – bei der Frage nach der Besiedlung Amerikas konkurrierten bislang vier Theorien miteinander. Jetzt legen DNA-Tests nahe, dass die Ur-Amerikaner aus Sibirien kamen.

Columbia River machte den Molekularbiologen einen Strich durch die Rechnung.

Vergeblich versuchten Wissenschaftler in drei verschiedenen US-Laboren, dem prähistorischen Erbgut auf die Spur zu kommen. Alle Tests gingen schief. Einerseits war die DNA des Kennewick-Mannes in weiten Teilen zu unvollständig, um damit auf populationsgenetischer Basis Vergleiche anstellen zu können. Andererseits stießen die Biologen auf einen hohen Grad von Verunreinigung auf den Knochen. Demnach stammten die winzigen DNA-Schnipsel, welche die Tests hervorbrachten, nicht einmal mit Sicherheit aus dem Erbgut des

Kennewick-Mannes. Der Tote vom Columbia River bleibt eine nicht identifizierbare Leiche der Menschheitsgeschichte.

Lange vor Kolumbus – eine Bakterie entdeckt Amerika

Während der Streit um Schädelbreiten und Bestattungsriten in Oregon und Washington allmählich verebbte, gingen Genetiker in New York bereits einem anderen mutmaßlichen Zeitzeugen der amerikanischen Vergangenheit nach. Erneut war es Helicobacter pylori, historischer Plagegeist und vielversprechendes Magenbakterium zugleich, das den Menschen seit etwa 60.000 Jahren als blinder Passagier begleitet. An der Universität von New York hoffte der Genetiker Martin Blaser mit Hilfe von H. pylori den wahren Entdecker Amerikas zu finden. Ein winziges Bakterium sollte Auskunft über die Geschichte eines Kontinents geben.

Kolumbus kam nur bis Mittelamerika. H. pylori aber stieß bis tief in den Regenwald Südamerikas vor und überlebte dort bis heute. Davon kann die DNA zweier menschlicher Populationen aus Venezuela berichten, wie Martin Blaser herausfand. Er isolierte die Gene von H. pylori, die er bei einer Gruppe von Ureinwohnern Venezuelas fand. Die Ethnie lebt isoliert von der heutigen südamerikanischen Kultur im Regenwald am Amazonas. Dort, so die Hoffnung des Genetikers, müsse das Magenbakterium alle Stürme der Zeit überdauert und sich aus jener Form weiterentwickelt haben, die es schon während der Steinzeit hatte. Um sicher zu gehen, nahm das Forscherteam H. pylori-Proben von einer Gruppe modern lebender Venezolaner, deren Erbgut ein Sammelsurium aus afrikanischer, europäischer und urtümlich südamerikanischer DNA ist. Tatsächlich ergab die Untersuchung, dass die europäischen Kolonisten fast keine Spuren in der DNA der Urwaldbakterie hinterlassen hatten. Dafür fand Blaser bei den Bakterien der Ureinwohner Abschnitte in der Sequenz des Erbguts, deren Muster mit H. pylori-Strängen aus Asien übereinstimmten. Für den Genetiker stand damit 2002 fest: Amerika war wenigstens in einer Wanderungswelle von Ostasien aus besiedelt worden.

Unter allen Besiedlungsmodellen Amerikas bekam die Out-of-Europe-Theorie dank H. pylori den stärksten Dämpfer: Der Mensch war vermutlich nicht über den Atlantik nach Amerika eingewandert. Was die DNA der Ureinwohner Venezuelas 2002 preisgegeben hatte, bestätigte 2008 eine Untersuchung von Fossilien aus Oregon im Nordwesten der USA. In den Gefäßen der Molekularbiologen lagen im März des Jahres versteinerte Fäkalien eines Menschen. Die Steinzeit-Exkremente waren kurz zuvor bei Ausgrabungen entdeckt worden. Eine Radiokarbondatierung ergab für die Funde ein Alter von 14.300 Jahren. Damit waren die Fäkalien älter als die Clovis-Kultur, von der bislang angenommen wurde, sie sei die älteste auf amerikanischem Boden. Für weitere Überraschungen sorgte die Untersuchung der DNA, die sich gut in den bröckeligen Überresten erhalten hatte. Zunächst entdeckten die Wissenschaftler um Dennis Jenkins von der Universität von Oregon, dass sich Reste von Tier-DNA in die Exkremente eingeschlichen hatten. Das konnte zweierlei bedeuten: Entweder hatten Tiere an derselben Stelle wie die Menschen ihr Geschäft verrichtet, oder in dem Kot war schlecht verdautes Tierfleisch enthalten. Der Speiseplan der Ureinwohner Amerikas interessierte jedoch nur am Rande. Worauf es ankam, zeigte der Vergleich des Erbguts von Oregon mit prähistorischen Funden aus Ostasien: Die DNA-Stränge ähnelten sich an so vielen Positionen, dass Jenkins die Verwandtschaft für erwiesen hielt. Erneut bestätigte die Genetik: Der Mensch kam von Asien nach Amerika.

Dieses Fazit wirft Fragen auf. Gab es nur eine Einwanderungswelle oder mehrere? Kamen alle Siedler aus Ostasien? Überlebten die ersten Amerikaner oder gingen sie unter, wie das Schicksal des Kennewick-Mannes vermuten lässt? Connie Mulligan von der Universität von Florida wollte es genau wissen und nahm sich eine ganze Datenbank genetischer Informationen vor. Die Genetikerin untersuchte das Erbgut von heute lebenden Ureinwohnern Nordamerikas und verglich es mit der DNA von Zeitgenossen, deren Familien erst in jüngster Vergangenheit aus Asien in die USA oder nach Kanada eingewandert waren. Wie gemäß älteren genetischen Untersuchungen zu erwarten war, zeigte das Erbgut auffallende Parallelen. Asiatische US-Amerikaner und Indianer sind miteinander verwandt. Überdies gelang es Connie Mulligan, eine ganze Besiedlungsgeschichte aus dem Erbgut abzulesen.

Das Team der Forscherin fand heraus, dass die Erbinformationen sowohl der mtDNA als auch der Zellkern-DNA in den Amerikanern unterschiedlich alt sind. Einige ließen sich auf den Zeitraum vor etwa 35.000 Jahren zurückdatieren, andere gehörten in die Zeit vor etwa 15.000 Jahren. Während letztere in die bislang angenommene Einwanderungsphase nach Nordamerika passten, gaben die älteren Rätsel auf. Sollte Nordamerika schon vor 35.000 Jahren besiedelt worden sein – 20.000 Jahre früher als bislang vermutet? Durchaus möglich. Zwar fehlt es bislang an archäologischen Zeugnissen, doch die mögen im Boden ihrer Entdeckung harren oder schlichtweg vergangen sein. Doch Connie Mulligan hatte eine handfestere Theorie für dieses Phänomen.

Die Einwanderer zogen von Sibirien in die Beringstraße. Wie unter Forschern allgemein anerkannt, lag die Meerenge in der letzten Eiszeit trocken. Beringia – so nennen Historiker dieses Gebiet, das nach Ansicht Mulligans vielleicht die erste Heimat der amerikanischen Pioniere war. Vor vielleicht 30.000 Jahren wanderten die Menschen dort ein und blieben. Vermutlich, so die Theorie, verhinderten gigantische Gletscher, dass sie weiter nach Osten kamen. Die Grenze nach Nordamerika war durch eine Barriere aus Eis verriegelt. Weil es weiter nicht ging, scheinen sich die Siedler in Beringia eingerichtet zu haben. Dort mögen zu dieser Zeit klimatische Bedingungen vorgeherrscht haben, die das Leben angenehm genug gemacht haben. Immerhin: Auch in Europa lebten und überlebten Neandertaler und Homo sapiens viele tausend Jahre am Fuß der großen Gletscher. In der offenen Tundra der Eiszeit war Jagdwild gut zu erkennen – erst der nacheiszeitliche Birkenwald ließ das Wild entwischen und machte den Jägern das Leben schwer. Ähnlich mag es in Beringia ausgesehen haben.

Das Land zwischen Meeren lockte gleich mehrere tausend Menschen an, vermutet Connie Mulligan. Nach dem bislang gültigen Szenario wanderte eine Handvoll Hartgesottener über die Beringstraße und versuchte ihr Glück auf dem neu entdeckten Kontinent. Doch Beringia hatte scheinbar mehr zu bieten als nur eine Landbrücke. Nach den Gleichungen der Populationsgenetik müssen hier etwa tausend Menschen angekommen sein. Das erscheint viel angesichts vergleichbarer Bevölkerungsstatistiken aus dem eiszeitlichen Europa. Dort tummelten sich vor 30.000 Jahren Sippen von zwanzig bis höchstens fünfzig Menschen. Sollte der Mensch tatsächlich von Asien aus Beringia besiedelt haben, muss der Einwandererstrom kontinuierlich gewachsen sein. Für die Forscher aus Florida liegt zwischen den Kontinenten die Heimat der ersten Amerikaner. Michael Miyamoto aus dem Team Connie Mulligans erläutert im

Forschungsbericht: „Das war das Rohmaterial, die originale genetische Quelle für alle Amerikaner. Man kann sich diese Leute als abgeschiedene und von den Gletschern blockierte Gruppe vorstellen. Sie hatten sich schon nach Osten bewegt und keinen Grund zurückzugehen. Sie verharrten in dieser Warteposition, und in 20.000 Jahren durchliefen sie viele Generationen – die genetischen Unterschiede akkumulierten sich. Wenn wir uns die Art und Häufigkeit dieser Mutationen ansehen, bekommen wir eine Vorstellung davon, wann sie entstanden und wie viele Leute als Träger dabeiwaren."

Irgendwann vor etwa 15.000 Jahren bekamen die Siedler Beringias nasse Füße – der Meeresspiegel stieg. Für die Steinzeitmenschen bedeutete das: Zelte zusammenpacken und Land gewinnen. Dafür boten sich zwei Richtungen an. Im Westen lag Asien, im Osten der amerikanische Kontinent. Der war plötzlich eisfrei. Die Gletscher hatten sich in den vergangenen Jahrtausenden langsam zurückgezogen, ihr Wasser füllte das Meer wieder auf. Beringia ging zwar unter, doch dafür öffnete sich der Zugang nach Amerika. Nach Meinung Connie Mulligans machten sich wenigstens tausend Menschen auf den Weg in die unbekannten Gebiete im Osten. Dort leben ihre Erben noch immer.

Auf diese Theorie des Forscherteams aus Florida hagelte es zunächst Kritik, doch kam Schützenhilfe aus Kalifornien. Dort suchte die Anthropologin Kari Schroeder 2007 ebenfalls nach Hinweisen auf die ersten Einwanderer in Amerika. Mit ihrem Team fahndete sie weltweit nach einer bestimmten DNA-Sequenz, 9RA genannt, die für nord- und südamerikanische Indianer typisch ist. Kari Schroeder hegte den Verdacht, dass der Genmarker so selten ist, dass er heute nur in den Nachkommen jener Menschen zu finden ist, aus denen die amerikanischen Ureinwohner während der letzten Eiszeit hervorgegangen waren. Für die Probe aufs Exempel gaben siebzig Ethnien Genmaterial ab. Bei fast allen herrschte Fehlanzeige. Den Genmarker gab es nur bei den Korjaken und Tschuktschen, zwei Völkern, die noch heute im Osten Sibiriens leben – und damit in direkter Nachbarschaft von Beringia. Ein Drittel der Testpersonen trug 9RA, zwei Drittel nicht. Für Kari Schroeder war das genug. Die Anthropologin geht von einer einzigen Einwandererwelle vom Osten Asiens nach Amerika aus.

Heute liegt Beringia unter dem eiskalten Wasser der etwa 85 Kilometer breiten und 50 Meter tiefen Beringstraße. Wenn die Einwandererhypothese der

Wissenschaftler um Connie Mulligan wahr ist, liegen im Schlick des Nordmeers archäologische Schätze einer 20.000 Jahre währenden Siedlungsperiode. Im ehemaligen Paradies der Steinzeitmenschen mag sich eines Tages ein Schlaraffenland für Archäologen öffnen. Bislang aber ist die arktische Unterwasserarchäologie noch nicht erfunden.

Die Entdeckung des Toskana-Gens

Homo sapiens ist unterwegs seit Menschengedenken. Seine Wege führten aus Afrika hinaus bis nach Asien, später nach Europa und zuletzt nach Amerika und Australien. Später – in historischer Zeit – zogen Völker, Gruppen, Ethnien und Stämme, bisweilen ganze Reiche von einem Winkel der Welt in den nächsten. Die meisten dieser Bewegungen – etwa die Völkerwanderungszeit – haben tiefe Spuren in der Geschichte hinterlassen, die Historiker bis auf den Grund ausgeleuchtet haben. Ein weißer Fleck auf der Landkarte der Geschichte ist die Herkunft der Etrusker.

Das Volk aus Mittelitalien gilt als rätselhaft. „Rasenna" nannten die Etrusker sich selbst. Es waren die Römer, die „Etrusci" oder „Tusci" zu den nördlichen Nachbarn sagten. Durch Sprachmutation verwandelte sich der Wortstamm in Toskana – den Namen für das Kernland der Etrusker. Während aber über die Römer bis auf die letzte Falte ihrer Statuen alles gesagt ist, bleiben die Etrusker die großen Unbekannten der Antike. Erst 2007 – die rätselhafte Kultur war seit 2100 Jahren untergegangen – entdeckten Genetiker aus Italien und den USA, wer die Etrusker wirklich waren.

Die Rasenna schweigen. Ihre gesamte Geschichte wird erzählt von Römern und Griechen. So viel ist gewiss: Sie lebten zwischen 800 und 100 v. Chr., und sie lebten in Saus und Braus. Begeistert sogen die Etrusker das Savoir-vivre der Griechen auf, die sie nach ihrer Ankunft in Italien antrafen. Dort florierten bereits große Kolonien der Hellenen, deren Kunst und Lebensart den Etruskern offenbar gefiel. Kunsthistoriker und Archäologen sind sich heute einig: Die Etrusker kopierten, was sie bei den Griechen fanden. Heute sind mehr attische Vasen aus Etrurien als aus ihrem Ursprungsort Athen bekannt. Auch die Bildhauer der Neuankömmlinge kopierten von den alten Griechen, was das Zeug hielt. Die Statuen der Etrusker aus dem 6. Jahrhundert sind mit ihren steifen Körpern Abbilder der griechischen Archaik. So sehr den Rasenna der neue Lebensstil gefallen haben wird, so wenig blieb von ihrer ursprünglichen Kultur übrig. Die Assimilierung verwischte fast alle Spuren ihrer Herkunft.

Es gab jedoch einen großen Vorteil für die Forschung: Etruskisch war eine Hochsprache, verbreitet in den Gassen Hunderter Dörfer, auf den Plätzen Dutzender Städte und überliefert auf fast 10.000 Objekten. Aber die Namen und Daten in Grabinschriften und auf Grenzsteinen sind nur bedingt aufschlussreich. Einer der wenigen längeren Texte steht auf einer Mumienbinde, einem Leinentuch, auf dem die Etrusker schrieben, um es zu einem Buch zusammenzufalten. Wie das Tuch nach Ägypten kam, um dort um eine Mumie gewickelt zu werden, gehört zu den Skurrilitäten der Archäologie. Fest steht: Lesen kann es niemand.

Spekulation bleibt, was über die Herkunft des Volkes geschrieben steht. Statt bei den Etruskern selbst suchten Forscher Erkenntnis bei den lesbaren Hinterlassenschaften der Nachbarn, der Griechen und Römer. Herodot klassifizierte die Etrusker als Zugewanderte aus Westanatolien, das damals Lydien hieß. Von dort, so der Vater der Geschichtsschreibung, seien die Etrusker kurz nach dem Trojanischen Krieg nach Italien eingewandert. Auslöser für die große Überfahrt soll eine Hungersnot gewesen sein. Herodot benennt sogar den Anführer der Auswanderung, einen gewissen Tyrennos. An diesen mediterranen Moses erinnert noch heute das Tyrrhenische Meer.

Vierhundert Jahre später stellte Dionysios von Halikarnassos in seiner Geschichte des römischen Altertums fest: Die Etrusker lebten schon immer in Etrurien.

Wer hatte Recht? Befürworter der These Herodots weisen auf das Orientalische in der etruskischen Kultur hin und lokalisieren die Wiege des Volksstamms im Osten. Anhänger der Dionysos-These meinen, des Rätsels Lösung der Sprache der Etrusker entnehmen zu können. Darin klinge eine Ursprache nach, die sonst nur von einer Inschrift des 4. Jahrhunderts v. Chr. von der ägäischen Insel Limnos bekannt ist, 1200 Kilometer von Etrurien entfernt. Linguisten hegen den Verdacht, vor den Resten einer verlorenen Sprache zu stehen, die einst im gesamten Mittelmeerraum gesprochen worden sein könnte. Demnach wären die Etrusker alteingesessene Italiener.

Keine der Hypothesen konnte bislang bestätigt werden. Nur eins steht für alle Historiker fest: Die Etrusker kamen vom und lebten am Meer. Populonia, Caere, Tarquinia – die ältesten Siedlungen ihrer Kultur lagen an der Küste. Von hier strömten sie im 7. Jahrhundert v. Chr. ins Binnenland, spickten die Hügel der Toskana mit Bauerndörfern und Provinzstädten und lebten wie Zeus auf dem Olymp.

Woher kamen die Etrusker nun wirklich? Das Rätsel, an dem sich Generationen von Historikern, Archäologen und Linguisten die Zähne ausbissen, versuchte ein Biologenteam zu lösen. Die Naturwissenschaftler hielten sich an Herodot. Dessen Berichte stammen zwar aus dem 5. Jahrhundert v. Chr. und sind gespickt mit Anekdoten, trotzdem gilt Herodot unter Altertumswissenschaftlern als erstaunlich gut informiert, wenn es um die Geschichte des Mittelmeers geht. Das konnte das italienisch-amerikanische Biologenteam bestätigen. Die Mitglieder verfolgten Herodots Hinweis nach Lydien und fanden Kühe.

Die Spuren der Etrusker waren in der DNA von Rindern erkennbar. Das ergaben Proben von Tieren aus der Toskana, die anschließend mit dem Erbgut von Artgenossen aus Europa, dem Nahen Osten und Afrika verglichen wurden. Tatsächlich war eine bestimmte Sequenz der mitochondrialen DNA nur in toskanischen Rindern und in jenen aus dem Nahen Osten vorhanden. Also doch Lydien? Die Biologen forschten weiter.

Was für die Verwandtschaft von Rindern möglich war, sollte auch bei Menschen funktionieren. Eine Genanalyse heutiger Einwohner der Toskana und ein Blick ins Erbgut moderner Anatolier offenbarte tatsächlich Parallelen – Verwandtschaft nicht ausgeschlossen. Zwar ist damit noch nicht bewiesen, dass die Wiege der Etrusker tatsächlich im Vorderen Orient stand, aber die Indizien sprechen eine deutliche Sprache. Einwohner Griechenlands und der Balkanhalbinsel tragen die charakteristischen Genmarker jedenfalls nicht. Damit scheint ausgeschlossen, dass die Etrusker mit diesen Völkern in der Antike überhaupt Berührung hatten. Das wiederum passt zur Seefahrer-Theorie. Wenn die Ahnen der Etrusker über das Meer von der Küste Kleinasiens gekommen sein sollten, werden sie unterwegs kaum mit anderen Gruppen in Kontakt getreten sein. Eine Völkerwanderung auf dem Landweg hingegen hätte deutlichere Spuren hinterlassen. So aber blieben die Etrusker unter sich.

Kreta – Invasion abgesagt

Erdbeben, Flutwellen und ein Vulkanausbruch – um 1625 v. Chr. verwüstete eine Reihe von Katastrophen weite Teile der Ägäis. Prominentestes Opfer von Ascheregen und Tsunami war die Kultur der Minoer, die vermutlich erste europäische Hochkultur auf Kreta. Dort spülten die Fluten die Städte Mallia und Zakros weg. Die Minoer büßten einen Großteil ihrer Flotte ein. Überdies vernichtete die Katastrophe nicht nur die Ernte des laufenden Jahres, sie schädigte das Land so nachhaltig, dass auch in den Folgejahren nicht genug Nahrung eingebracht werden konnte. Die Versorgung der Insel brach zusammen. In den folgenden hundert Jahren ging die einst blühende Palastkultur unter – günstige Gelegenheit für Invasoren.

Auf dem Festland rieben sich die Mykener die Hände. Dort war bereits dreihundert Jahre zuvor eine Kultur auf dem südlichen Peloponnes erwacht, deren Hauptstadt Mykene zu einer der bedeutendsten Städte des Mittelmeerraums heranwuchs. Die etwa vierhundert Jahre während Blütezeit Mykenes schuf die Grundlage für die vorantike Zivilisation der Griechen. Tatsächlich traten die Mykener um etwa 1450 v. Chr. die Nachfolge der Minoer an und beherrschten die Ägäis. Gräber auf Kreta zeigen Spuren mykenischer Kultur – so die bisherige Interpretation. Doch die muss nun geprüft werden.

Zwei naturwissenschaftliche Methoden hebeln die Erkenntnisse der Archäologie aus. Zwar ähneln sich die Gräber des nachminoischen Kreta und jene aus Mykene in ihrer Architektur, auch die Grabbeigaben sind in Teilen vergleichbar, allerdings muss das nicht unbedingt bedeuten, dass Mykener in Kreta einfielen, gegen die geschwächten Minoer Krieg führten und der einst blühenden Kultur den Todesstoß versetzten. Die Ähnlichkeit von Gräbern, Waffen und Bestattungsriten mag ebenso gut auf Kulturtransfer zurückzuführen sein. Das scheinen DNA-Tests und die Untersuchung von Strontium-Isotopen zu belegen. Wie die griechische Wissenschaftlerin Argyro Nafplioti herausfand, scheinen die Mykener kein großes Interesse an Kreta gehabt zu haben. Die Isotope in den Zähnen und Untersuchungen der Knochen der mutmaßlichen Krieger vom Festland zeigten eindeutig lokale Spuren. Nafplioti: „Die Ergebnisse der Analyse zeigen, dass alle untersuchten Individuen aus den Gräbern von Knossos auf Kreta geboren wurden."

Wer waren die Minoer? Auch diese Frage beschäftigt Archäologen seit dem
19. Jahrhundert, auch in diesem Fall lieferten Vergleiche von Gefäßen in frühen minoischen Gräbern die Grundlage für die Theorie: Die ersten Minoer kamen aus Afrika, vermutlich aus Ägypten. Tatsächlich sind Handelsbeziehungen
zwischen den Ländern in prähistorischer Zeit nachgewiesen. Die Formen der
Keramik und der Stil ihrer Bemalung zeigen Verwandtschaft; auch in der Architektur einiger frühminoischer Bauten wollen Archäologen eine Beziehung
zu Baustilen Ägyptens erkennen. Ob bei dem Kulturtransfer auch Erbgut ausgetauscht wurde, ist hingegen zweifelhaft. Die DNA-Analyse von 193 Kretern
im April 2008 zeigte: Die Vorväter der minoischen Kultur kamen aus Anatolien. Der griechische Forscher Constantinos Triantafyllidis von der Universität
in Thessaloniki verglich das Erbgut mit Proben, die von neolithischen Fund-
plätzen auf dem griechischen Festland stammten. Während die Haplotypen
dieser DNA-Proben sich eher mit Erbmaterial vergleichen ließen, das von Fundstellen auf dem Balkan gewonnen worden war, korrespondierten die DNA-Po-
sitionen von Kreta mit Haplotypen aus Anatolien. Das Neolithikum kam demnach aus dem Vorderen Orient zunächst nach Kreta, wo die Inselbewohner
Hausbau, Ackerbau und Viehzucht zur ersten europäischen Hochkultur entwickelten.

Germanische Heiratsmuffel

Einwanderung liefert politischen Sprengstoff. Zwar hatten die frühen Menschen vor 1,8 Millionen Jahren noch die Wahl, in welchen Winkel der Welt sie
ziehen wollten, aber das änderte sich. Aus historischer Zeit ist bekannt, dass
Wanderungsströme meist mit Kriegen, Vertreibungen und kulturellem Chaos
einhergingen. Auch die Etrusker trafen in der neuen Heimat Italien auf die dort
bereits sesshaften Griechen. Beide Kulturen hatten Glück. Weder Hellenen
noch Etrusker waren an einem Krieg interessiert, sie setzten auf Handel und
Nachbarschaftshilfe. Weniger friedlich soll es auf den Britischen Inseln zuge-
gangen sein. Dort fielen im 5. Jahrhundert n. Chr. Angeln und Sachsen vom
Festland ein. Was danach in Britannien geschah, ist kaum bekannt. Die dunklen Jahrhunderte begannen, eine Zeit, die nur durch wenige Quellen erhellt

werden kann. 2006 versuchten Molekulargenetiker, dort ein Licht anzuzünden, wo Historiker bislang im Finstern tappten. In den Y-Chromosomen britischer Männer meinten die Forscher Belege für ein System von Rassismus und Unterdrückung entdeckt zu haben.

An den Grabbeigaben der germanischen Immigranten bissen sich Archäologen bislang die Zähne aus. Soviel war bekannt: Angeln, Sachsen und Jüten waren drei germanische Stämme, die im Elbe-Weser-Dreieck lebten. Vor allem die Sachsen waren berüchtigt – ihre Raubzüge führten sie die Nordseeküste hinab, wo sie die römischen Siedlungen drangsalierten. Die lateinische Vokabel für „Sachse" verwandelte sich in ein Synonym für „Pirat".

Der Schrecken des Meeres lebte jedoch meist von der Landwirtschaft. Im Gebiet der Elbmündung sind die drei Stämme seit dem 2. Jahrhundert n. Chr. belegt. Hier bauten sie Häuser auf kleinen Hügeln, um im Marschgebiet vor Hochwassern geschützt zu sein – Wurtenhäuser nennt die Forschung solche Gebäude heute. Angeln, Sachsen und Jüten lebten in relativer Ruhe, kriegerische Kontakte mit den Römern gab es kaum, die Landwirtschaft brachte ausreichend Erträge. Im 5. Jahrhundert aber verschwand plötzlich ein Großteil der Bevölkerung auf rätselhafte Weise.

Archäologen wunderten sich: Alle Gräber und Siedlungen dünnten im 4. und 5. Jahrhundert n. Chr. aus. Dafür konnte es nur eine Erklärung geben: Bevölkerungsrückgang. Die Vermutung lag nahe, dass in diesem Zeitabschnitt Angeln und Sachsen nach Britannien übersetzten. Die kleine Völkerwanderung von der Elbmündung rastet in die demographische Entwicklung auf den Britischen Inseln ein.

Jenseits des Ärmelkanals lebte die britische Urbevölkerung seit der Altsteinzeit. Der Kanal war noch im Neolithikum so trocken wie die Kehle eines Briten auf der Suche nach einem Pub. Jahrtausendelang bot sich den Neolithikern aus Europa die Gelegenheit, auf die Britischen Inseln, die noch keine waren, zu wandern. Vermutlich besiedelten die Menschen der Jungsteinzeit dabei auch das Gebiet des heutigen Ärmelkanals, auf dessen Boden Archäologen viele ungehobene Schätze vermuten. Während der Antike fielen die Römer in Britannien ein, besetzten es trotz massiver Gegenwehr der Urbevölkerung, zogen aber im 4. Jahrhundert wieder ab. Das Imperium war ins Wanken geraten, Rom brauchte jeden Legionär, um nicht unterzugehen. Britannien blieb ohne Herrscher zurück. In dieses Machtvakuum sollen Angeln und Sachsen geströmt sein. Die Briten hatten den Kanal bereits seit Jahrtausenden wieder voll, zwischen der Elbmündung und der britischen Ostküste war es für einen geübten Seefahrer nur ein Katzensprung. Die Germanen aus Norddeutschland machten sich auf den Weg.

Sie landeten vermutlich in einer einzigen großen Welle an den Stränden Britanniens. Dieser Meinung sind Archäologen, welche die Hinterlassenschaften der Einwanderer in Britannien datierten. Für die Hypothese spricht auch der Fund von hundert kleinen Booten aus Goldfolie, die in Nors (Jütland) in einer Urne entdeckt wurden. Vermutlich, so die gängige Interpretation der Goldschiffchen von Nors, sind die Boote Opfergaben, mit denen die Auswanderer die Götter um eine sichere Überfahrt baten. Von Schiffsfunden wie dem Nydam-Boot ist bekannt, dass 45 Personen in einem Schiff Platz fanden. Demnach müssen zwischen vier- und fünfhundert Menschen von der Elbmündung aus nach Britannien übergesetzt sein. Dieser Prozess mag sich mehrfach wiederholt haben.

Auf dem Kontinent versickerten die Zeichen von kontinuierlicher Besiedlung des Elbe-Weser-Dreiecks. Viele Äcker wurden nach der Zeit der Auswanderung nicht mehr bestellt; die Bestattung auf Gräberfeldern reißt etwa zur selben Zeit ab, Opferplätze gerieten in Vergessenheit. Dafür sind die archäologischen Handschriften der Angeln, Sachsen und Jüten auf den Britischen Inseln umso deutlicher zu erkennen. Der starke Anstieg germanischer Fibeln (Gewandspangen) in der zweiten Hälfte des 5. Jahrhunderts n. Chr. gilt als Hinweis auf einen einmaligen starken Zustrom von Germanen. Die Verbreitung der Funde belegt, dass sich die Neuankömmlinge besonders im Gebiet von Cambridge und in den südöstlichen Midlands niederließen; andere zogen über das Themsetal ins Landesinnere, eine letzte Welle kolonisierte das spätere Sussex.

Auch historische Quellen schlagen in diese Kerbe. Laut Überlieferung warben Bretonen um das Jahr 400 n. Chr. Sachsen als Söldner an, um gegen die Picten und Scoten im Norden Britanniens zu kämpfen. Die germanischen Stämme standen aber auch in Diensten der letzten römischen Streitkräfte Britanniens. Der Kirchenschriftsteller Beda Venerabilis bemerkt in seinen Texten, dass von den Jüten die Cantuarier und Victuarier abstammen. Von den Sachsen stammten die Ostsachsen, Westsachsen und Südsachsen ab – die Namensgeber der heute noch als Grafschaften bestehenden Gebiete Essex, Wessex und Sussex. Von den Angeln stammen laut Beda die Ost- und Mittelangeln, die Mercier und alle Geschlechter Northumbriens ab. Sogar Friesen sollen unter den Invasoren gewesen sein, auch die Teilnahme von Alamannen ist wahrscheinlich. Die frühmittelalterlichen Vorläufer der Schwaben sollen ihre etymologische Spur in Swafham, Schwabenheim, hinterlassen haben.

Das Bild Britanniens im frühen Mittelalter ist kaum mehr als ein Flickenteppich aus historischen Fragmenten. Gewiss ist: Spätestens 407 n. Chr. zogen sich die Römer endgültig von der Insel zurück. Was danach geschah, ist bestenfalls in seinen Auswirkungen bekannt. Die Neuankömmlinge sollen gegen die Ureinwohner rebelliert haben. Offenbar mir Erfolg. Zwischen 600 und 800 n. Chr. entstand eine Reihe von angelsächsisch geprägten Königreichen. Die Vorgänge aber, die an das Ende dieser Entwicklung führten, kennt niemand.

Was die Gräberfelder und Bodenverfärbungen verschwiegen, sollte die DNA heute lebender Briten verraten. Bislang konnte die Bevölkerungsdichte in Britannien nur anhand von Siedlungsfunden hochgerechnet werden. Danach galt, dass im 5. Jahrhundert etwa zwei Millionen keltisch geprägte Britannier die Hauptinsel bewohnten. Die Einwanderungswelle brachte eine schwer abzuschätzende Zahl von Germanen an die britische Küste. Vorsichtige Vermutungen gehen von 10.000 Menschen aus, mehr als 100.000 setzten ihre Füße gewiss nicht auf britischen Boden. Ein ungleiches Verhältnis – es veränderte das Leben der Ureinwohner grundlegend.

Ob auf der Insel Kriege zwischen Einwanderern und Ureinwohnern ausgefochten wurden, ist nicht bekannt. Angeln, Sachsen und Jüten dienten zumindest zeitweilig als Söldner bei den Britanniern – sie müssen als Kämpfer geschätzt worden sein. Gewiss ist, dass sich die Invasoren genetisch durchsetzten. Die Y-Chromosomen, die sich bis auf die germanischen Schwertschwinger zurückverfolgen lassen, sind heute in etwa der Hälfte männlicher Engländer zu finden. Eine Ungereimtheit, meinte Mark Thomas vom University College London 2006. Wie war es möglich, dass sich Angeln, Sachsen und Jüten im frühen Mittelalter mit einem Bevölkerungsanteil von höchstens zehn Prozent genetisch so stark behaupten konnten? Nur Unterdrückung und Rassentrennung könnten nach Ansicht des Biologen die angelsächsische Dominanz erklären.

Die DNA der modernen Briten lieferte das Indiz, Beweise suchte Mark Thomas in historischen Hinterlassenschaften. Er studierte das „Gesetz von Ine", einen Text aus dem 7. Jahrhundert n. Chr. Das Gesetz legte unter anderem die Strafe für Mord fest. Die Sanktionen für das Erschlagen eines Menschen hingen davon ab, wer der Getötete war – ein durchaus übliches Verfahren in der Vergangenheit. Soziale Ungleichheit machte auch vor dem Tod nicht halt. Auch muss Tötung eines anderen so üblich gewesen sein, dass Gefängnis oder Galgen nicht bemüht wurden. Stattdessen zahlte der Täter eine Strafe an die Familie des Opfers. „Blood Money" nannten das die Briten, Germanen sprachen von „Wergeld" nach dem Begriff „Wer" für „Mann". Erschlug ein Mordbube einen Angelsachsen, so war das Wergeld fünfmal so hoch wie im Fall eines getöteten Britanniers. Angelsachsen standen auf einer sozial höheren Stufe.

Das konnte nicht ohne Auswirkung auf den Genpool bleiben, so Thomas. Untersuchungen von Populationsgenetikern lieferten den Vergleich: In einer Gesellschaft, in der eine Gruppe sozial und ökonomisch höhergestellt ist als andere, haben die Kinder dieser Oberschicht bessere Voraussetzungen zum Überleben als jene der Unterschicht. Einen vergleichbaren Fall fand der Biologe in der Untersuchung der Bevölkerungsstruktur Kenyas. Dort lebt der Stamm der Gabbra, ein nomadisierendes Hirtenvolk. Bei den Gabbra liegt die Geburtenrate beim Stammesadel viermal höher als jene der sozial niedrigeren Stammesmitglieder. Schlussfolgerung für Großbritannien: Dass das Y-Chromosom der Germanen bis heute überdauert hat, zeigt nach Ansicht von Mark Thomas zum einen, dass die Einwanderer eine hohe soziale Stellung im frühmittelalterlichen Britannien gehabt haben müssen, zum anderen, dass sie vermutlich unter sich blieben und sich nicht mit der Urbevölkerung vermischten.

Auf der Suche nach weiteren Hinweisen bemühte der Biologe die Statistik. Vergleiche mit ähnlichen Zweiklassengesellschaften, bei denen sozial Höherstehende sich nicht mit anderen Gruppen vermischten, ergaben, dass nach der Abfolge von fünfzehn Generationen etwa fünfzig Prozent der Bevölkerung die typischen Gengruppen des Adels trugen. Das war auch im Fall des angelsächsischen Y-Chromosoms so, das etwa bei der Hälfte aller heute lebenden Briten nachgewiesen werden kann.

Briten seien die Erben eines rassistischen Gesellschaftssystems aus dem frühen Mittelalter. Sie unterdrückten die britischen Ureinwohner gewaltsam und betrieben Rassenpolitik. Diese Meldung machte im Sommer 2006 die Runde in der Weltpresse. Kritik an der Interpretation von Mark Thomas ließ nicht lange auf sich warten. Vom Sanger Institut in Cambridge meldete sich der Evolutionsgenetiker Chris Tyler-Smith zu Wort. Er bestätigte den hohen Wert von Thomas' Untersuchung und dessen Interpretation: „Diese Arbeit zeigt, wie viel die Genetik zur Geschichtsforschung und Archäologie beitragen kann." Dennoch betonte der Forscher, dass die Interpretation von Thomas nur eine von vielen möglichen Versionen der historischen Ereignisse darstelle. „Es wäre gut, wenn Historiker sich dieser Theorie annehmen würden", erklärte Sanger gegenüber der englischen Zeitung „New Scientist". Ein Jahr später kam eine Nachricht aus Australien.

Die Rassismus-Theorie sei höchst fehlerhaft, erklärte John Pattison von der University of South Australia in Adelaide. Thomas unterschätze bei seiner Interpretation die Bedeutung früherer Einwandererwellen über den Ärmelkanal, so Pattison, der sich ein Jahr später zu Wort meldete. Den Wissenschaftler hatten die Y-Chromosomen der Briten stutzig gemacht. Er rechnete nach. Der Australier begann bei der britischen Bevölkerung von 2001 und arbeitete sich rückwärts durch die Zeiten, bis er in der vorrömischen Vergangenheit angekommen war. Dabei kalkulierte Pattison nach den Regeln der Populationsgenetik die Wachstumsrate der Bevölkerung und den Einfluss, den das Erbgut von Einwanderern im Laufe der vergangenen 2000 Jahre auf den britischen Genpool gehabt haben könnte. Sein Fazit: Germanen aus dem Gebiet des heutigen Deutschland, den Niederlanden und Dänemark waren nicht erst im 5. Jahrhundert n. Chr. auf die Britischen Inseln ausgewandert. Es gab sie schon immer. Sowohl während der römischen Besatzung der Insel als auch danach müssen Germanen immer wieder übergesetzt sein, meint der Australier. Nur mit einer permanenten und lang anhaltenden Einwanderungswelle könne nach Meinung Pattisons das deutliche germanische Merkmal im britischen Erbgut erklärt werden.

Die Geschichte gibt diesem Modell Recht. Schon in vorrömischen Zeiten setzte etwa das germanisch-keltische Mischvolk der Belgae über den Kanal. Dann rekrutierten römische Besatzer germanische Hilfstruppen, die im Lauf von vier Jahrhunderten römischer Herrschaft häufig mit Einheimischen fraternisierten und halblegitime Familien gründeten. Der spätere Abzug der Römer war zudem unorganisiert; große Teile der zuletzt unbesoldeten Soldaten blieben als Teile mobiler Söldnerarmeen im Land. Noch vor dem fünften Jahrhundert luden die Briten schließlich selbst germanische Militärhaufen als Schutztruppen gegen die Einfälle von Pikten, Skoten und Iren aus dem Norden und Westen ein – wenn überhaupt, werden nur wenige dieser Gruppen isoliert gelebt haben. Der britische Genpool war bis zum Rand gefüllt.

Während Mark Thomas in den Genen die Spuren gewaltsamer Unterdrückung witterte, ging es in dem Bild der Vergangenheit, das John Pattison zeichnete, eher friedlich zu. Der Australier wies darauf hin, dass zwar etwa die Hälfte der heute lebenden Briten germanische DNA-Marker trägt, doch sei das nur die halbe Wahrheit. Bei sechzig Prozent der Testpersonen sei darüber hinaus ein Haplotyp feststellbar, der nach Meinung Pattisons von der britischen Urbevölkerung stammen muss – Argument für die Vermischungstheorie.

Auch das Argument, der Gesetzestext von Ine weise auf Isolation der Angeln und Sachsen hin, ließ Pattison nicht gelten. Zwar erkannte auch der Australier in der Textstelle, dass Angelsachsen einen höheren Rang hatten als Ureinwohner, aber das müsse seiner Meinung nach nicht bedeuten, dass die Ur-Briten sich nicht mit den Einwanderern verbinden durften. Im Gegenteil: König Ine von Wessex drangsalierte die Britannier mit mehr Abgaben als die Angelsachsen. Diese Maßnahme aber sei nicht als Strafe zu verstehen, sondern als Druckmittel. Die Britannier, meinte Pattison, sollten die germanischen Lebensformen annehmen und die germanische Sprache lernen. Wer wollte schon gern in einer Unterschicht leben, deren Angehörige vor dem Gesetz wenig galten? Das letzte Wort über die Verwandtschaft von Germanen und Britanniern ist noch nicht gesprochen.

DIE KINDER DER ERFINDER

FAHNDUNG NACH DEN ERSTEN BAUERN

Zivilisation ist ein Buschfeuer. Den Steppenbrand entfachte vor 10.000 Jahren das Neolithikum in Europa. Der Mensch, bis dahin Jägernomade, probierte Sesshaftigkeit, baute Häuser und züchtete Vieh. Vom Irak bis nach Großbritannien veränderte sich das Leben von Grund auf. Heute gilt diese Zeit manchem Historiker als bedeutendstes Kapitel der Menschheitsgeschichte. Im 20. Jahrhundert sprach der Forscher Vere Gordon Childe von einer „neolithischen Revolution" – die Projektion des politischen Begriffs auf einen zivilisatorischen Prozess ist allerdings umstritten. Wie es wirklich zu einem der bedeutungsvollsten Umbrüche der Menschheitsgeschichte kam, ist bislang nicht geklärt.

Gewiss ist: Irgendjemand hatte eine Idee. Der Einfall hieß Hausbau und wies den Wildbeutern den Weg aus dem Wald. Hatte sich das Leben mehrere hunderttausend Jahre lang in Höhlen oder Jurten abgespielt, errichteten die Menschen nun feste Wohnstätten. Das mag manchem als Erleichterung erschienen sein, denn bislang musste das Lager mühsam verlegt werden, wenn alle Beeren, Pilze und Nüsse einer Region aufgeklaubt und die Jagdtiere in ihr Winterrevier gezogen waren – der Mensch trottete der Nahrung hinterher. Nun aber versprach die Landwirtschaft Vorräte bis in den Winter und war überdies eine wesentlich ungefährlichere Methode des Broterwerbs als die Jagd mit Lanze oder Pfeil und Bogen.

Um das Jägerdasein auf die Spurbreite der Sesshaftigkeit zu bringen, mussten zusätzliche Weichen gestellt werden. Die feine Kunst des Steinschliffs ersetzte die bis zur Jungsteinzeit herkömmliche Technik der Geräteherstellung, bei der Steine mit Steinen grob in Form geschlagen wurden. Im Werkzeugkasten lagen nun neben Beil und Bohrer auch die Sichel aus Holz und Feuerstein, unabdingbar für die Getreideernte. Über offenen Feuern und später in ersten Öfen brannte Ton zu Scherben. Die Keramik war erfunden und eröffnete eine nie zuvor gekannte Dimension der Vorratshaltung. In den ersten Speisekammern der Geschichte überdauerte das eigenhändig angebaute Korn den Winter. Für die Menschen verloren die mageren Monate viel von ihrem urspünglichen Schrecken.

Diese Phänomene gingen auf Reisen. Zuerst tauchten einige von ihnen im „Fruchtbaren Halbmond" auf, einer im Regenfeldbau nutzbaren Steppenlandschaft im Nahen Osten, die auf Landkarten die Form einer Sichel bildet. Das Gebiet ist noch heute wegen seiner hervorragend für die Landwirtschaft geeigneten Klima- und Bodenbedingungen dicht besiedelt und reicht vom Nildelta im Südwesten über Israel, Palästina, den Libanon, Syrien und Teile der südlichen Türkei bis zum Unterlauf von Euphrat und Tigris im Südosten. Hier betrat der Mensch die Zivilisationsstufe Jungsteinzeit vor etwa 12.000 Jahren. Dann passierte lange nichts. Erst 5000 Jahre später erreichten Hausbau und Viehwirtschaft, Keramik und Ackerbau Griechenland und den Balkan und traten von dort ihren Siegeszug durch Europa an.

Um 5700 v. Chr. entstand die erste europäische Kultur. Die Menschen der Linearbandkeramik erfüllten alle Anforderungen, die heute im Assessmentcenter der Archäologie als Voraussetzung für Vollneolithiker gelten. Das war bislang einmalig. Von allen früheren Gruppen kennt die Archäologie Teilaspekte der Zivilisation: aus Ton gebrannte Statuen, aber keinen Steinschliff; Hausbau, aber keinen Ackerbau; Viehzucht, aber keine Keramik. Die Menschen der Linearbandkeramik nutzten die ganze Bandbreite der neuen Errungenschaften und kamen als erste mit beiden Beinen im Neolithikum an – und das überregional.

Von der Rheinmündung bis an die Gestade des Schwarzen Meeres bauten die Linearbandkeramiker dieselben Häuser, brannten dieselben Gefäße und verzierten sie mit demselben Dekor. Die Jungsteinzeit war in Euro-pa gelandet. Zwar ist heute das Wissen um Töpfe, Häuser und Landwirtschaft jener Jahrhunderte groß, die Schöpfer der ersten Zivilisation aber sind noch immer inkognito.

Ackern im Erbgut

Jede Suche nach dem Quell der Zivilisation führt in den Nahen Osten. Die Spur der ersten Bauern lässt sich bis in den Fruchtbaren Halbmond zurückzuverfolgen, doch dort verliert sie sich im Dunkel der Geschichte. Was geschah in Vorderasien vor 10.000 Jahren? Wie gelangten Haus- und Ackerbau nach Westen? Schwappten die revolutionären Erfindungen durch Ideentransfer auf den europäischen Kontinent über, oder trugen die ersten Neolithiker ihre Errungenschaften in einer bislang unbekannten Völkerwanderung selbst zu den Nachbarn? In den Ausgrabungsprojekten der Levante, des Iraks und der Türkei klaffen Lücken.

Diese Fehlstellen stopft die Genetik. Der Erbfaktor ASPM liegt auf Chromosom 1 im menschlichen Erbgut – seine Funktion ist bislang nicht genau bekannt. Dennoch vermuten die Biologen Dan Dediu und Robert Ladd von der Universität Edinburgh, dass ASPM einer der Auslöser für die Entwicklung des Neolithikums und damit der Zivilisation gewesen ist. Sollten die Forscher Recht haben, verdankt der Mensch der Gegenwart wenigstens zum Teil ASPM, dass er in Häusern wohnt, statt noch immer als Jägernomade durchs Revier zu ziehen.

Kombiniere: Genmutation! ASPM mutierte vor 5800 Jahren zu einer Variante, die heute als ASPM-D die Fachwelt fasziniert. Hinter den fünf Buchstaben verbirgt sich eine Erbinformation, die in dieser Form heute bei etwa einem Drittel der Weltbevölkerung vorkommt. Zwar ist die genaue Funktion von ASPM-D nicht bekannt, Biologen vermuten jedoch, dass die Erbinformation eine Rolle beim Aufbau des Spindelapparates in sich teilenden Nervenzellen spielt – ein wichtiger Vorgang für die Reifung des Gehirns. Meist leben diese ASPM-D-Träger in Europa und im Mittleren Osten, eher selten findet sich die Genvariante in Afrika südlich der Sahara. Zeit und Ort passen zur Entwicklung der Jungsteinzeit: Wie die Funde der Spatenforscher zeigen, breitete sich das Neolithikum vor etwa 6000 Jahren vom Vorderen Orient nach Europa aus, hinterließ noch Spuren in Nordafrika, stieß jedoch nicht bis in südliche Regionen des Schwarzen Kontinents vor. ASPM-D gehörte als biologischer Bonus zum Kulturtransfer. Hatten die Genetiker in Schottland das Zivilisations-Gen entdeckt?

Einmal mehr lag in der Sprache das Geheimnis der Gene. Robert Ladd zählte eins und eins zusammen: „Ich schaute mir die Verbreitungskarten für die alte und die neue Version des Gens an und sagte: ,Das sieht aus wie die Verteilung der tonalen Sprachen auf der Welt.‘“ Bei einer tonalen Sprache wird die Bedeutung eines Wortes durch die Tonhöhe codiert. Dieselbe Vokabel bekommt eine andere Bedeutung, wenn zum Beispiel ihre letzte Silbe höher gesprochen wird oder tiefer. Zu den Tonsprachen zählen viele afrikanische Sprachen wie Ewe und Hausa sowie Thailändisch, Vietnamesisch und Chinesisch. Im Mandarin bedeutet die Silbe „ma“ mit einem einzigen hohen Ton „Mutter“, mit einem langen tiefen Ton hingegen „Pferd“. Nontonal hingegen sind fast alle europäischen Sprachen. Bei ihnen verändert die Tonhöhe nur die Hervorhebung eines Wortes innerhalb eines Satzes oder die Kennzeichnung einer Frage. Glaubt man der Entdeckung in Edinburgh, gehören Sprachverteilung und ASPM-D offenbar zusammen. In den Regionen, in denen die ältere Version des Gens vorkommt, sind heute tonale Sprachen zu hören, in den Gebieten mit der noch jungen Variante ASPM-D reden die Menschen untonal. Zwar können Dendiu und Ladd keinen biologischen Beweis dafür vorlegen, dass ASPM-D die Höroder Redefähigkeit verändert, aber die Verteilung von Sprachformen und Genen spricht für sich. Die Schlussfolgerung aus Schottland: In der Frühzeit des Menschen waren tonale Sprachen weiter verbreitet als heute. Das Aufkommen der untonalen Sprache fällt sowohl räumlich als auch zeitlich zusammen mit dem Entstehen der ersten Städte in Mesopotamien, dem Vorderen Orient und Ägypten. Bald danach verbreitete sich das Neolithikum in Europa, ebenfalls zusammen mit ASPM-D. Mehr als ein Zufall? „Unsere Arbeit produziert eher Hypothesen, als dass sie welche überprüft“, äußerte Ladd in einem Wissenschaftsblog.

Haltlos in der Luft hängt der Verdacht jedoch nicht, dass Gene und menschliche Kulturstufen einander beeinflussen. Eine Parallele zum Fall ASPM-D ist das von Bruce Lahn 2005 untersuchte Microcephalin, das in seiner Variante MCHP-D erst seit 37.000 Jahren im Erbgut von Homo sapiens vorkommt. Einer Theorie Lahns zufolge mag MCHP-D durch Artenvermischung vom Neandertaler auf Homo sapiens übertragen worden sein. Im anatomisch modernen Menschen könnte die Genvariante allerdings etwas ausgelöst haben, was beim Neandertaler so nicht funktionierte: Kunst. Irgendwann zwischen 35.000 und

40.000 Jahren begann Homo sapiens Höhlenwände zu bemalen und Figuren zu schnitzen. Alle Diskussionen über Gentransfer beider Arten außer Acht lassend – das Auftauchen von MCHP-D und die Explosion des menschlichen Kunstschaffens fallen zeitlich ebenso zusammen wie die Mutation von ASPM-D und die Entwicklung der Zivilisation. Die Entstehung menschlicher Kulturstufen könnte demnach durch die Biologie ausgelöst worden sein.

Sollten Dendiu und Ladd Recht behalten – ist ASPM-D dann Schuld daran, dass mancher Schüler beim Vokabeltest verzweifelt? Auch wenn die Genvariante tatsächlich dafür verantwortlich sein sollte, dass manche Menschen ein Talent für tonale und andere für untonale Sprachen in sich tragen, ist das Erlernen einer Sprache nach wie vor stark vom kulturellen Umfeld abhängig. Insbesondere Kleinkinder nehmen die Sprache ihrer Umwelt rasch auf und benutzen sie ohne Lernanstrengung. Dass Erwachsene eine Fremdsprache später mühsam büffeln müssen, hat nach Meinung von Robert Ladd nichts mit Genetik zu tun. Der Biologe kommentiert: „Wir können mit großer Wahrscheinlichkeit davon ausgehen, dass es keine ‚Gene für Chinesisch' gibt."

Vaterschaftstest für Mr. Y

Eine Dechiffriermaschine der molekularen Archäologie ist das Y-Chromosom des Menschen. Männer haben es, Frauen nicht. Weil X- und Y-Chromosomen im Erbgut von Männern keine genetischen Daten austauschen können, kann das Y-Chromosom lange unverändert bleiben. Deshalb hat ein heute lebender Mann dasselbe Y-Chromosom wie sein Vater, der es wiederum von seinem Vater erhalten hat. Diese Reihe lässt sich im günstigen Fall über Jahrtausende zurückverfolgen. Keine Regel ohne Ausnahme: In seltenen Fällen kommt es zu einer Veränderung. Ein winziger Übertragungsfehler genügt, um das Y-Chromosom mutieren zu lassen. Fortan gibt ein männliches Individuum ein verändertes Chromosom an seine Nachfahren weiter. An dieser Stelle schnappt die genetische Falle zu.

An der Universität von Stanford in Kalifornien kam dem Genetiker Peter Underhill ein Geistesblitz: Wenn Millionen von Männern dieselbe Mutation des Y-Chromosoms aufweisen, müssen alle denselben Stammvater haben. Underhill begann 2002 mit dem größten Vaterschaftstest der Geschichte. Er untersuchte das Y-Chromosom von 1000 Männern aus 25 Regionen Europas und des Mittleren Ostens und versuchte den Zeitpunkt der Chromosomenmutation zu ermitteln. Underhills Untersuchung fiel dem Stanforder Verhaltensforscher und Hobbyhistoriker Roy King in die Hände. King stutzte, als er die Verbreitungskarten der Y-Chromosomen in der Veröffentlichung des Kollegen sah. Sie ähnelten anderen Verbreitungskarten, die King kurz zuvor studiert hatte. Darauf waren die Funde verzierter Keramik aus der Jungsteinzeit verzeichnet. Die Forscher trafen sich und legten die Daten nebeneinander. Tatsächlich ergab sich eine überraschende Übereinstimmung.

Ein mutiertes Y-Chromosom mit dem Namen Eu9 ist der genetische Fingerabdruck am Tatort Töpferei. In Underhills Experiment tauchte Eu9 bei modernen Menschen überall dort in Europa auf, wo Archäologen Keramikstatuetten mit geometrischen Verzierungen aus dem Neolithikum gefunden haben. Die Verbreitungskarten waren zu 88 Prozent deckungsgleich. Eine achtzigprozentige Genauigkeit war erkennbar, legte man die Eu9-Karte einer Verbreitungskarte geometrisch verzierter Gefäße aus dem Neolithikum gegenüber. Hatten King und Underhill das Töpferchromosom gefunden? Die Forscher winkten ab. Sie wussten, dass ihre Untersuchung noch auf tönernen Füßen stand. In der Türkei und in Griechenland suchten die Kalifornier nach weiteren Daten, um ihre These zu untermauern: Die Menschen der Jungsteinzeit sind vom Fruchtbaren Halbmond nach Europa eingewandert und trugen ihre Ideen und ihre Lebensweise im Gepäck.

Wissen aus dem Orient

Während die Forscher aus Stanford nach dem Ursprung der Jungsteinzeit fahndeten, suchte eine Wissenschaftlerin der Universität Pavia (Italien) nach deren Ausgang. Vor 9000 Jahren, so lautete auch ihre Erkenntnis, kamen Einwanderer aus dem Osten nach Europa. Was aber geschah danach? Wie begegneten die alten Jäger- und Sammlerkulturen ihren neuen Nachbarn? Die Populationsgenetikerin Ornella Semino heftete sich den ersten Bauern an die Fersen.

Die 1000 gengeprüften Männer, die schon für die Stanforder Untersuchung Pate gestanden hatten, dienten auch der Italienerin als Versuchsobjekte. Ihre Y-Chromosomen ließen sich in zehn Gruppen unterteilen, die Haplotypen. Vier Haplotypen waren bei achtzig Prozent aller Männer gleich. Ornella Semino drehte die genetische Uhr zurück und verfolgte diese Chromosomengruppen bis an ihre Wurzeln. Sie reichten bis in die ausgehende Altsteinzeit. Irgendwann vor 40.000 Jahren, in der Kulturstufe des Aurignacien, waren Menschen in Europa eingewandert. Das verwundert nicht. In dieser Zeit lebten mit den Cro-Magnon-Menschen die ersten Vertreter des Homo sapiens in Mitteleuropa. Die heutigen Europäer stammen zum Großteil von ihnen ab.

Dann kamen die Neolithiker. Wie schon Underhill und King festgestellt hatten, wanderten die Pioniere der Jungsteinzeit aus dem Osten ein. Neben Hausbau, Ackerbau und Viehzucht brachten die Neuankömmlinge vier neue Haplotypen nach Europa, die erstmals vor 9000 Jahren auftraten. Heute sind diese Chromosomen in der Unterzahl. Nur in zwanzig Prozent der 1000 Genproben sind die Töpferchromosomen nachweisbar. Die Boten der Zivilisation scheinen sich nicht so hartnäckig verbreitet zu haben wie ihre Erfindungen.

Das war vermutlich auch nicht nötig. Aus dem Genvergleich von Pavia schält sich ein Bild friedlichen Zusammenlebens heraus. Der von Archäologen oft beschworene Krieg zwischen den alteingesessenen Jägersippen und den ersten Ackerbauern hat möglicherweise nie getobt. In der Jungsteinzeit mag Europa ein Experimentierfeld für neue Lebensweisen gewesen sein, und die Ideen aus dem Osten könnten ebenso willkommen gewesen sein wie ihre Überbringer.

Erst Kritik macht Theorien groß. Auch das Vermischungsmodell aus Pavia musste Beschuss von Kollegen aushalten. So kommentierte der Genetiker Mark Jobling von der britischen Universität Leicester: „Ich halte nichts davon, die Genetik mit archäologischen Ereignissen zu verknüpfen. Es spricht zwar die Fantasie an, aber die Mutationsraten des Y-Chromosoms haben einen zu großen Spielraum." Das Gegenargument ließ nicht lange auf sich warten. Zur selben Zeit, als Ornella Semino die Y-Chromosomen der Männer in Pavia auszählte, beugte sich der Genetiker Martin Richards in Oxford über die Erbsubstanz von Frauen. Er untersuchte Mitochondrien, die Kraftwerke der Zellen. Die in ihnen enthaltene Erbsubstanz wird ausschließlich von der Mutter weitergegeben. Vom Vater fehlt jede Spur. Ein Vergleich der Mitochondrien-DNA mit dem Ergebnis der Untersuchung von frauenfreien Y-Chromosomen musste demnach zwei eigenständige Ergebnisse liefern. Das Fazit lautete in Oxford und Pavia gleich: Zwanzig Prozent der menschlichen Erbsubstanz tragen einen Marker aus der Jungsteinzeit, achtzig Prozent stammen aus der Altsteinzeit. Die letzten Zweifel waren beseitigt. Der zivilisierte Mensch kam aus dem Osten.

Wolfgang Haak und Joachim Burger waren nicht überzeugt. Die Genetiker von der Universität Mainz machten sich 2005 mit Hilfe von Kollegen aus Großbritannien über die Reste von 57 neolithischen Skeletten her, die allesamt 7000 bis 7500 Jahre alt waren. Wie das Grabinventar verriet, ließen sich die Toten der Linearbandkeramik zuordnen. Beste Referenz für einen genetischen Probenlieferanten: Die Skelette gehörten vermutlich nicht derselben Familie an, da sie an sechzehn verschiedenen Stellen in Deutschland, Österreich und Ungarn ausgegraben worden waren. An den äußersten Eckpunkten lagen die Skelette achthundert Kilometer voneinander entfernt. Die Forscher bohrten an Zähnen und schliffen Knochenmehl, um es anschließend auf DNA-Rückstände zu untersuchen. Von den Testgebeinen standen 24 Probanden die Prozedur soweit durch, dass ein zufriedenstellendes Ergebnis im Reagenzglas blieb. Das allerdings stellte die Ergebnisse aus Pavia infrage.

Von Ungarn bis Schleswig-Holstein – egal, wo die Getesteten gelebt hatten, sie trugen einen genetischen Marker, der sich in manchen Individuen wiederholt. Eine solche Gruppe tauchte besonders häufig auf. In sechs Knochenproben fanden die Forscher den N1a-Haplotypen. Dieser scheint in der Jungsteinzeit weit verbreitet gewesen zu sein. Zwar lagen nur sechs Proben vor, die aber rechneten die Wissenschaftler auf das neolithische Europa hoch und kamen zu dem Ergebnis, dass wenigstens acht, höchstens 42 Prozent der Menschen in der Jungsteinzeit N1a-Träger waren. In modernen Europäern taucht die Gen-Gruppe nur zu 0,2 Prozent auf. Demnach hinterließen die neolithischen Bauern kaum Spuren im Erbgut.

Die Schlussfolgerung liegt nahe: Das Neolithikum kam zwar mit seinen Erfindern aus dem Vorderen Orient nach Europa. Die Urheber gaben auch ihre Kulturgüter an die europäischen Jäger und Sammler weiter. Eine Vermischung aber, wie sie das Modell aus Pavia vermuten lässt, gab es demnach nicht.

Welche Theorie ist richtig? Vielleicht beide. Die Mainzer Forscher untersuchten nur die von der Mutter weitergegebene mtDNA, die Italiener hielten sich an das vom Vater vererbte Y-Chromosom, ergänzt durch einen mtDNA-Test aus Großbritannien. Die Gene der Steinzeitfrauen kamen von Jägern und Sammlern, die Gene der Steinzeitmänner von Ackerbauern. Joachim Burger hält es für möglich, dass die Neolithiker aus dem Osten kamen und mit den in Mitteleuropa ansässigen Sammlerinnen Familien gründeten. Das sei zwar „reine Spekulation", jedoch ein durchaus vorstellbares Modell.

Blaue Augen – Sexsignal der Jungsteinzeit

Das Neolithikum veränderte den Lauf der Welt. Sämtliche Entdeckungen der Jungsteinzeit sind bis heute Grundlage menschlicher Zivilisation. Ohne Sesshaftigkeit baute der Mensch heute keine Wolkenkratzer, ohne Ackerbau gäbe es keinen Supermarkt. Unentdeckt blieb bislang allerdings, dass der Mensch in der Blüte kultureller Innovation sich auch biologisch veränderte. Er sah seine Umwelt aus blauen Augen.

An der Universität von Kopenhagen bekam der Genetiker Hans Eiberg 2008 Einblick in die Augenfarbe des Menschen. Er fand heraus, dass blaue Augen eine Mutation sind, die der Mensch erst seit dem Neolilthikum trägt. In dem Zeitraum von 10.000 bis 6000 Jahren vor heute hellten die bis dahin ausschließlich braun getönten Augen auf. Schuld war ein Gen namens OCA2. Es ist für die Produktion von Melanin zuständig, jenem Stoff, der auch die Haut färbt und dessen Defekt zu hellem Teint und roten Haaren führen kann. Melanin beeinflusst aber auch die Farbe der Iris. Vor mehr als 6000 Jahren schlich sich ein Gendefekt bei Homo sapiens ein. Davon war OCA2 zwar nur indirekt betroffen, aber das genügte. Störfaktor war das Nachbargen. Es beeinflusste die Aktivität von OCA2, schaltete es aber nicht vollends aus – in diesem Fall wäre Albinismus die Folge gewesen, eine Mutation, bei der Haare, Iris und Haut völlig melaninfrei sind. Stattdessen griff der einflussreiche Nachbar nur ein wenig in die Aktivität von OCA2 ein – gerade genug, um die Produktion von Melanin zu stören. Das Ergebnis war eine weniger tief getönte Iris, heute unter dem Etikett „blaue Augen" bekannt.

Eiberg untersuchte DNA von blauäugigen Menschen aus Dänemark, Jordanien und der Türkei und fand in allen Proben denselben Haplotyp. Das bedeutete, das Erbgut aller Testpersonen hatte dieselben genetischen Veränderungen erfahren und war mit einer einzigen gemeinsamen Mutation in der Vergangenheit verbunden. Dieses Phänomen gilt nur für Blauäugige, weil in diesem Fall Melanin nur in einer bestimmten Menge vorkommen darf, um die Farbe zu erzeugen. Bei braunen Augen liegt der Fall anders. Hier führt ein Quäntchen Melanin mehr oder weniger zu Zwischentönen, die von Braun bis Grün reichen. Selbst eine blaue Iris mit braunen Flecken gehört in dieses breite Mutationsspektrum. Für rein blaue Augen gilt das nicht. Sie entstehen nur, wenn der Melanin-Cocktail exakt gemischt ist – diese Übereinstimmung fanden die dänischen Genetiker bei achthundert Personen. „Daraus können wir schließen, dass alle blauäugigen Individuen von demselben Vorfahren abstammen. Sie alle haben denselben genetischen Schalter an derselben Position ihrer DNA geerbt", so Eiberg im Fachmagazin „Human Genetics".

Der tiefe Blick in blaue Augen löste Anfang 2008 Jubelrufe in der Presse aus. Während das Online-Magazin „Spiegel International" frohlockte: „Alle Blauäugigen sind mit Brad Pitt verwandt", rief die Süddeutsche Zeitung die Verwandtschaft aller Blauäugigen mit der Schauspielerin Angelina Jolie aus. Historiker stellen sich hingegen die Frage, welchen Vorteil blaue Augen dem Menschen in der Evolution gebracht haben. Dass es einen Vorteil gegeben haben muss, zeigt die Tatsache, dass die Mutation bis heute im Erbgut vorhanden ist. Bis vor 10.000 Jahren gab es keine blauen Augen, heute tragen zwanzig bis vierzig Prozent aller Europäer dieses Merkmal. Die Vermutung liegt nahe, dass es sich um einen Vorteil bei der Fortpflanzung handeln könnte. Dass Blauäugige als Sexualpartner geschätzt werden, zeigen nicht zuletzt die Schlagzeilen über die Verwandtschaft mit den Schönheitsidealen der Gegenwart.

Ob die Entwicklung des Sexsignals auch mit der Ausbreitung des Neolithikums in Verbindung zu bringen ist, lässt sich nur vermuten. Der Zeitraum stimmt. Vor 6000 bis 10.000 Jahren verbreiteten sich Ackerbau, Viehzucht und Sesshaftigkeit vom Vorderen Orient nach Europa. Statt Wild und Früchten verzehrte der Mensch nun mehr Getreide und trank Milch. Da bereits für die Menschen der Altsteinzeit nachgewiesen wurde, dass Ernährung den Stoffwechsel beeinflusst, ist es vorstellbar, dass die neue Nahrung der Neolithiker zur Mutation des Melaninhaushaltes in einem einzigen Individuum geführt hat und diesen Menschen besonders attraktiv gemacht hat.

Forensik einer Eismumie

Der Star der Jungsteinzeit ist eine Mumie. In der Wissenschaft kursiert der Konservierte als „Mann vom Similaungletscher", im Volksmund heißt er Ötzi. Bereits Anfang der 1990er Jahre entdeckt, ist noch immer unklar, wie der Steinzeitmann zu Tode kam. Fest steht: Ötzi ist ein Mordopfer. Die Todesursache ist dank herkömmlicher Untersuchungsmethoden festgestellt. Motiv und Täter aber fehlen. Eine heiße Spur führt in die Gene der Eisleiche.

Am Anfang sah alles wie ein Routinefall aus. Zwei Bergwanderer entdeckten auf dem Similaungletscher im Ötztal an der Grenze zwischen Österreich und Italien einen Toten. Sie alarmierten Bergwacht und Polizei. Alles sah nach einem Unglücksfall aus. Weder die Bergung der Leiche noch ihre anschließende Untersuchung im Gerichtsmedizinischen Institut Innsbruck weckten den Verdacht, dass der Tote die älteste Mumie Europas sein könnte. Der Frühgeschichtler Konrad Spindler las von dem Fund in der Zeitung, besuchte die Mumie und ließ sich nicht nur die Leiche, sondern auch die neben ihr gefundene Ausrüstung zeigen. Es war Datierung auf den ersten Blick. Spindler schätzte den Toten auf ein Alter von 4000 Jahren, vielleicht älter. Die abschmelzenden Gletscher des Ötztals hatten einen Mordfall der Jungsteinzeit preisgegeben. Im Institut von Innsbruck schlugen die Forensiker Alarm.

Die Mumie machte Karriere. Bald geisterte sie als „Eismann" durch die Presse, die Touristenbüros im Ötztal witterten das große Geschäft – schon wenige Wochen nach der Entdeckung verkauften Souvenirstände Postkarten mit dem Konterfei des Toten. Ötzi-Schmuck, Ötzi-T-Shirts und Ötzi-Pop erreichten hohe Umsatzzahlen. Eine Frau aus Deutschland kündigte an, ein Buch über ihre nächtlichen Séancen mit dem Gletschermann veröffentlichen zu wollen. Andere wollten sich mit dem gefrorenen Sperma der Leiche befruchten lassen. Nie zuvor war Frühgeschichte derart populär.

Abseits des Rummels bereitete der prominente Tote vor allem Archäologen Kopfzerbrechen. Den Wissenschaftlern war bekannt, dass am Fuß der Tiroler Berge wie im Eisacktal jungsteinzeitliche Dörfer gestanden hatten. Nie zuvor aber war menschliche Aktivität in 3200 Metern Höhe verzeichnet worden. Weder Spuren eines Lagerfeuers noch Reste von Jagdbeute ließen darauf schließen, dass Neolithiker sich jemals in solche Höhen vorgewagt hatten. Wie sich später zeigen sollte, war auch der Mann vom Similaun nicht freiwillig ins ewige Eis gezogen.

In Innsbruck setzte sich eine interdisziplinäre Forschungsmaschinerie in Gang. Zunächst galt es den Körper zu konservieren. Er hatte im Gletschereis die Jahrtausende überdauert, also mussten ähnliche Bedingungen geschaffen werden. Anatomen der Universität Innsbruck gelang es, in einer Kühlkammer Gletscherluft zu simulieren. Fortan lagerte Ötzi bei minus sechs Grad Celsius und einhundert Prozent Luftfeuchtigkeit. Zur Mumienvisite kamen Wissenschaftler aus der Schweiz, Frankreich, Großbritannien, Schweden und den USA. Die Leiche ließ sich begutachten und gab Gewebeproben her. Sie war beschädigt. Auf dem Gletscher hatte einer der Gendarmen einen Hammer zu Hilfe genommen, um die Leiche aus dem Eis zu befreien, und der Mumie dabei ein Loch in die Hüfte geschlagen. Später waren Forensiker aus Innsbruck an der Fundstelle aufgetaucht und hatten mit Skistöcken an dem Toten herumgestochert, ohne Rücksicht auf die stark verwitterten und für Archäologen wertvollen Kleidungsreste zu nehmen. Als das Bergungsteam die Leiche abtransportierte, brachen überdies die Genitalien ab. Nur wenige Stunden hatten genügt, um die älteste Mumie Europas zu verstümmeln.

Was von Ötzi übrig war, genügte jedoch, um ein verschwommenes Bild seines Lebens zu zeichnen. Sein Tod in menschenleerer Eiswüste blieb jedoch ein Rätsel.

Der Druck des Eises hatte die Leiche verformt. Als Mumie war der Similaunmann 1,60 Meter groß und 13,5 Kilogramm schwer. Zu Lebzeiten hatte der Mann offenbar schwer gelitten. Seine Gelenke waren abgenutzt, vermutlich ein Zeichen von Arthritis. Einige Rippen waren gebrochen. Lende, Wade, Knie, Hand- und Fußgelenke trugen Tätowierungen – die ältesten Belege für diese Art Körperschmuck. Einer Theorie zufolge liegen die Markierungen an jenen Körperstellen, die heute bei der Akupunktur und Akupressur genutzt werden – zur Behandlung rheumatischer Erkrankungen.

Eine Schatzkiste öffnete sich für jene Archäologen, die noch einmal auf den Gletscher stiegen, um den Fundort zu untersuchen. Im Schmelzwasser fanden sie die Ausrüstung des Toten, eine Fülle von Alltagsgegenständen der Jungsteinzeit, Gegenstände, die kein Frühgeschichtler bislang gesehen hatte, darunter ein Lendenschurz, Beinkleider, Schuhe, Mütze, Mantel – die meisten aus dem Fell von Jagdtieren wie Gämsen, Bären und Rotwild gefertigt; einiges Material stammte von domestiziertem Vieh wie Ziege oder Rind. Im Steinzeit-Gepäck trug der Gletschermann überdies Messer und Bohrer aus Feuerstein, einen Dorn aus Hirschgeweih und eine Knochennadel – in der Summe das Schweizer Messer des Neolithikums. Zum Sammelsurium zählten darüber hinaus ein Gestell für Gepäck oder Jagdbeute, eine Ledertasche, eine kleine Reiseapotheke sowie Utensilien zum Entfachen von Feuer. Für die größte Überraschung sorgte eine Axt, deren achtzig Zentimeter langer Schaft aus gewöhnlichem Eibenholz, deren Beil aber aus Kupfer gearbeitet war. Kupfer war das Gold der späten Jungsteinzeit. Wie Archäologen von anderen Kupferfunden wissen, war eine Waffe oder ein Werkzeug aus Metall in der Steinzeit ein Prestigeobjekt. Die Kupferaxt verriet, dass der Tote vom Similaun eine herausragende Position in seiner Gemeinschaft bekleidet haben muss. Wieso starb der Anführer einer Gruppe einsam auf einem Berggipfel?

Fast wehrlos war er ins Eis hinaufgestiegen. Zwar steckten vierzehn Pfeilschäfte und vier steinerne Spitzen in den Resten eines Köchers, doch der dazugehörige Bogen war unbrauchbar. Er hing halbfertig über der Schulter der Leiche. Vielleicht, so vermuteten die Forscher in Innsbruck, war die ursprüngliche Waffe entzweigegangen und der Mann war dabei, einen neuen Bogen herzustellen, als ihn etwas oder jemand überraschte.

Beim Rätselraten um die Todesursache dachten die Forscher zunächst an einen Unglücksfall. Der erste Verdacht der Forensiker, der Tote sei ein Hirte gewesen, der von einem Sturm überrascht wurde und im Eis erfror, zerbrach an dem Kupferbeil. Archäologen sind sich sicher: Kein einfacher Hirte hätte ein derartig wertvolles Stück auf einen Gletscher hinaufgetragen. Auch hingen keine Tierhaare an der Kleidung des Toten, die ihn als Viehhüter ausgewiesen hätten. Mangels besserer Möglichkeiten erklärten die Wissenschaftler Ötzi zu einem Jäger. Auf der Pirsch soll der Steinzeitmann dem Wild bis auf eine Höhe von 3000 Metern nachgestellt haben, bevor er selbst durch ein Unglück den Tod fand. Diese Theorie mochte stimmen. Immerhin trug die Leiche Kleidung aus Wildtierfell, und das Gestell, das bei ihr gefunden wurde, mochte dem Weidmann geholfen haben, schwere Beute ins Dorf zu ziehen. Erst zehn Jahre später stellte sich heraus, dass die Geschichte vom Eismann auf der Pirsch nichts als Jägerlatein war. Ötzi war erschossen worden.

Tod durch Gewalteinwirkung – diese Meldung aus dem Südtiroler Archäologiemuseum in Bozen ging 2001 um die Welt. Die Mumie war inzwischen nach Italien umgezogen, nachdem sich herausgestellt hatte, dass Ötzi auf italienischem Boden gefunden worden war. In Südtirol lag der Tote nun in einem eigens für ihn errichteten Museum in der Klimakammer. Zehn Jahre lang hatten ganze Teams von Wissenschaftlern Gewebe und Gebein untersucht, aber erst eine neue Aufnahme des Oberkörpers mittels Computertomographie offenbarte, was sich vor 5000 Jahren tatsächlich im Eis des Similaungletschers abgespielt hatte: In der Schulter der Mumie steckte eine mehrere Zentimeter lange Pfeilspitze. Sie hatte Ötzi von hinten getroffen, Nerven durchschlagen, wichtige Blutgefäße durchtrennt, den linken Arm gelähmt und das Schulterblatt zerschmettert. Sie war acht Zentimeter tief eingedrungen und nahe der Lunge steckengeblieben. Vermutlich hatte sie eine Arterie verletzt. Ötzi war verblutet.

Die Entdeckung der Gewalttat warf neue Fragen auf. Wer war der Mörder? War der Eismann vor ihm ins Gebirge geflüchtet? Archäologen und Journalisten spekulierten. Johan Reinhard von der National Geographic Society vermutete, dass die Mumie aus dem Ötztal in einem Ritus den Göttern der Berge geopfert werden sollte. Ein Indiz dafür erkannte Reinhard in der Kupferaxt. Seiner Meinung nach hätten Räuber oder Rächer einen so wertvollen Gegenstand als Beute an sich genommen. Zudem sei der Pass zwischen den beiden höchsten Gipfeln der Ötztaler Alpen ideal für die Opferstätte eines vorgeschichtlichen Bergvolkes. Reinhards Hypothese stieß jedoch auf große Skepsis. Zwar war die Theorie interessant, aber es mangelte an Belegen.

DNA half nach. Unter der Leitung von Ian Findlay von der australischen University of Queensland entnahm ein Forscherteam der Mumie Proben des Erbgutes und erstellte den bislang ältesten genetischen Fingerabdruck in der Geschichte der Molekularbiologie. Auch an Ötzis Geräten fanden die Wissenschaftler auswertbares Material. An Axt, Messer und Umhang des Eismannes klebte Blut – fremdes Blut, wie sich herausstellte. Der Vergleich der DNA-Proben ergab, dass neben dem Mordopfer zumindest zwei weitere Menschen an der Tat beteiligt gewesen sein müssen. Sie hatten Blut verloren. Vermutlich hatte Ötzi seine Widersacher im Kampf verletzt. Wie Findlay entdeckte, trug auch die Mumie noch die Spuren eines Kampfes. An den Händen fanden die

Wissenschaftler Spuren von Schwellungen und Wunden, wie sie nach Meinung des Australiers entstehen, wenn ein Bedrängter versucht, Schläge und Stiche von Angreifern mit den Händen abzuwehren. Damit war der letzte Zweifel ausgeräumt: Im Hochgebirge hatte sich ein Kampf auf Leben und Tod abgespielt.

Die Genetik hatte wenigstens zwei Täter aus dem Dickicht der Geschichte hervorgeholt. Ihre Identität und ihr Motiv blieben weiterhin unklar. Ein rituelles Opfer war in jedem Fall auszuschließen. Gegenüber der BBC äußerte Ian Findlay, Ötzi sei möglicherweise in das Revier eines fremden Stammes eingedrungen und von dort gewaltsam vertrieben worden. Aber auch diese Vermutung blieb ohne Belege. Weitere Einblicke in die letzten Stunden der Eismumie ergaben die Gen-Analysen des Dünn- und Dickdarminhalts.

Dieses Mal meldete sich Franco Rollo von der Università di Camerino zu Wort. Der Italiener hatte die DNA des Magens untersucht und dabei Spuren von Speiseresten entdeckt, die mit dem bloßen Auge nicht sichtbar waren. So fand Rollo heraus, dass der Gletschermann wenige Stunden vor seinem Tod Hirschfleisch verzehrt hatte. Weitere DNA-Reste ließen sich identifizieren – sie stammten von Nadelbäumen und Getreide. Möglicherweise hatte Ötzi einige Beeren gepflückt, die er am Wegrand unter Kiefern wachsen sah. Auch ein Stück Steinbockfleisch hat seine Spuren im Mumien-Magen hinterlassen. Nachdem der Jäger in 3200 Meter Höhe aufgestiegen war, hat er eine weitere Portion Hirschfleisch und Getreidekörner verzehrt. Reste der Henkersmahlzeit fanden die Forscher am Anfang des Verdauungssystems. Sie müssen kurz vor dem Tod in den Körper gelangt sein. Franco Rollo schätzte, dass der Getötete vier Stunden vor seinem Ende die letzte Mahlzeit einnahm. Unter normalen Umständen beginnt sich der Magen eines Menschen etwa zehn Minuten nach der Nahrungsaufnahme zu leeren. Drei bis vier Stunden dauert es, bis die Verdauungsmasse das Ende des Dünndarms erreicht hat. Dort wird sie meist noch eine weitere Stunde gehalten, bevor sie in den Dickdarm übergeht. Stresssituationen können den Prozess verlangsamen. Da der Gletschermann nach dem Pfeilschuss langsam verblutet sein muss und der Körper durch den Angriff und den nahen Tod gewiss unter hohem Stress stand, ist von einer verlangsamten Verdauung auszugehen. Vier Stunden vor dem Ende lebte der Mann vom Similaungletscher demnach noch so sorglos, dass er sich Zeit zum Essen nahm.

Die DNA-Analyse des Mageninhalts verriet über den Mord selbst kaum etwas. Franco Rollo verwies auf die Veröffentlichung der dänischen Wissenschaftlerin Nanna Noe-Nygaard, die 1974 die Jagdtechniken von Mesolithikern untersucht hatte. Beim Vergleich von Tierknochen aus der Mittelsteinzeit war Noe-Nygaard aufgefallen, dass bei den meisten Beutetieren das linke Schulterblatt von Pfeilen durchbohrt worden war. Vermutlich, so die Dänin, wussten schon die Jäger der Steinzeit, dass diese Stelle die besten Voraussetzungen für einen tödlichen Treffer bietet. Ein solcher Blattschuss hat auch Ötzi getroffen. Franco Rollo meint deshalb, dass die Mörder in jedem Fall erfahrene Jäger gewesen sein müssen.

Erst Nahkampf, dann Flucht und ein letzter Schuss in die Schulter – diese Version des Tathergangs könnte erklären, warum das Kupferbeil bei dem Toten liegen blieb. Die Täter ließen ihr Opfer möglicherweise entkommen, weil sie genau wussten, dass der Pfeilschuss tödlich war und dem Getroffenen nur wenige Stunden blieben. Da sie sich nicht um die Wertgegenstände kümmerten, mag die Vertreibung Ötzis die einzige Motivation der Angreifer gewesen sein.

Der Eismann wurde zum Paradebeispiel eines interdisziplinären Falls. Nachdem die Genetik erste Hinweise geliefert hatte, war nun wieder die Archäologie am Zuge, weiteren Aufschluss über die Tatumstände zu geben. Diesmal ging es um die Utensilien, die im Umfeld der Leiche lagen. Einen wichtigen Hinweis lieferte der Eibenbogen, der neben der Mumie im Gletscherwasser lag. Er war nicht fertig geschnitzt, und die Sehne fehlte. Auch die vierzehn Pfeile im Köcher waren noch nicht alle schussbereit. Mit welcher Waffe der Gletschermann jagte, bleibt rätselhaft. Nach Meinung von Ralf Baumeister, Leiter des Federseemuseums, waren solche Waffen gar nicht für die Jagd auf Tiere vorgesehen, sondern für den Kampf. Jagdbögen stellten die Menschen der Jungsteinzeit bis dahin aus Ulmenholz her. Erst aus dem Zeitabschnitt, in dem Ötzi lebte, sind Eibenbögen bekannt. Das Holz der Eibe ist elas-tischer als das der Ulme, Eibenbögen haben eine höhere Durchschlagskraft und ermöglichen größere Schussdistanzen – für Baumeister Merkmale einer Kriegswaffe. Da Ötzi einen solchen Bogen im Gepäck hatte, mögen seine Absichten alles andere als friedlich gewesen sein.

Die Indizien waren gesammelt, weitere Mordszenarien ließen nicht lange auf sich warten. Der Frühgeschichtler Walter Leitner von der Universität Innsbruck meinte, der Gletschermann sei Opfer eines Tyrannenmordes geworden. Mit 47 Jahren habe Ötzi ein für steinzeitliche Verhältnisse hohes Alter erreicht – zu hoch, um sich noch in der Häuptlingsposition behaupten zu können, die ihm Leitner angesichts des wertvollen Kupferbeils bescheinigt. Konkurrenten lauerten schon auf eine günstige Gelegenheit, die Führung der Gruppe an sich zu reißen. Sie bot sich, nach Leitners Szenario, in der Abgeschiedenheit des Hochgebirges. Gerangel um Machtpositionen scheint es nach dieser Theorie schon in der Steinzeit gegeben zu haben.

Gegenüber der Wochenzeitung „Die Zeit" erklärte Leitner: „Der Mann war für seine Zeit in sehr hohem Alter und er war nicht der gesündeste. Er hatte selbst medizinische Kenntnisse, war vielleicht Schamane. Jedenfalls war er eine Autoritätsperson, vergleichbar mit einem Bürgermeister, und eine solche Person bietet Angriffsflächen. Er hatte wohl Feinde in der Gruppe." Ein Mördertrupp habe dem Anführer außerhalb der Siedlung aufgelauert. Möglicherweise habe sich ein Angreifer dem Alten in den Weg gestellt und es sei zu einem Kampf gekommen, bei dem sich der Ötztalmann die Wunde an der Hand durch eine Abwehrbewegung zugezogen habe, so der Innsbrucker, der vermutet: „Der Angreifer muss Helfer gehabt haben, und es muss zu einem brachialen Getümmel gekommen sein." Und die Wertgegenstände, die niemand an sich nahm? Auch dafür hatte Leitner eine Erklärung: Der Tod der Autoritätsperson musste wie ein Unfall aussehen. Deshalb ließen die Angreifer den tödlich Verwundeten fliehen. Das Kupferbeil wird im Dorf bekannt gewesen sein. Seine Benutzung in der Öffentlichkeit wäre einem Geständnis gleichgekommen.

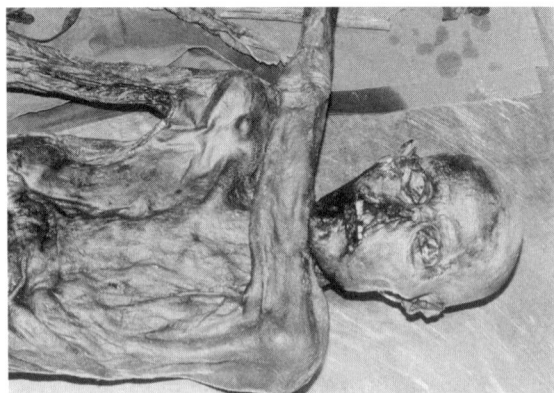

Kriminalfall aus der Steinzeit – Ötzi, die Mumie vom Similaungletscher, fiel einem Attentat zum Opfer. Tathergang und Motive sind bis heute unklar. Die DNA des Gletschermannes soll den 5000 Jahre alten Alpenkrimi endlich lösen helfen.

Erst Jahre später tauchte ein weiteres Indiz in der DNA der Ötztalmumie auf. Noch einmal meldete sich Franco Rollo zu Wort, der im Jahr 2006 DNA-Sequenzen aus den Eingeweiden der Mumie untersucht hatte. Rollo hatte sich diesmal näher mit der mtDNA befasst, die von der Mutter an den Steinzeit-Jäger weitergegeben worden war. Wie das italienische Forscherteam bekannt gab, fand es Genabschnitte, die nahe legten, dass Ötzi unter Unfruchtbarkeit litt. „Wir können nicht mit Sicherheit sagen, ob der Tote unter reduzierter Mobilität der Spermien litt, aber es ist zumindest wahrscheinlich", so Rollo gegenüber dem britischen Sender BBC. Nun stellte sich die Frage: Welche Bedeutung hatte Unfruchtbarkeit in einer steinzeitlichen Gesellschaft, insbesondere, wenn der Betroffene der Anführer der Gruppe war? Möglicherweise, so Rollo, fiel das gar nicht auf. Es könnte aber ebenso gut sein, dass Unfruchtbarkeit als Zeichen der Schwäche angesehen wurde, das sich ein Häuptling nicht leisten durfte. Wer weiter denkt, stößt an die Grenzen der Hypothese. Ob Ötzi der Kulturwissenschaft zeigen kann, dass es bereits in steinzeitlichen Gesellschaften das Erbrecht gab, bleibt Spekulation.

Wie die heilige Kuh nach Indien kam

Jungsteinzeit funktioniert auch andersherum. Während europäische Archäologen und Genetiker grübeln, ob, wie und wann das Neolithikum aus dem Vorderen Orient nach Westen kam, tüfteln asiatische Forscher an der Frage, ob nicht auch Indien von Kleinasien aus mit den Errungenschaften der Zivilisation gesegnet wurde. In diesem Fall wären Ackerbau und Viehzucht vom Kerngebiet nach Osten gelangt.

Schon möglich, meinen viele Archäologen. Nach der gängigen Lehrmeinung stammen die heutigen Inder von Einwanderern aus West- und Zentralasien ab. So soll eine Gruppe des Volksstammes der Arier im 2. Jahrtausend v. Chr. Indien von Norden aus besiedelt haben. Alle Inder wären demnach Nachfahren dieser Einwanderer. Das Fundament für dieses Gedankengebäude gilt heute als morsch. Es basiert auf dem Vergleich von Sprachgruppen mit der Einteilung der Inder in viele kleine Ethnien – eine Methode aus dem 19. Jahrhundert, die noch vor zehn Jahren als unersetzbar galt. Erst seit wenigen Jahren versucht die Genetik, die Lücken linguistischer Vergleiche in Indien zu füllen und Unwägbarkeiten in klare Aussagen zu verwandeln.

Die Arier müssten Spuren hinterlassen haben. Wenn die Volksgruppe tatsächlich vom Nordiran und von Armenien her nach Indien eingewandert ist, brachte sie nicht allein die indogermanische Sprache, sondern auch Ackerbau und Viehzucht und vermutlich sogar das Kastenwesen nach Indien – so die Vermutung. Das aber konnte nicht passieren, ohne dass genetische Spuren zurückblieben, meinten Genetiker bereits 1999. Tatsächlich sprach die DNA aus den Blutproben der Bevölkerung Bände.

Wanderbewegungen sind kompliziert, erst recht, wenn es um die Besiedlung eines ganzen Subkontinents geht. Von der Entdeckung der ersten genetischen Fährte bis zur Rekonstruktion des Besiedlungsprozesses vergingen sieben Jahre. 2006 präsentierte eine Forschergruppe um Sanghamitra Sahoo das Ergebnis und sägte an dem Ast, auf dem die Arier im indischen Stammbaum saßen.

Von ihrem Labor in Kalkutta aus untersuchte die Forscherin die Y-Chromosomen von 936 Indern aus 32 Ethnien und 45 Kastengruppen des Landes. Sie hoffte, in dem ausschließlich vom Vater vererbten Geschlechtschromosom die väterlichen Gründungslinien der heutigen Inder wiederzufinden. Die Chromosomen ließen sich in achtzehn Gruppen unterteilen, so genannte Haplotypen. Sieben davon lagen in neunzig Prozent aller untersuchten Bevölkerungsgruppen vor. Die Überraschung: Die Gene ähnelten sich besonders stark bei zwei Gruppen, die unterschiedlicher kaum sein können – den Hindi und den im Süden des Landes lebenden Draviden. Sowohl Sprach- als auch Kulturwissenschaft ziehen eine scharfe Grenze zwischen diesen Ethnien. Während die Hindi eine auf das Indogermanische zurückgehende Sprache benutzen, haben die Idiome der Draviden eine andere Wurzel. Die Hindi leben nach den Regeln des Kastenwesens, die Draviden nicht. Beide Unterschiede galten bislang als Beleg für die Annahme, dass die Arier nach Nordindien einwanderten und die Frühform des Kastenwesens dort einführten, die Draviden im Süden davon aber unberührt blieben. Diese Ansicht stellte die Entdeckung der achtzehn Haplotypen ein für alle Mal auf den Kopf.

Draviden und Hindi sind miteinander verwandt. Die verräterischen Haplotypen der meisten Inder tauchen sowohl bei der einen als auch bei der anderen

Gruppe auf. Andererseits sind vier dieser Gengruppen außerhalb Indiens überhaupt nicht zu finden. Asien, Europa, Äthiopien – wo immer die Genetikerin nach vergleichbaren Mustern suchte, herrschte Fehlanzeige. In Indien lebt ein homogenes Volk, von Einwanderung keine Spur. Die Linguistik muss ihre Methoden überdenken.

Das Ergebnis ließ sich verfeinern. Wie Sahoo herausfand, wanderte zwar keine Ethnie in Indien ein, dafür aber Inder aus. Entlang der genetischen Spur konnte die Forscherin die Route ihrer Vorfahren verfolgen, die diese vor etwa 10.000 Jahren aus dem nordindischen Punjab nach Zentralasien geführt haben soll. Dort, so die Meinung Sahoos, ließen sich die Steinzeit-Inder mit ansässigen Menschen ein. An eine Rückkehr dachte offenbar niemand. Den Gen-Mix aus Zentralasiaten und Indern gibt es nur in einem geographisch engen Raum. Nach dem Modell der Genetikerin kam es einige Jahrtausende später in diesem Raum zur entscheidenden Begegnung. Weitere Gruppen aus Indien trafen in Zentralasien ein und fanden dort Ackerbau und Viehzucht vor. Was sich in der Mischregion der beiden Gruppen entwickelte, fand anschließend den Weg nach Süden. Die Erfindungen des Neolithikums erreichten Indien bald darauf durch die Mechanismen des Kulturtransfers. Die Überbringer der Zivilisation hatten womöglich auch die indogermanischen Sprachwurzeln im Gepäck – eine mögliche Erklärung, warum zwar die Gene aller Inder ähnlich sind, nicht aber ihre Idiome.

VATERSCHAFTSTEST FÜR PHARAO

DIE SCHWIERIGE ENTSCHLÜSSELUNG VON MUMIEN-DNA

Wenn Mumien sprechen lernen

Wenn das der Pharao gewusst hätte – im alten Ägypten gingen Mumifizierer nicht gerade zimperlich mit den Körpern ihrer Klienten um. Mäuse, die in der Werkstatt störten, landeten kurzerhand zwischen den Bandagen; die nach getaner Arbeit nur noch schlecht zu identifizierenden Körper legten die Arbeiter bisweilen sogar in den falschen Sarkophag. Jahrtausende blieb die Fahrlässigkeit der Einbalsamierer unentdeckt und foppte die Forscher: Ist die berühmte Mumie Ramses II. vielleicht nur ein x-beliebiger ägyptischer Adeliger? Seit Paläogenetiker Mumien-DNA vervielfältigen können, kommt die Wahrheit hinter Binden und Baumharz ans Licht.

Die Idee war grandios: Wenn menschliches Gewebe DNA abgibt und mit dieser DNA Informationen über eine heute lebende Person gewonnen werden können, dann könnte das auch mit Mumien funktionieren. In den konservierten Leichen war viel Gewebe erhalten, DNA musste demnach ebenfalls in ausreichenden Mengen vorhanden sein. Pionier der Mumien-Genetik war der Schwede Svante Pääbo, der in den frühen 1980er Jahren als Doktorand an der Universität von Uppsala arbeitete. Pääbo stand vor einem Problem – er brauchte Gewebeproben. Während bei der Untersuchung moderner Erbmasse Testmaterial bereits aus einem Tropfen Blut gewonnen werden kann, liegt der Fall bei Mumien anders. Sollte das Experiment tatsächlich durchgeführt werden, musste der Forscher die kostbaren Mumien mit dem Skalpell beschneiden. Um ein gesichertes Messergebnis zu erhalten, benötigte Pääbo sogar Gewebeproben von mehreren Toten. Jedem Kurator einer ägyptischen Sammlung würde angesichts eines solchen Wunsches das Herz stehen bleiben, befürchtete Svante Pääbo. Die Bedenken aber waren unbegründet.

Der Kurator der ägyptischen Sammlung an der Universität Uppsala war von Pääbos Idee begeistert. Der Wissenschaftler erhielt prompt einige Muskel- und Hautstücke zur Untersuchung sowie Kontakte zum Pergamon-Museum in Berlin. An der Spree stieß der Forscher auf einen Schatz: 23 gut konservierte Mumien durften Teile ihrer trockenen Haut für das Experiment hergeben. Für die nun folgenden Testreihen spielte Feuchtigkeit eine entscheidende Rolle. Wie Pääbo vermutet hatte, waren insbesondere die oberen Hautpartien für eine Untersuchung geeignet. Diese Bereiche waren nach dem Tod im Wüstenklima rasch ausgetrocknet. Nur in feuchtem Millieu sind zelleigene Enzyme wirksam, die DNA nach dem Tod zersetzen. Die Vermutung bewahrheitete sich: Zellkerne, die von der Haut an Fingern und Zehen stammten, nahmen noch Farbstoffe auf, mit denen Pääbo DNA markierte. Zwar verlief die Untersuchung erfolgreich, aber das Ergebnis enttäuschte. Die längsten DNA-Stränge, die sich aus den Leichen gewinnen ließen, waren höchstens zweihundert Basenpaare lang. Das entsprach einem Nebensatz in einem Buch von mehreren tausend Seiten. Aus frischem Gewebe lassen sich Fragmente mit 10.000 und mehr Basenpaaren gewinnen. Das Experiment war gescheitert.

Svante Pääbo war ein Pionier, aber er kam zu früh. In den frühen 1980er Jahren gab es nur eine Möglichkeit, DNA zu vervielfältigen: das Klonieren. Das Verfahren war allerdings ungenau. Zudem entdeckte Pääbo, dass die meisten Proben mit Pilzen und Mikrobakterien verunreinigt waren. In vielen Fällen war deren DNA statt der Mumien-DNA vervielfältigt worden. In einem Fall allerdings wurde der Forscher fündig: Eine der DNA-Proben zeigte die so genannte Alu-Sequenz, einen Teil der DNA, die nur beim Menschen vorkommt. Die Mumie, aus welcher die Probe stammte, war etwa 2500 Jahre alt. Damit hatte Pääbo den Beweis erbracht, dass Erbmaterial unter günstigen Umständen viele Jahrtausende überdauern kann. Die Ägyptologie horchte auf, aber sie musste warten. Es dauerte bis 1985, dass die Mumien sprechen lernten.

In diesem Jahr veröffentlichte Kary Mullis in den USA seine Entdeckung der Polymerase-Kettenreaktion. Dank dieser Technologie war es möglich, ein bestimmtes DNA-Stück innerhalb weniger Stunden millionenfach zu kopieren. Das Tor ins alte Ägypten hatte sich einen Spalt breit geöffnet.

Was dahinter lag, versuchte 1994 der US-Biologe Scott Woodward von der Brigham Young Universität herauszufinden. Woodward kannte das größte Dilemma der Ägyptologie: Die meisten Mumien des Mittleren und Neuen Reichs waren nicht exakt identifizierbare Leichen. Sie waren im 19. oder frühen 20. Jahrhundert nach Europa gekommen, in einer Zeit, in der die wissenschaftliche Methode hinter der Sensation des Schatzfundes zurückstehen musste. Selbsternannte Gelehrte und sogar Geistliche waren in Scharen in die Grabkammern der Pharaonen eingedrungen, hatten die Mumien hervorgeholt und nach Eu-ropa verschifft. Was die Forscher antrieb, war ein durchaus ehrbarer Gedanke. Mumien waren ein beliebtes Ziel von Grabräubern. War das Grab einer Mumie noch ungeöffnet, verbargen sich darin meist Schätze, die eine ägyptische Familie mehrere Jahre lang ernähren konnten. Selbst wenn kein Goldüberzug auf den Sarkophagen glänzte oder Edelsteine im Grabinventar lockten – die Europäer zahlten selbst für halb verrottete Holzgegenstände aus der Vergangenheit ein Vermögen. Sogar die Mumien selbst ließen sich versilbern. Seit dem 18. Jahrhundert galt zerstoßene Mumie in Europa als Allheilmittel bei psychischen und physischen Krankheiten. Damen der Gesellschaft nahmen zerbröselte „Mummia" in Wasser aufgelöst ein. Der Markt in Ägypten florierte.

In diesem Durcheinander aus Geschäftemacherei, Schatzsuche und geschändeten Gräbern wussten sich die selbsternannten Retter der Geschichte oftmals keinen anderen Rat, als brachial zu Werke zu gehen. Sie sprengten die Wände der Pyramiden mit Dynamit und schleppten aus den Grabkammern, was nicht niet- und nagelfest war. Zwar waren die Hieroglyphen bereits entziffert, aber das musste nicht bedeuten, dass jeder Europäer sie lesen konnte. Blieben die Inschriften auf den Sarkophagen unleserlich, etikettierten die Mumienretter von eigenen Gnaden, was sie von Einheimischen erzählt bekamen. Auf diese Weise bekamen Mumien Pharaonennamen, die sie gar nicht verdienten. Heute sind sich Ägyptologen sicher, dass ein Teil der konservierten Leichen in den Beständen der europäischen Sammlungen falsch identifiziert ist. Abhilfe aber konnte bislang niemand schaffen.

Scott Woodward nahm die Fährte auf, die Svante Pääbo rund zehn Jahre zuvor gelegt hatte. Der Forscher hatte einen ganzen Fragenkatalog: In welcher verwandtschaftlichen Beziehung stand ein Pharao zu seinem Nachfolger? Welche der Ehefrauen eines Pharao war die Mutter des Erben? Liegen unter den bislang nicht eindeutig identifizierbaren Mumien die verschollenen Leichen Echnatons und Hatschepsuts? Wer waren die beiden Föten, die in der Grabkammer Tut-Ench-Amuns lagen? Mit den neuen Möglichkeiten der Gentechnologie und der Hilfe der ägyptischen Museen begann Woodward eine Serie von Untersuchungen und lieferte Überraschungen.

Zwei der Mumien lagen in falschen Sarkophagen. Zu der Verwechslung musste es bereits im alten Ägypten gekommen sein. Ob Scott Woodward ein Versehen aus der frühen Hochkultur entdeckt hatte oder einer absichtlichen Begräbnispraxis auf die Spur gekommen war, ließ sich anhand der DNA-Ergebnisse allein jedoch nicht feststellen.

Nach diesem Erfolg wurden die Behörden in Kairo hellhörig. Als Mitte der 1990er Jahre 27 Mumien des Neuen Reiches ihre angestammten Museumsplätze wegen einer Renovierung verlassen mussten, nutzten die ägyptischen Kuratoren die Gelegenheit und ließen einige der Mumien von Woodward untersuchen. Es gelang dem Wissenschaftler, aus sieben der konservierten Leichen verwertbare DNA-Proben zu gewinnen. Das war genug Material, um die Pharaonen einem Vaterschaftstest zu unterziehen. Wie das Erbmaterial verriet, hatte Pharao Amosis I. (1550–1525 v. Chr.) seine leibliche Schwester Seknet-Re geheiratet. Ferner stellte sich heraus, dass die mtDNA des nachfolgenden Pharaos Amenophis I. (1525–1504 v. Chr.) sich von der mtDNA Amosis I. unterschied. Die Vermutung lag nahe, dass nicht Seknet-Re die Mutter des Amenhotep war, sondern Ahmose Nefertari, ebenfalls eine Schwester und Frau des Amosis. Entgegen der herrschenden Meinung fand Woodward überdies heraus, dass Amenophis I. der Vater von Thutmosis I. (1504–1492 v. Chr.) war. Bis dahin galt die 18. Dynastie, der Amosis und Amenophis angehörten, als verhältnismäßig kurzlebig. Thutmosis gehörte, so die bisherige Ansicht, einer anderen Familie an. Die Stammbäume mussten neu geschrieben werden.

Im Reagenzglas Scott Woodwards befand sich Erbgut, dass sich eindeutig als das herausstellte, was es sein sollte. Thutmosis III. (1479–1425 v. Chr.) ließ sich dank DNA-Test identifizieren. Das Resultat bestätigte die bisherige Annahme, dass es sich bei der fraglichen Mumie um jenen Pharao des Neuen Reiches handelte.

Die Ägyptologie blickte dank des neuen Fensters in die Vergangenheit in eine rosige Zukunft. Aber kurz vor der Sensation schob die ägyptische Regierung einen Riegel vor. An der Untersuchung Tut-Ench-Amuns schieden sich die Geister.

Der berühmteste Pharao des alten Ägypten prangt heute auf ungezählten Titelbildern von Publikumszeitschriften und historischen Romanen. Tut-Ench-Amun ist zum Gesicht der ägyptischen Kultur geworden, ein Zeichen mit Wiedererkennungswert, eine Marke für den ägyptischen Fremdenverkehr. Entsprechend groß ist die Aufmerkamkeit, die jeder Nachricht vom Leben und Sterben des jungen Königs geschenkt wird.

Tut-Ench-Amun war der Sohn von Pharao Amenophis IV. (1351–1334 v. Chr.). Der als Ketzerkönig apostrophierte Pharao hatte während seiner Regierungszeit den herkömmlichen Göttern abgeschworen und die Sonnenscheibe Aton zur obersten Gottheit erklärt. Der Regent selbst ließ sich fortan Echnaton rufen; auch Tut-Ench-Amun, sein Nachfolger, trug ursprünglich die Sonne im Namen, er hieß Tut-Ench-Aton. Auf den Thron gelangte Tut-Ench-Amun nach dem Tod Echnatons 1333 v. Chr. Er war ein Kind, vermutlich erst acht Jahre alt, eine Marionette des de-facto-Herrschers Haremhab.

Während seiner Regierungszeit ließ der Pharao – oder seine Minister – die ägyptischen Uhren wieder im alten Takt laufen. Die von Echnaton eingeführte Aton-Religion wich dem herkömmlichen Amun-Kult, und der junge König erhielt einen anderen Namen. Die Ägypter verließen sogar die von Echnaton errichtete neue Hauptstadt Tell-El-Amarna und zogen um in das alte und neue Zentrum des Reiches, Memphis. Bereits zehn Jahre nach seinem Regierungsantritt starb der junge Pharao im Alter von 18 oder 19 Jahren. Die Todesursache ist genauso ungeklärt wie seine Familienverhältnisse.

Die alten Ägypter standen unter Mordverdacht. Zwei Untersuchungen der Mumie Tut-Ench-Amuns in den 1960er und 1970er Jahren zeigten Knochensplitter am Hinterkopf des mumifizierten Pharaos. Der Fall schien klar zu liegen: Jemand hatte Tut-Ench-Amun mit einem stumpfen Gegenstand, vielleicht einer Keule, von hinten den Schädel eingeschlagen. Andere vermuteten einen Dolchstoß oder Giftmord. Politischer Mord war bereits zur Zeit der frühen Hochkulturen gang und gäbe. Motive, den jungen Pharao beseitigen zu lassen, mag es genug gegeben haben. Als 18- oder 19-jähriger könnte Tut-Ench-Amun begonnen haben, sich gegen die Bevormundung durch Haremhab wirksam zur Wehr zu setzen. Welches Drama sich wirklich im Königshaus von Memphis abspielte, bleibt der Fantasie überlassen. Die Königsmumie schwieg. Nach 1978 waren Untersuchungen an den Überresten Tut-Ench-Amuns nicht mehr erlaubt.

Mehr als zwanzig Jahre später sollte die Leiche des Pharaos in den Zeugenstand. Im Dezember 2000 erhielt eine Forschergruppe aus Japan zusammen mit Wissenschaftlern aus Ägypten die Erlaubnis der ägyptischen Regierung, der berühmtesten Mumie der Welt Gewebeproben zu entnehmen. Die Suche nach dem Vater Tut-Ench-Amuns und nach seinen rätselhaften Todesumständen stand kurz vor dem Abschluss. Im letzten Moment aber zog die ägyptische Regierung die Erlaubnis zur Untersuchung wiederum zurück. Zahi Hawass, Generalsekretär der ägyptischen Altertumskommission, hatte seinen Einfluss geltend gemacht und die Regierung davon überzeugt, dass die Entnahme einer Gewebeprobe die wertvolle Mumie erheblich beschädigen würde. Überdies halte er DNA-Tests für nicht aussagekräftig genug, um zur wissenschaftlichen Diskussion über die 18. Dynastie des alten Ägypten beitragen zu können, so Hawass in einem Interview mit der Zeitschrift „Travel Egypt".

Das Blatt schien sich zu wenden, als 2003 Scott Woodward als Leibarzt Tut-Ench-Amuns ins Gespräch kam. Woodward war durch seine Untersuchungsergebnisse aus den 1990er Jahren bekannt. Die ägyptische Regierung gab grünes Licht für einen Gewebetest. Aber erneut machte die Altertumskommission der Genetik einen Strich durch die Rechnung. Die Erlaubnis wurde zurückgezogen. Als Grund für ihren Gesinnungswandel verwies die Regierung auf die „nationale Sicherheit".

Die internationale Fachwelt wunderte sich. Wieso waren die Ägypter zurückhaltend, obwohl die Entnahme von Mumien-DNA zuvor große Erfolge gefeiert hatte? Hassan Bassiouni, Fachmann an der Al-Azhar-Universität in Gaza, mahnte, seiner Meinung nach seien alle Zellen im Körper Tut-Ench-Amuns bereits abgestorben, kontaminiert und unbrauchbar für einen DNA-Test. Die Beschädigung der Mumie sei deshalb zu vermeiden. Das Vertrauen in den historischen Wert der Molekularbiologie war erschüttert.

Die Sorge um den Pharao ist verständlich. Schon einmal hatten Europäer Tut-Ench-Amun übel mitgespielt. Als der britische Grafiker und selbsternannte

Archäologe Howard Carter das ungeöffnete Grab des Pharao 1922 entdeckte, ging er nicht gerade zimperlich zu Werke. Bei den Versuchen, die Mumie aus dem Sarkophag zu lösen, musste der Entdecker feststellen, dass die Leiche in ihrem Ruhebett festzementiert war. Bei der Mumifizierung hatten es die Einbalsamierer etwas zu gut gemeint und eine ungewöhnlich große Menge der zähen Balsamierungsflüssigkeit verwendet. Der Brei war aus der Mumie ausgelaufen. Nach 3300 Jahren Aushärtung hielt die Flüssigkeit nicht nur die Mumie im Sarkophag fest, sondern auch die berühmte Goldmaske auf dem Schädel. Howard Carter wusste sich keinen anderen Rat, als den König in Stücke zu sägen, wobei die Einzelteile aus dem Leim gingen. Heute ist die Mumie Flickwerk. Der Rumpf ist in zwei Hälften geteilt. Arme und Beine, von Howard Carter amputiert, liegen lose neben dem Körper. Der Pharao war nach über 3000 Jahren ungestörter Totenruhe das Opfer euphorischer Forscher geworden.

Keine weiteren Gewebeproben, lautete deshalb der Bescheid aus Kairo. DNA – nein, Forschung – ja. Die ägyptischen Behören erlaubten statt einer Erbgutanalyse eine Computertomographie. Eine Aufnahme der Mumienschichten versprach ebenfalls Ergebnisse. Insbesondere die rätselhafte Schädelverletzung konnte mit Hilfe der Schichtaufnahmen besser rekonstruiert werden als mit DNA-Tests. Ein Team aus ägyptischen, italienischen und schweizerischen Spezialisten machte sich 2005 an die Arbeit und wertete 1700 CT-Bilder aus. Tatsächlich konnten die Wissenschaftler herausfinden, dass Tut-Ench-Amun nicht an einem Schlag auf den Hinterkopf gestorben war. Der verräterische Knochensplitter war nicht in die Einbalsamierungsflüssigkeit eingeschlossen. Das bedeutete, die Verletzung war erst nach dem Tod des Königs entstanden – entweder hatten die Mumifizierer ein Loch in den Kopf geschlagen, um das Gehirn zu entnehmen, oder die Arbeiter waren ruppig mit der Leiche umgegangen, sie mag auf den Boden gefallen oder in den Sarkophag geworfen worden sein. Als Todesursache wurde nun eine nicht verheilte Verletzung des Oberschenkels vermutet, die zu einer Infektion geführt haben könnte. Für Frank Rühli muss das aber nicht unbedingt die Todesursache gewesen sein. „Möglich wäre auch, dass er schlicht an den Folgen einer Durchfallerkrankung gestorben ist", so der Paläoanthropologe der Universität Zürich in einer Pressemitteilung. Rühli war an den Auswertungen der CT-Aufnahmen beteiligt: „Ich denke, mit nicht-invasiven, also die Mumie nicht beschädigenden Methoden kommen wir zur Zeit nicht wesentlich weiter. Eine DNA-Analyse könnte allenfalls weiterhelfen, allerdings eher bezüglich der Verwandtschaftsverhältnisse von Tutanchamun." Dieser Meinung aber ist Zahi Hawass nach wie vor nicht. Der Leiter der Forschungsgruppe meinte anlässlich der Medienkonferenz, weitere Untersuchungen seien unnötig und man solle den Pharao jetzt ruhen lassen.

Die „Verschlusssache Pharao" mag viele Gründe haben. Die Zerstörung der Mumie ist einer davon, die heilige Totenruhe ein anderer. Auch politische Gründe sollen nach Spekulationen in der Presse eine Rolle spielen. Ein DNA-Test Tut-Ench-Amuns könnte neue Verwandtschaftsverhältnisse innerhalb der 18. Dynastie ans Licht bringen, die der ägyptischen Regierung vielleicht nicht ins kulturelle Konzept passen. Wie von Historikern bereits mehrfach vermutet, waren die Mitglieder der 18. Dynastie Schwarzafrikaner. Ein Beleg durch Melanintest, dass auch Tut-Ench-Amun dunkelhäutig war, würde Teile der ägyptischen Kulturgeschichte umschreiben.

Drei Jahre lang legte sich Schweigen über die Mumien-DNA. Dann machten Molekularbiologen erneut eine Entdeckung zwischen Sarkophag und Leinenbinde. Unter Fälschungsverdacht stand die Leiche von Pharao Thutmosis I. Wie ein Gentest in Kombination mit einer computertomographischen Aufnahme im Juni 2007 zeigte, war der bislang als Thutmosis I. geführte Leichnam der Körper eines jungen Mannes. Thutmosis I. aber starb als Greis. Nach diesem Erfolg näherten sich Genetiker und ägyptische Behörden doch noch an. Prüfstein für künftige DNA-Analysen sollte eine der berühmtesten Mumien sein.

Beim Barte der Pharaonin

Sie soll die erste Hosenrolle der Weltgeschichte gespielt haben: Die Pharaonin Hatschepsut (reg. vermutlich 1479 – 1458 v. Chr.) war eine der wenigen Regentinnen im alten Ägypten und soll sich als Mann ausgegeben haben. Wie Porträts und Statuen tatsächlich belegen, trug Hatschepsut einen künstlichen Bart. Für die Forscher im frühen 20. Jahrhundert war der Kinnschmuck Zeichen dafür, dass Hatschepsut ihr Geschlecht verbergen musste. Die Vermutung lag nahe, dass Frauen als Herrscherinnen Ägyptens nicht im selben Maß akzeptiert wurden wie Männer. Aber das stimmt nicht.

Der Bart war ein göttliches Zeichen. Er konnte gewellt oder glatt sein, trapezförmig oder gerade, stets aber war er künstlich und mit Bändern am herrschaftlichen Haupt befestigt – auch bei Männern. Hatschepsut hatte nichts zu verbergen. Die Ägypter wussten, das sie von einer Frau regiert wurden – und was für einer.

Hatschepsut gehörte zu den bekanntesten und umstrittensten Personen der altägyptischen Geschichte. Nach dem Tod ihres Ehemannes Thutmosis II. führte sie die Regierungsgeschäfte für den minderjährigen Thutmosis III., einen Sohn des Verstorbenen mit einer Nebenfrau. Die Hebel der Macht lagen gut in ihren Händen: 1479 v. Chr. ließ sie sich zur Gottkönigin ausrufen. Thutmosis III. durfte sich zwar offiziell weiterhin als Pharao zeigen, die Reichsgeschäfte aber lagen in den Händen seiner Stiefmutter.

Hatschepsut verstand die Fäden zu ziehen. Sie muss eine große Zahl von Seilschaften unterhalten haben, vermuten Ägyptologen heute. Immerhin hielt sich die Göttliche 22 Jahre lang an der Spitze des Staates. Keine Intrige, kein Giftmord, kein Krieg konnte sie stürzen. Stattdessen erlebte das Neue Reich unter ihrer Herrschaft eine kulturelle Blüte. Hatschepsut ließ monumentale Bauten errichten, von der hohen Kunst ihrer Baumeister sind heute noch zwei Säulen in Karnak erhalten sowie der berühmte Tempel von Deir el-Bahari, auf dessen Stufen Terroristen 1997 ein Massaker an 62 Touristen verübten. Hatschepsut öffnete die Schatzkammern Afrikas für Ägypten. Sie organisierte eine Expedition in das sagenhafte Land Punt und leitete die Unternehmung persönlich. Aus der Fremde brachte sie Weihrauch und Edelhölzer mit. Punt, so vermuten Historiker, lag im heutigen Somaliland. Überdies pflegte Hatschepsut das kulturelle Erbe ihrer Vorfahren. An den zahlreichen Tempeln des Mittleren Reiches ließ die Pharaonin dringend notwendige Restaurierungsarbeiten vornehmen. Die alten Bauten waren in der Hyksos-Zeit, einem Interregnum semitischer Einwanderer, heruntergekommen und auch danach nicht gepflegt worden. Unter Hatschepsuts Herrschaft erstrahlte Ägypten bald in neuem Glanz.

Ihr Stiefsohn rächte sich. Obwohl Thutmosis III. offizieller Thronerbe war, stand er über zwanzig Jahre lang im Schatten der Pharaonin. Hatschepsut starb 1458 – woran und in welchem Alter, darüber ist die Ägyptologie uneins. Gewiss ist, dass der Tod der Stiefmutter für Thutmosis III. gelegen kam. Endlich Alleinherrscher, befahl der Pharao, alle Hinweise auf das Wirken Hatschepsuts zu tilgen. Ihre Statuen wurden zerbrochen, ihr Name aus den Königslisten gemeißelt. Hatschepsut hatte es nie gegeben.

Dem Kahlschlag soll auch die Mumie der Pharaonin zum Opfer gefallen sein. Während viele berühmte Einbalsamierte wie Tut-Ench-Amun und Ramses II. im Laufe der Mumien-Begeisterung des 19. und 20. Jahrhunderts entdeckt werden konnten, blieb Hatschepsut verschollen. Hatte der Zorn des Thutmosis selbst vor der Leiche seiner Stiefmutter nicht Halt gemacht?

Es sollte 3500 Jahre dauern, bis eine Antwort gefunden werden konnte. Am 27. Juni 2007 verkündete Ober-Ägyptologe Zahi Hawass bei einer großen Presseveranstaltung in Kairo, er habe Hatschepsuts Mumie entdeckt. Damit, so Hawass, ende eine Jagd nach dem königlichen Leichnam, die Behörden, Techniker und Forscher ein Jahr lang auf Trab gehalten habe. Hawass, der die DNA-Untersuchung der Mumie Tut-Ench-Amuns Jahre zuvor unterbunden hatte, um den Körper nicht zu stören, kündigte in Kairo an, Hatschepsuts Erbmaterial analysieren zu lassen.

Was niemand ahnte – Hatschepsuts Mumie war bereits 104 Jahre zuvor entdeckt worden. Als Howard Carter, der Entdecker Tut-Ench-Amuns, 1903 Gräber im ägyptischen Tal der Könige erforschte, fand er auch eine Grabkammer im Fels, die heute nüchtern KV60 heißt. Carter suchte nach der Sensation, in KV60 aber lagen nur ausgestopfte Gänse und die Mumien zweier Frauen. Eine lag in einem Sarg ohne Deckel. Wie sich später anhand der Hieroglyphen auf der Sargwand herausstellte, war die Tote Sitre-In, die Krankenpflegerin von Hatschepsut. Die andere Frauenmumie lag auf dem Boden der Kammer – kein Sarkophag, keine Inschrift. Was heute für Ägyptologen ein Jahrhundertfund wäre, hatte für Howard Carter keine Bedeutung. Es gab keine Kunst, keinen Schmuck, kein Gold. Der Forscher verließ die Kammer und verschloss sie wieder. Zwar haben sich seine Aufzeichnungen erhalten, doch vergaß Carter zu erwähnen, wo KV60 lag. Das rätselhafte Frauengrab geriet in Vergessenheit.

Erst drei Jahre später fand der Ägyptologe Edward Ayrton KV60 wieder. Er vermutete, die Mumie im Sarkophag müsse von größerer Bedeutung gewesen sein als die Tote auf dem Kammerboden. Der Wissenschaftler ließ Sitre-Ins Leichnam nach Kairo transportieren, wo die Mumie im Keller des Ägypologischen Museums für die nächsten hundert Jahre zur Ruhe kam. Die nicht identifizierte Tote in KV60 blieb allein zurück.

Erst 1989 stattete der Ägyptologe Donald Ryan KV60 den nächsten Besuch ab. Die Mumie lag noch immer auf dem Boden, so wie Jahrtausende zuvor. Ryan ließ einen schlichten Holzsarg zimmern und bettete die Tote um. Dann untersuchte er die Grabkammer. Tatsächlich trug sie nicht die Zeichen einer königlichen Bestattung. Nur zwei Augen waren mit schnellen Pinselstrichen in Nischen neben dem Eingang gemalt. Die Wände trugen keine Inschriften. Bis auf wenige kleine Artefakte war die Kammer leer. Wenn hier jemals Preziosen gelegen haben, hatten Grabräuber sie gestohlen.

Trotz der schlichten Ausstattung stutzte Donald Ryan. Die nackte Mumie lag in einer Körperhaltung auf dem Boden, in der üblicherweise nur Angehörige der königlichen Familie bestattet wurden: Der linke Arm war angewinkelt, die Hand lag über der Brust und war zur Faust geballt. Ein Hinweis auf blaues Blut, aber kein Beleg. Aus der ägyptischen Geschichte sind zahllose Mumien einfacher Menschen bekannt, die sich mit demselben Gestus hatten beisetzen lassen – Imitatoren des Pharaos.

Noch etwas stach Donald Ryan ins Auge, Details, die seinen Vorgängern Anfang des 20. Jahrhunderts entgangen waren. In der Grabkammer lagen Bruchstücke eines Sarkophags. Wie sich herausstellte, hatten die Fragmente einst zum Kopfteil eines goldenen Totenschreins gehört. Der Prunksarg selbst schien ebenfalls Opfer von Grabräubern geworden zu sein. Seine Überreste aber genügten, um in Ryan den Verdacht aufkeimen zu lassen, trotz aller Schlichtheit der Ausstattung in einer königlichen Grabkammer zu stehen. Den entscheidenden Hinweis fand der Ägyptologe aus dem US-Bundesstaat Washington in einem Haufen staubiger Überbleibsel in einer Ecke der Kammer. Ryan identifizierte eine Klammer, wie sie die ägyptischen Pharaonen benutzt hatten, um ihren göttlichen Bart am Kinn zu befestigen. Zweifel schienen ausgeschlossen: KV60 war ein Königsgrab. Wer hatte in dem schlichten Raum seine letzte Ruhestätte gefunden? Donald Ryan fand keine Antwort und ließ das Grab wieder schließen. Die mittlerweile als KV60A titulierte Mumie blieb erneut zurück.

Weitere siebzehn Jahre vergingen, bevor Zahi Hawass eine Spur in KV60 witterte, die seiner Meinung nach zu dem verschollenen Leichnam der Hatschepsut führen konnte. Unter Hawass' Leitung begann 2006 ein Team von Archäologen, die Bestände des Ägyptischen Museums in Kairo zu durchforsten, der größten Sammlung von ägyptischen Altertümern weltweit. Drei Frauenmumien lagen in den Beständen der Sammlung – alle drei potenzielle Kandidatinnen für den Pharaonentitel. Auch Sitre-In wurde in ihrem Sarkophag im Museumskeller wiederentdeckt. Eine Reihe von DNA-Tests und Computertomographien verlief zwar weitgehend erfolgreich, brachten aber nicht das erhoffte Ergebnis. Hatschepsut war nach wie vor verschwunden – allerdings nicht spurlos. Angesichts der Mumie der Sitre-In erinnerte sich Zahi Hawass an KV60 und die noch immer dort liegende einbalsamierte Leiche. Der Generalsekretär der ägyptischen Antikenverwaltung ließ die Mumie nach Kairo bringen.

Wie aber feststellen, dass es sich bei jener Mumie, die – ihres Schmucks und ihres Sarkophags beraubt – 3500 Jahre auf dem Steinboden einer schmucklosen Felskammer gelegen hatte und nur dank der Fürsorge eines US-Historikers die letzten zwanzig Jahre in einer Holzkiste überdauert hatte, tatsächlich um Hatschepsut handelte? Ein Team von Zahi Hawass versuchte, der Mumien-Identität naturwissenschaftlich auf die Spur zu kommen, während ein anderer Stab Keller und Kataloge durchsuchte. Dort fanden die Mitarbeiter des Museums zwischen Hunderten antiker Schätze eine unscheinbar wirkende Holzkiste. Darauf prangte das Siegel Hatschepsuts.

Das Kästchen war bereits 1881 entdeckt worden. Es hatte mit anderen Königsmumien und deren Beigaben in einer Kammer gelegen. Kästen und Urnen tauchen häufig im Fundkontext einbalsamierter Körper auf. Sie enthalten vier Organe der Toten, die dem Leichnam bei der Mumifizierung entnommen und nach altägyptischem Glauben separat bestattet wurden. Das war bei Hatschepsut nicht anders. Welche Organe in dem Kasten mit dem Siegel der Pharaonin gelegen haben mögen – Leber, Lunge, Niere oder Magen –, sie hatten auf keinen Fall die Jahrtausende überdauert. Dennoch fanden die Forscher um Zahi Hawass einen Rest von Hatschepsuts Körper in dem Schrein – einen gut erhaltenen Backenzahn.

Sollte der Zahn tatsächlich zu Hatschepsut gehören, so müsste KV60A an der entsprechenden Stelle im Kiefer eine Zahnlücke haben. Der Mund der Mumie aber war für alle Zeiten verschlossen. Ihn zu öffnen war unmöglich, der Leichnam wäre zerstört worden. Stattdessen ließ Zahi Hawass den Computertomografen starten. CT-Spezialisten schoben die mutmaßliche Hatschepsut in die Röhre und entdeckten beim Scannen des Kopfes tatsächlich eine Lücke im

Unterkiefer. Die Fehlstelle ließ sich exakt vermessen. Der Vergleich mit dem Zahn aus der Kiste zeigte eine Übereinstimmung auf den Millimeter genau. Für Zahi Hawass war das Beweis genug: KV60A war Hatschepsut.

Nicht genug, meinten viele Ägyptologen. Der Zahn passe zwar in die Mumie, aber er müsse nicht unbedingt der Hatschepsut gehört haben. Das Siegel auf der Holzkiste sei kein Beleg. Hawass erklärte, er werde eine DNA-Untersuchung an dem Leichnam vornehmen lassen. In einem Jahr, kündigte der Generalsekretär an, könne er wasserdichte Ergebnisse vorlegen.

Für den spektakulären Test des Erbmaterials mussten weder die Mumie noch eine Gewebeprobe Ägypten verlassen. Direkt vor den Türen des Ägyptischen Museums in Kairo war in der Zwischenzeit ein Labor zur Untersuchung antiker DNA entstanden. Zawass ließ die mutmaßliche Hatschepsut gleich vor seiner Haustür erforschen – von ägyptischen Biologen. Aus den DNA-Laboren Europas und der USA hagelte es Kritik. Mumien-Experte Scott Woodward, dem Jahre zuvor von Hawass im letzten Moment untersagt worden war, das Erbgut der Mumie Tut-Ench-Amuns zu testen, sagte gegenüber der Presseagentur AP: „DNA aus einer Mumie zu entnehmen ist ein sehr schwieriger Prozess. Wer einen Beweis erbringen will, benötigt die DNA von Verwandten, um Vergleichsmaterial zu bekommen." Probleme mit Verunreinigungen sah die Molekularbiologin Angelique Corthals von der Universität Manchester voraus: „Die Mumie wurde mehrmals an verschiedene Orte geschafft – ist also kontaminiert. Darüber hinaus zerstört der chemische Prozess der Mumifizierung das Erbgut." Aus Berlin meldete sich der Direktor des Ägyptischen Museums zu Wort: „Die Ergebnisse solcher Tests dürfen nicht als gesicherte Unterlagen für historische Schlüsse gelten. Das ist in solchen Fällen sehr problematisch."

Allen Unkenrufen zum Trotz blieben die ägyptischen Biologen enthusiastisch. Es liege durchaus Material vor, mit dem die DNA von Hatschepsut verglichen werden könne, um die Identität über eine verwandtschaftliche Beziehung zu beweisen, hieß es in Kairo. Für einen Vergleichstest stehe die Mumie Ahmose Nefertaris zur Verfügung, die durch eine Inschrift auf ihrem Sarkophag eindeutig identifiziert sei. Zwar ist bis heute nicht bekannt, in welchem Verwandtschaftsverhältnis die zwei Frauen zueinander standen, beide aber gehörten zur 18. Dynastie und damit zum selben Adelsgeschlecht. In einer Pressemeldung erklärte der an den Tests beteiligte Molekulargenetiker Yehia Zakaria Gad, erste Sequenzen der mtDNA von KV60A seien bereits vorhanden und sähen vielversprechend aus.

Es ging um mehr als um Identität. Zwar versprach schon der Beweis, dass es sich bei der wiederentdeckten Mumie um Hatschepsut handelte, eine Sensation. Aber erst die darauf folgenden Untersuchungen an der Leiche ließen Ägyptologen aufhorchen. Die Fachwelt hatte eine Menge Fragen an die Königin: Woran war sie gestorben? Hatte Thutmosis III. seine mächtige Stiefmutter umbringen lassen, um das Reich endlich allein regieren zu können? Warum verschwand Hatschepsut in einer unscheinbaren Grabkammer? Wie alt ist sie geworden? War sie eine Königstochter oder nur eine entfernte Verwandte des Pharao ohne legitimen Anspruch auf den Thron?

„Wir sind zu 100 Prozent sicher", sagte Zahi Hawass auf der Pressekonferenz in Kairo am 27. Juni 2007. Die Mumie war Hatschepsut – nach über 3000 Jahren identifiziert, lag die Pharaonin im Blitzlichtgewitter der Fotografen. Am Konferenztisch zeigte sich auch der ägyptische Kulturminister Faruk Hosni angesichts des Ergebnisses der DNA-Analysen begeistert. Die DNA-Tests hatten nicht nur wie erhofft die Identität der Mumie preisgegeben, sondern auch einige Details über das Leben der Pharaonin offenbart. Nach Meinung der Biologen soll Hatschepsut übergewichtig gewesen sein. Sie litt an Diabetes und starb im Alter von fünfzig Jahren an Leberkrebs. Auch die Zugehörigkeit zur 18. Dynastie belegten die Forschungen im DNA-Labor Kairos. Die Sequenzen der DNA waren lang genug, um eine Ähnlichkeit zwischen Hatschepsut, ihrem Vater Thutmosis I., ihrem Halbbruder Thutmosis II. und ihrem Stiefsohn Thutmosis III. aufzuzeigen. Zwar zweifelten internationale Ägyptologen die Aussagekraft der Analysen nach wie vor an, das Ergebnis aber war spektakulär genug, um der Molekularbiologie die Tür in die Asservatenkammern des Kairoer Museums zu öffnen. Nach langem Anlauf waren DNA-Tests an Mumien salonfähig geworden.

Auf die Biologen wartete eine Menge Arbeit. Zahi Hawass kündigte an, dass vierzig königliche Mumien in den folgenden Jahren mit den neuen Geräten des DNA-Labors in Kairo untersucht werden sollten. Alle Mumien stammen aus dem Tal der Könige im Süden des Landes, alle gehörten der 18. und 20. Dynastie an, die Ägypten von 1539 bis 1077 v. Chr. beherrschte. An allen haftet ein Makel: Bis heute weiß niemand genau, ob die Zuordnung der Namen zu den

Mumien tatsächlich stimmt. Der Fall Hatschepsut hatte das Dilemma der Ägyptologie einmal mehr verdeutlicht: Mumie ist nicht gleich Mumie. Eine achtlos zur Seite geräumte Leiche muss nicht unbedingt bedeuten, dass es sich bei dem Toten um die Überreste einer unbedeutenden Person handelte. Die Mechanismen, die zu solchen Verwechselungen führen, sind der Forschung in einigen Fällen bekannt. So wissen Ägyptologen, dass Pharaonen der 21. Dynastie große Angst davor hatten, dass die Grabstätten ihrer Vorfahren von Dieben geplündert wurden – eine berechtigte Sorge. Um den Grabschändern zuvorzukommen, ließen die Pharaonen viele Gräber früherer Regenten öffnen und die Mumien daraus entfernen. An zwei geheimen Orten sollen die Leichname eine Zeit lang gut verborgen geblieben sein. Dann sammelten die Hohepriester die Mumien wieder ein, ließen sie neu einbalsamieren und beschrifteten auch die Sarkophage neu. Dabei muss einiges durcheinandergeraten sein. Auch ohne DNA-Tests wissen Ägyptologen von Fällen zu berichten, in denen die falsche Mumie im Sarkophag gefunden wurde. Sind es die Überreste des berüchtigten Echnaton, die in Grab 55 lagen, oder ist es sein Nachfolger Semenchkare? Nur über die Analyse des Erbguts kann entziffert werden, wessen Körper tatsächlich die Jahrtausende überdauert hat, wer mit wem verwandt war und woran die ägyptischen Könige gestorben sind. Die vier Basen der DNA können zum Verständnis der ägyptischen Geschichte so bedeutend werden, wie die Entschlüsselung der Hieroglyphen.

Lightning-Girl – die Mumie aus den Anden

Er ist der dritthöchste Vulkan der Erde und der fünfthöchste Berg Südamerikas: der 6739 m hohe Llullaillaco in der Grenzregion zwischen Chile und Argentinien. Vor fünfhundert Jahren wurde der Berg das Grab geopferter Kinder.

Nur 25 Meter vom eisigen Gipfel entfernt fanden Bergsteiger 1999 die Leichen eines 15-jährigen Mädchens, eines siebenjährigen Jungen und eines weiteren Mädchens im Alter von sechs Jahren. Die drei Leichname hockten in einem Schrein und waren im Gletscherklima mumifiziert. Die Kälte hatte den Körpern die Flüssigkeit entzogen und sie damit vor dem Vergehen bewahrt.

Beschädigungen erlitt die Mumie der 15-jährigen offenbar während eines Ge-
witters, als ein Blitz in ihren Körper einschlug. Trotzdem gilt „Lightning Girl",
wie die Tote von der internationalen Presse genannt wird, als die am besten
erhaltene Mumie, die jemals in den Anden entdeckt wurde.

Die Entdeckung passte zu den frühen ethnografischen Berichten der spa-
nischen Eroberer in Südamerika. Zwar enthalten diese Texte aus dem 16. Jahrhundert viele Übertreibungen aus Unverständnis der Europäer gegenüber
fremden Kulturen. Manche Darstellung der Konquistadoren und ihrer Nachfolger entsprach jedoch der ethnologischen Wahrheit. Von den Inka-Herrschern
erzählten die Spanier, sie würden Kinder opfern. Die Entdeckung der Llullail-
laco-Mumien scheint diese fünfhundert Jahre alte Schreckensmeldung zu bestätigen. DNA-Tests und eine Untersuchung der in den Haaren gespeicherten
Isotope ergaben das Bild eines grausigen Rituals.

Erste Untersuchungen des Erbguts zeigten, dass die Kinder nicht miteinander verwandt waren. Ein Familiendrama war damit ausgeschlossen. In weiteren Tests versuchten die britischen Forscher unter Leitung von Timothy Taylor und Andrew Wilson an der Universität von Bradford herauszufinden, wie
die Kinder gelebt haben und unter welchen Umständen sie gestorben sind.
Dazu entnahmen die Wissenschaftler Haare von zweien der Mumien und be-
trachteten die darin gespeicherten Isotope für Kohlenstoff, Nitrate, Sauerstoff
und Wasserstoff. Das Verhältnis der einzelnen Elemente im Haar eines Individuums kann Aufschluss darüber geben, wo der Untersuchte einst lebte und wo-
mit er sich ernährte. Auf dem Speiseplan der Kinder hatte vegetarische Kost
gestanden, vermutlich Kartoffeln. Die Knolle gehörte zu den gängigen Nah-
rungsmitteln der Andenbauern, die Kinder entstammten deshalb vermutlich
der großen sozialen Unterschicht im Inkareich. Die Verhältnisse in den Isotopen aber waren nicht konstant. Etwa ein Jahr vor dem Todeszeitpunkt verbesserte sich die Kost. Plötzlich aßen die Kinder Mais und viel tierisches Protein,
vermutlich Lamafleisch – beides für einen Landwirt unbezahlbar und die bevorzugte Kost der Inkaherrscher. Für Wilson waren das genug Indizien, an ein
kompliziertes und langwieriges Opferritual zu denken: „Die Umstellung der
Kost zusammen mit der symbolisch gestalteten Haartracht lassen darauf schließen, dass es eine Reihe von Ereignissen gab, durch die sich der Status der Kinder verbesserte. Vermutlich begann der Countdown zu ihrem Tod lange Zeit

vor dem eigentlichen Opferritual." Wilson ist überzeugt, dass die Kinder etwa ein Jahr lang gemästet wurden, bevor sie auf dem Vulkan den Tod fanden.

Tieferen Einblick in die Opferbräuche der Inka offenbaren die Isotopenwerte, die etwa drei Monate vor dem Tod der Kinder in den Haaren gespeichert wurden. Wilson vermutet, dass die Inkapriester ihre Opfer zu Fuß von der damaligen Hauptstadt Cuczco auf den Vulkangipfel führten – eine Reise von mehreren Wochen Dauer. Haarsträubend erscheinen Ablagerungen, die Wilson als Reste von Maisbier oder Kokablättern erkennen will. Beide Rauschmittel könnten gegen die Höhenkrankheit infolge von Sauerstoffmangel geholfen haben, so Wilson. Überdies ist es möglich, dass die Kinder mit den Drogen benebelt werden sollten, damit sie sich nicht wehrten. Insbesondere in den Haaren des Mädchens war eine hohe Konzentration der Drogen messbar. Da sie das älteste der Kinder war, mögen die Priester von ihr die meiste Gegenwehr erwartet haben. Nicht jedes der Opfer starb betäubt an Kälte und Sauerstoffmangel. An einem der Jungen entdeckten Archäologen Textilreste, die so kräftig um den Körper geschlungen waren, dass die Rippen brachen. Das Kind ist vermutlich erstickt.

Die Opferkinder vom Llullaillaco bestätigen, was Altamerikanisten und Völkerkundler schon lange vermuten: Die Inkaherrscher eroberten die kleinen Stämme der Andenwelt und wählten die Söhne und Töchter von Kleinkönigen aus, um sie für die Götter zu opfern. Dieser Brauch hatte viele Facetten. Nicht immer starben die Kinder den Tod auf dem Gipfel oder auf einem Altar. Oft mussten vierjährige Mädchen ihre Heimat verlassen, um als Acllas von Inka-Priesterinnen aufgezogen zu werden. In heiratsfähigem Alter konnten die Acllas Frauen des Inka-Adels werden, selber als Priesterinnen den Göttern dienen oder diesen geopfert werden. Mit etwa fünfzehn Jahren entspricht das Alter von Lightning-Girl dieser Tradition.

DIE BESTEN FREUNDE DES MENSCHEN

GESCHICHTSSTUNDE IM ERBGUT DER TIERE

Dinosaurier im Hühnerstall

Tyrannosaurus Rex ist tot. Eines der größten Landraubtiere aller Zeiten starb vor 68 Millionen Jahren aus – die Gründe dafür sind unbekannt. Welche Schrecken von der Riesenechse ausgegangen sein sollen, ließ sich Anfang der 1990er Jahre im digitalen Abbild auf Kinoleinwänden begutachten. „Jurassic Park" ließ die Riesenechse wieder auferstehen. Das Publikum staunte, Biologen und Chemiker schmunzelten. Was als Fantasiespiel des Computerzeitalters begann, wurde 2008 Wirklichkeit. Forscher an der Harvard-Universität entdeckten im Knochen eines Tyrannosaurus Rex Gewebematerial, das wie durch ein Wunder den Prozess der Versteinerung überstanden hatte. Die Dinosaurier lernten sprechen.

Fünf Jahre zuvor waren die Überreste des Reptils im US-Bundesstaat Montana entdeckt worden. Vor etwa siebzig Millionen Jahren hatten die Knochen zu einem Exemplar gehört, das dreizehn Meter hoch war und sieben Tonnen Körpermasse auf die Waage brachte. Für Paläontologen ein wichtiger Fund, doch Gebeine von Tyrannosaurus Rex waren auch an anderen Orten der Welt entdeckt worden. Dieses Mal war jedoch ein Schatz im Oberschenkelknochen des Fossils verborgen.

Nur die äußeren Schichten des Knochens waren versteinert. Im Innern hatte Gewebe die Jahrmillionen überdauert. Das fanden Forscher aus der Gruppe um John Asara von der Harvard Medical School mittels Massenspektronomie heraus. Ein einmaliger Fall – bislang waren Biologen davon ausgegangen, dass der letzte Geweberest selbst unter den günstigsten Bedingungen nicht länger als eine Million Jahre überdauern kann. Wie gut waren die Gewebereste erhalten? Die Wissenschaftler rückten dem Oberschenkel von Tyrannosaurus Rex zu Leibe. Dabei galt es zunächst, die versteinerten Schichten von dem Knochen zu entfernen. Das Fundstück wurde von allen mineralischen Resten gereinigt. Nach diesem Prozess bleiben bei modernen Knochen noch Proteine und andere organische Moleküle übrig. Ein völlig versteinertes Fossil hingegen löst sich in Luft auf. Der Test lief mit siebzehn Proben – stets mit demselben Ergebnis: Unter dem Elektronenmikroskop stellte sich heraus, dass tatsächlich noch Proteine erhalten waren. Mary Schweitzer, die den Knochen untersuchte: „Es war ein absoluter Schock. Ich habe meinen Augen nicht getraut." Die Biologen fanden Kollagene, Eiweißbestandteile des Bindegewebes. Weder waren die Proteine stark fragmentiert, noch hatte sich ihre Struktur bis zur Unkenntlichkeit verändert. Das Eiweiß ließ sich entnehmen und untersuchen.

Zwar stiegen noch immer keine geklonten Dinosaurier aus der Retorte. Dafür aber verriet das Gewebe, dass Verwandte von Tyrannosaurus Rex noch heute auf der Erde leben. Die nächsten Verwandten des Giganten aus der Kreidezeit sind Strauße und Hühner. Das fanden die Harvard-Forscher heraus, als sie Antikörper gegen Hühner-Eiweiß an das Dino-Protein anfügten und eine Reaktion erzielten. Ein weiterer Test sollte Gewissheit bringen. Insgesamt gelang es den Wissenschaftlern, sechs Peptide mit 89 Aminosäuren aus dem Oberschenkel zu gewinnen. Die Struktur des Dinosaurier-Kollagens verglich der Biologe Chris Organ nun mit dem Protein von 21 heute lebenden Tieren, darunter jene Anwärter auf die Nachkommenschaft von Tyrannosaurus Rex, die Biologen wegen ihres Knochenbaus als Echsenabkömmlinge ansehen: Alligatoren, Strauße, Hühner und Anolis-Echsen. Offensichtlich hatte die Evolution nach dem Aussterben der Dinosaurier die Karten neu gemischt und gut verteilt. Eine 51-prozentige Übereinstimmung fanden die Forscher zwischen dem Dinosaurier-Kollagen und jenem von Fröschen; auch bei Wassermolchen ähnelten sich die Proteine in demselben Maße. Die meisten Übereinstimmungen jedoch ergab der Vergleich mit den Aminosäuren von Hühnern. 58 Prozent der Kollagene waren beim Tyrannosaurus Rex und dem heute lebenden Haushuhn identisch. Damit bestätigte die Molekularbiologie, was die Knochen der Tiere schon lange hatten vermuten lassen: Die Skelette von Huhn und Riesenechse ähneln sich an den entscheidenden Stellen frappierend – von der Größe abgesehen.

Die Verwandtschaft zwischen einigen Saurierarten und den sich erst später entwickelnden Vögeln war bereits bekannt. Als Paläontologen 2007 den Vorderarm eines Velociraptors untersuchten, entdeckten sie knöcherne Noppen im regelmäßigen Abstand von vier Millimetern auf dem Fossil. Ähnliche Strukturen gibt es heute auf den Schwungfedern von Vögeln. Die Entdeckung belegte, dass einige Saurierarten gefiedert waren. Fliegen konnten sie deshalb noch nicht. Der gefiederte Velociraptor war mit fünfzehn Kilogramm zu schwer, um sich in die Lüfte zu erheben; auch dem tonnenschweren Tyrannosaurus Rex blieb der Traum vom Fliegen versagt. Warum dann Federn? Paläontologen glauben, dass das Gefieder den Echsen zur Wärmeisolierung diente und möglicherweise eine Schaufunktion hatte. Dinosaurier könnten herumstolziert sein wie Pfauen.

Die sechs Peptide aus den Knochen von Montana waren ein Füllhorn für Evolutionsbiologen. Kaum waren Hühner als Nachkommen des mutmaßlich gefährlichsten Landraubtiers aller Zeiten überführt, suchten die Forscher in Harvard nach dem nächsten Querverweis in der Entwicklungsgeschichte des Lebens. Was bei Millionen Jahre alten Dinosauriern gelang, könnte auch bei den Vorfahren der Elefanten funktionieren. Das Mastodon, eine Urform moderner Dickhäuter, lebte im Zeitraum vor 600.000 bis 160.000 Jahren. Es ist älter als das Mammut und lebte damit zeitlich näher an Tyrannosaurus Rex. Vielleicht, so die Hoffnung im Labor von Harvard, lässt sich über diesen Umweg im nächsten Schritt nachvollziehen, ob Dinosaurier auch genetische Spuren in heutigen Elefanten hinterlassen haben.

Riesen mit Rüsseln

Das Mammut war das am weitesten verbreitete Tier der jüngsten Eiszeit. Es stapfte durch Irland und Sibirien, durch Finnland und über die Iberische Halbinsel und war auf dem amerikanischen Kontinent zuhause. Mit seiner Größe und Kraft behauptete es sich in Eiswüsten und Schneestürmen – ein Dinosaurier unter den Säugetieren.

Vor etwa 600.000 Jahren wuchs das Steppenmammut (Mammutus trogontherii) zur größten aller Mammutarten heran. Es wog bis zu zehn Tonnen und erreichte eine Schulterhöhe von drei Metern. Wie Paläontologen heute vermuten, verbrachte das Mammut zwanzig Stunden des Tages mit Nahrungsaufnahme. Immerhin mussten 225 Kilogramm Gras, Sträucher und Blätter den Mammutmagen täglich füllen. Bei knappem Nahrungsangebot war die Suche nach so viel Futter ein Vollzeitjob. Vor etwa 10.000 Jahren war Schluss. Der Gigant mit Rüssel und schwarzem Haar starb aus. Nachdem sich das Mammut viele Jahrhunderttausende hatte behaupten können, ging es in verhältnismäßig kurzer Zeit unter. Noch vor 25.000 Jahren war ganz Europa von den Riesen bevölkert. 15.000 Jahre später war das Mammut verschwunden. Gründe für das Aussterben mag es viele gegeben haben – welche davon entscheidend waren, ist bis heute ungeklärt.

Der Mensch könnte den Untergang des Mammuts besiegelt haben. Vor 25.000 Jahren war der Neandertaler bereits ausgestorben. Homo sapiens breitete sich in Europa ungehindert aus und entwickelte immer neue und bessere Jagdtechniken. Er erfand ein Arsenal von Waffen wie die Speerschleuder und Knochenspitzen mit Widerhaken, denen die Dickhäuter nichts entgegenzusetzen hatten. Einer anderen Theorie zufolge veränderte sich die Umwelt am Ende der Eiszeit so drastisch, dass die Rüsseltiere sich nicht mehr zurechtfanden. Sie waren perfekt an das Leben in der Steppe angepasst. Nachdem sich aber die Gletscher zurückgezogen hatten, stand das Mammut plötzlich im Wald. Der Klimawandel könnte Schuld am Aussterben gewesen sein.

Welches Szenario davon der Wahrheit entspricht, versuchten Molekularbiologen bereits mehrfach im Erbgut tiefgefrorener Mammutleichen zu entdecken. Die Lebensumstände der Tiere waren für die Forschung der Neuzeit günstig. Da Mammuts meist in den Tundren der Eiszeit lebten und starben, liegen Kadaver bis heute im Permafrostboden, etwa in Sibirien. Dort starb vor 27.000 Jahren ein Wollhaarmammut nahe dem Polarkreis beim Tamyr-See. Zwar litt der Kadaver auch im Dauerfrost unter Zersetzung, doch laufen die Prozesse zur Auflösung eines Organismus unter solchen Bedingungen wesentlich langsamer ab. Vor allem Knochen und Zähne können sich bei Temperaturen weit unter dem Gefrierpunkt gut erhalten. Das Mammut vom Tamyr-See war ein idealer Testkandidat für eine DNA-Analyse. Ein internationales Forscherteam entnahm 2005 eine zwei mal fünf Zentimeter große Probe aus dem Kieferknochen. Tatsächlich gelang es, 28 Millionen Basenpaare aus dem Material zu sequenzieren. Wie sich herausstellte, gehörten nur dreizehn Millionen davon tatsächlich zum Mammut, die übrigen fünfzehn Millionen waren durch Verunreinigungen, etwa durch Mikroorganismen, an den Kadaver gelangt. Trotz dieses Dämpfers war das Experiment ein Erfolg. Zum ersten Mal war es gelungen, Zellkern-DNA aus einem prähistorischen Tier zu gewinnen. Bei allen vorhergehenden Arbeiten war die mtDNA ausgestorbener Arten untersucht worden, die zwar einfacher zu sequenzieren ist, deren Auswertung allerdings viele Fragen offen lässt. Mit 13 Millionen Fenstern ins Mammut-Genom war erstmals ein Blick in die Vergangenheit der Tiere möglich.

Die Genetik bewies: Mammut und Elefant sind miteinander verwandt. Diese Erkenntnis ist nicht neu. Die Biologie ist von der Verbindung beider Arten schon seit langem überzeugt. Dennoch war der genetische Beweis für die Theorie wertvoll, da er die Methoden der Biologie einmal mehr naturwissenschaftlich legitimierte. Noch etwas fanden die Biologen heraus: Das Erbgut von Mammut und Elefant ist zu 98,55 Prozent gleich. Die Abweichung lässt nach Meinung der beteiligten Forscher darauf schließen, dass beide Arten von einem gemeinsamen Vorfahren abstammten. Der Elefant war demnach nicht aus dem Mammut hervorgegangen, sondern dessen Vetter aus einer anderen Linie des Stammbaums der Rüsseltiere. Anhand der molekularen Uhr ließ sich erkennen, dass der unbekannte Vorfahr vor etwa sechs Millionen Jahren gelebt haben muss. In diesem Zeitraum trennte sich auch die Entwicklung von Mensch und Affe.

Einen weiteren Schritt in die Vergangenheit der haarigen Riesen ging ein Jahr später Stephan Schuster von der Staatsuniversität von Pennsylvania. Schuster und seinem Team gelang es, mtDNA von zehn sibirischen Mammuts zu untersuchen. Dieses Mal entnahmen die Forscher das Material jedoch nicht Muskeln, Knochen oder Zähnen, sondern den Haaren der Tiere. Der Unterschied zu den herkömmlichen Untersuchungsmethoden war haarfein und doch gewaltig: Haare waren bislang nicht für DNA-Proben verwendet worden, weil Molekularbiologen geglaubt hatten, dass die Haare einer Mumie nur totes Gewebe und für DNA-Tests nicht geeignet seien. Nur an der Haarwurzel waren bislang wenige verwertbare Zellen gefunden worden. Aber das war ein Irrtum.

Wie Schuster und seine Kollegen herausfanden, liegen auch im Haarschaft noch viele DNA-haltige Zellen – sicher verpackt in einer Schutzschicht: Das Eiweiß Keratin umschließt die DNA in den Haarzellen wie eine Plastikfolie und schützt das Erbgut vor Verunreinigungen. Damit werden Haare zum Hoffnungsträger der Paläogenetik. Einziger Nachteil: Sie sind nur selten erhalten.

Mangel an Forschungsmaterial für die Genetiker ist nicht zu befürchten. Weltweit sind in den Sammlungen der Naturkundemuseen genug Mähnen, Haare und Borsten erhalten, um damit viele Fragen der Evolution beantworten zu können. Stephan Schuster erhofft sich von der DNA der zehn Mammuts Auskunft darüber, warum die Tiere ausstarben, ob sie tatsächlich am Klimawandel zugrunde gingen und in welchem Verhältnis sie zu anderen Arten standen. Ironie der Wissenschaft: Demnächst sollen DNA-Proben von Tierhaaren aus Sammlungen entnommen werden, die Charles Darwin persönlich anlegte. Noch mehr als hundert Jahre nach seinem Tod hilft der Vater der Evolutionstheorie seinen Adepten bei der Suche nach den Mechanismen des Lebens.

Von Läusen und Menschen

Dank der Kleiderlaus erkannten Biologen im Sommer 2003, wann der Mensch lernte, sich in Felle zu hüllen. Demnach ist die Haute Couture der Menschheit 100.000 Jahre alt. Die ersten Modeateliers standen jedoch nicht in Afrika. In der Wiege der Menschheit war es vermutlich so warm, dass Homo sapiens als Nackedei leben konnte. Kleider machen Leute – das galt zuerst in Europa für den Neandertaler.

Die frühesten Hinweise auf Kleiderherstellung sind Artefakte. Aus dem ältesten Nähkästchen der Menschen stammen die Ahlen von Arcy-sur-Cure, sie gehören zum Fund eines Neandertalerlagers. Eine weitere Neandertaler-Ahle konnte in der Ilsenhöhle bei Ranis in Thüringen dingfest gemacht werden. Die Kürschner der Eiszeit kannten vermutlich sogar ein Verfahren, mit dem sie Lederkleidung trocken halten konnten. Dazu rieben sie die Häute mit Ocker und Mangan ein – diese Mineralien verhinderten, dass Wasser in die Poren eindrang. Noch wasserdichter war die Garderobe der Neandertaler von Neumarkt-Nord. Dort stellten Neandertaler vor 100.000 Jahren Eichenrindenextrakt her, den sie in Wasser aufweichten. Noch heute setzen Gerber Eichenrindenextrakt ein, um Leder für wasserfeste Kleidung und Schuhe herzustellen. Angenehmer Nebeneffekt: Solcherart behandeltes Leder ist besonders hautverträglich und lindert Juckreiz.

Dennoch mag sich der Pelz tragende Frühmensch kräftig gekratzt haben. In der Steinzeittracht machte es sich rasch die Kleiderlaus bequem. Diese Tiere sind vermehrungsfreudig. Sie leben nur dreißig Tage, legen aber in dieser Zeit 150.000 Eier.

Die Kleiderlaus ist ein enger Verwandter der Kopflaus. Beide Tiere leben in ökologischen Nischen: die Kopflaus auf der Kopfhaut des Menschen, die Kleiderlaus auf seiner Körperoberfläche. Von ihren Nestern schwärmen beide Arten aus, um auf der gesamten Köperoberfläche des Menschen zu saugen. Danach ziehen sie sich wieder zurück: Die Kopflaus verbirgt sich in den Haaren, die Kleiderlaus findet Schlupfwinkel in den Falten der Kleidung.

Mark Stoneking vom Max-Planck-Institut für evolutionäre Anthropologie in Leipzig zog 2003 folgenden Schluss: Damit sich die Kleiderlaus aus der Kopflaus entwickeln konnte, muss es bereits Kleidung gegeben haben. Stoneking verglich die Erbsubstanz beider Lausarten und drehte die biologische Uhr zurück. Das Ergebnis: Kopf- und Kleiderlaus haben sich vor 72.000 Jahren auseinanderentwickelt. Da die Datierung eine Toleranz von 30.000 Jahren zulässt, kann der Eichenrindenextrakt von Neumarkt-Nord mit einem Alter von 100.000 Jahren tatsächlich ein erster Versuch gewesen sein, den Plagegeistern im Fellumhang den Garaus zu machen.

Mit der Untersuchung kommt die Biologie der Archäologie bei einem komplizierten Thema zu Hilfe. Nur bei wenigen archäologischen Funden konnte bislang Kleidung nachgewiesen werden. Stoff oder Leder an Leichen vergeht meist spurlos. Bislang gibt es nur wenige Belege dafür, dass der Mensch der Altsteinzeit Kleidung trug. Dazu gehört das etwa 28.000 Jahre alte Grab im russischen Sungir, in dem die Leiche eines männlichen Homo sapiens im Prunkornat bestattet worden ist. Erkennbar war allerdings nicht mehr die reichverzierte Kleidung selbst, sondern nur noch das Dekor. Die Kleidung des etwa 50-jährigen war mit 1500 Perlen aus Mammutelfenbein geschmückt, die nach der Auflösung des Gewandes die Jahrzehntausende an Ort und Stelle überdauert haben.

Der Mensch trägt seit 40.000 Jahren Kleider – diese Aussage war einigen Anthropologen zu prägnant. Ian Tattersall, Wissenschaftler am Naturhistorischen Museum in New York und Neandertaler-Experte, kritisiert an dem Ergebnis aus Leipzig, dass es den entscheidenden Schluss zu rasch zieht. Zwar mag sich die Kleiderlaus vor 40.000 Jahren entwickelt haben, das müsse jedoch nicht bedeuten, dass Kleidung nicht schon vorher getragen wurde, so der Anthropologe. Tattersall weist darauf hin, dass Hominiden in Europa bereits vor 500.000 Jahren mit Eiseskälte zu kämpfen hatten. Seiner Meinung nach hätte der Mensch schon zu dieser Zeit ohne Kleidung keine Überlebenschance gehabt.

Juckreiz durch Gorilla-Sex

Läuse und Menschen verbindet eine noch viel ältere Geschichte. Wie Biologen herausfanden, leben die Parasiten schon seit mehreren Millionen Jahren im Haar der Hominiden und ihrer Vorgänger. Die Filzlaus macht es sich noch heute gern in den Schamhaaren von Zweibeinern bequem. Bei einer Studie aus dem Jahr 2007 plauderte der unbeliebte Untermieter aus dem Nähkästchen.

Schamhaare, Achselhaare, Augenbrauen – wo die Lebensbedingungen angenehm sind, krallt sich Phtirus pubis mit ihren sechs kräftigen Beinen fest, versenkt ihren Stechrüssel in die Haut und zapft Blut. Wo es ihr gefällt, wird sie zum Dauergast. Bisweilen ernährt sich die Laus wochenlang aus derselben Wunde. Das juckt den Wirt. Damit das Blut nicht gerinnt, injiziert Phtirus pubis ein Sekret, das die Haut blaugrau verfärbt und starken Juckreiz hervorruft. Ohne dieses Signal wüsste der Befallene vermutlich nicht einmal, dass er einen Parasiten mit sich herumträgt. Vom Plagegeist zum Geschichtenerzähler verwandelte sich das Insekt 2007, als es einem Team von Biologen an der University of Florida gelang, die Filzlaus zum Sprechen zu bringen.

Läuse waren immer dabei. Als die Vorfahren von Menschen und Affen auf den Bäumen lebten, als die ersten Individuen den aufrechten Gang probierten, als die Zweibeiner Afrika verließen – stets trugen sie eine von vielen Lausarten in ihrem damals noch üppig sprießenden Körperhaar. Die Vermutung lag nahe, dass die DNA der Läuse einige Geschichten über ihren Wirt auf Lager hatte.

Der Biologe David Reed ging mit der Filzlaus auf Tuchfühlung. Bei der Untersuchung der vielen Arten von Läusen und ihrer bevorzugten Wirte fand Reed eine Ungereimtheit. Niemand weiß, wie die Filzlaus auf den Menschen kam. Bei den anderen Lausarten, die Menschen befallen, ist die Herkunft bekannt. Die Vorfahren der Kopf- und der Kleiderlaus haben einen nahen Verwandten im Fell von Schimpansen. Sowohl in Menschen- als auch in Schimpansenhaar fühlen sich verschiedene Arten der Gattung Pediculus wohl. Die Filzlaus aber gehört zur Gattung Phtirus. Von nahen Verwandten gibt es beim Schimpansen keine Spur. Woher kam die Filzlaus dann?

David Reed fand einen Verdächtigen im Haar von Gorillas. Dort krabbelt, krallt und zwickt ebenfalls ein Vertreter der Gattung Phtirus, in diesem Fall bezeichnenderweise Phtirus gorillae. Die auf Schimpansen heimischen Pedicula-Läuse sind bei Gorillas nicht zu finden. In Florida zählte das Team von David Reed die Läuse zusammen und entdeckte eine Fehlstelle. Menschen und Affen hatten einen gemeinsamen Vorfahren, der nach dem gängigen Modell beide Lausformen beheimatet und an seine Nachfahren weitergegeben haben müsste. Aber dann müssten Gorillas und Schimpansen so wie der Mensch beide Gattungen tragen. Dass auf der einen Affenart die Gattung Pendiculus und auf der anderen Phtirus ausgestorben sein sollte, klang für David Reed unglaubhaft. Es musste eine andere Erklärung geben, warum Menschen beide Lausformen, Affen aber nur eine tragen.

Der Biologe in Florida sammelte Läuse von Schimpansen, Gorillas und anderen Affenarten. Auch der verdächtigen Filzlaus des Menschen entnahm der Forscher DNA. Um sicherzugehen, untersuchte Reed je einen Erbfaktor aus den Mitochondrien und aus dem Zellkern. Mit dem Ergebnis konnte er die Geburtsstunde der Läuse nachvollziehen. Beide Gattungen trennten sich demnach vor dreizehn Millionen Jahren. Phtirus und Pendiculus gingen getrennte Wege. Vor sechs Millionen Jahren entstanden die verschiedenen Formen der Gattung Pendiculus – das stimmt mit der Theorie überein, dass sich auch Mensch und Affe in diesem Zeitraum voneinander trennten. Wie zu erwarten, gab es eine Besonderheit in dieser Berechnung. Die menschliche Schamlaus trat erst vor etwa 3,3 Millionen Jahren auf. Damit war ausgeschlossen, dass ein Vorfahre von Mensch und Affe den Schmarotzer an seine Nachkommen weitergegeben hat. Wie aber kam der Mensch auf die Laus?

Läuse sind anhänglich. Sie brauchen ständig Kontakt zum Wirtskörper, da sie sonst binnen eines Tages zugrunde gehen. Für das Phänomen der Läuse-Datierung gab es deshalb nur eine Erklärung: Körperkontakt. Die frühen Menschen und die Urahnen der Gorillas müssen vor über drei Millionen Jahren auf Tuchfühlung gegangen sein. Heute wird die Filzlaus im Schambereich vor allem durch Geschlechtsverkehr übertragen – hatten Menschen und Affen intimen Kontakt, nachdem sich die Gattungen bereits aufgespalten hatten? Täter wäre in diesem Fall jene Form des Australopithecus, zu der auch das berühmte Skelett Lucy zählt. „Wenn man davon ausgeht, dass diese Laus hauptsächlich im Schambereich auftritt, erscheint es sehr wahrscheinlich, dass sie sexuell übertragen wurde", meinte David Reed.

Gorilla-Sex aber war nur eines von mehreren vorstellbaren Szenarien für den großen Sprung der Schamlaus – und ein unwahrscheinliches dazu. Reed stellte in der Veröffentlichung seiner Untersuchung zwei weitere Möglichkeiten der Übertragung vor, die Rückschlüsse auf die Kulturgeschichte des Menschen zulassen. Version eins: Schon Australopithecinen aßen Gorillafleisch. Beim Ausnehmen von Kadavern könnte der Vorfahr der Filzlaus übertragen worden sein. Version zwei: Die Urahnen der Menschen schliefen an Orten, die auch für Gorillas bequem waren. Das erscheint wahrscheinlich. Vor über drei Millionen Jahren waren Australopithecinen und Affen in ihrer Entwicklung noch nicht so weit voneinander getrennt, dass ihre Lebensgewohnheiten sich nicht teilweise geähnelt haben könnten. Noch heute schlafen Gorillas in Erdmulden. Dort, so Reed, könnten es sich auch Frühmenschen bequem gemacht haben, und zwar kurz nachdem die Primaten aufgestanden waren oder möglicherweise gleichzeitig.

Noch ein pikantes Detail verriet der Läusetest. Australopithecinen hatten vor 3,3 Millionen Jahren offenbar schon Haare gelassen. Die Filzlaus lebt bei Gorillas auf dem gesamten Körper. Beim Menschen hingegen sind die bevorzugten Regionen Achselhöhlen, Schambereich und Augenbrauen. Im Kopfhaar fühlen sich die Parasiten offenbar nicht wohl. Dafür gibt es eine biologische Erklärung. Läuse können weder springen noch fliegen. Überdies passen sie sich den Verhältnissen an, die sie bei ihren Wirten vorfinden, und das sind Haarstärke und Blutgruppe – auch Vögel sitzen je nach Art auf verschieden starken Ästen eines Baums. Im Fall einer Ganzkörperbehaarung erscheint das nicht

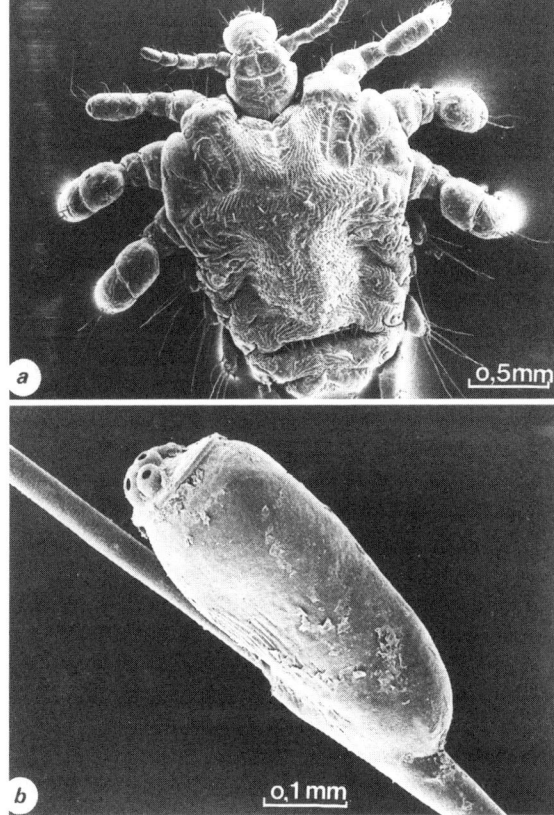

Kleiner Plagegeist mit großer Geschichte – die Filzlaus kam vermutlich vom Affen auf den frühen Menschen. Nach Meinung des Molekularbiologen David Reed wurde sie sexuell übertragen.

wichtig. Die Laus findet viel Lebensraum. Wachsen dem Befallenen allerdings nur stellenweise Haare, ist der Schmarotzer isoliert. Er kann die behaarte Körperzone nicht verlassen, um beispielsweise aus dem Schambereich in die Achseln zu wechseln. Dem Läuseleben sind Grenzen gesetzt.

Nach Meinung David Reeds stieg die Laus vom haarigen Paradies des Gorillas auf den neuen Wirt Frühmensch um und fand nur Haarinseln. Nach allen Regeln der evolutionären Kunst passte sich der Parasit den neuen Lebensumständen an und blieb, wo er war und wo er noch heute zu finden ist. Eine Hypothese mit Lücken – doch für die Anthropologie mag dieses lausige Fazit ein Hinweis darauf sein, dass die Urahnen des Menschen bereits vor 3,3 Millionen Jahren nur noch wenige Haare hatten. Der Biologe Dale Clayton von der University of Utah in Salt Lake City kommentierte, der Wechsel der Filzaus vom

Gorilla zum Menschen sei „ein faszinierendes Beispiel für ökologischen Opportunismus.“

Schmarotzen bei Homo erectus

Die dritte Laus im Bunde fühlt sich auf dem Kopf des Menschen wohl. Noch vor Filz- und Kleiderlaus ist die Kopflaus der auf dem Menschen verbreitetste Parasit. Es lag nahe, auch das Erbgut dieses Schmarotzers zu untersuchen, um herauszufinden, unter welchen Umständen der Kopflaus der große Sprung ins Haar von Homo sapiens gelungen ist.

David Reed und Dale Clayton entdeckten, dass sich zwei Sorten von Kopfläusen auf dem Menschen eingenistet haben. Beide sehen gleich aus, beide gehören zur Art Pediculus humanus, aber das Erbgut variiert. Während die eine Lausart offenbar weltweit zu finden ist, taucht die andere nur in Nord- und Südamerika auf. Überdies stellten die Forscher fest, dass sich die Gene beider Kopfläuse vor etwa 1,2 Millionen Jahren auseinanderentwickelt haben. Zu dieser Zeit war Homo sapiens noch nicht entwickelt. Die Laus muss auf dem Kopf einer anderen Menschenart zuhause gewesen sein. Dafür kommt nur Homo erectus in Frage.

Der „aufrechte Mensch“ war vor 1,8 Millionen Jahren in Afrika entstanden. Bereits zu diesem Zeitpunkt wird sich Erectus häufig den Kopf gekratzt haben. Die Kopflaus treibt schon seit fünf Millionen Jahren ihr Unwesen bei den Hominiden, und die hochgewachsenen Afrikaner boten viel Angriffsfläche und Lebensraum für Parasiten. Wie aber ist es zur Aufspaltung der Läuse-DNA gekommen? Zwei Populationen von Frühmenschen müssen sich getrennt haben, auf jeder entwickelte sich die Kopflaus dann auf ihre Art weiter, Kontakt zwischen den beiden Gruppen gab es nicht mehr – so die Theorie der US-Genetiker. Beide Läuselinien haben sich nie wieder vermischt. Das passt zur Out-of-Africa-Theorie, nach der Homo erectus eines Tages die Beine in die Hand nahm und Afrika den Rücken kehrte. Während eine Gruppe von Frühmenschen aufbrach, die Welt jenseits des Schwarzen Kontinents zu erkunden, blieb eine andere dort zurück. Die Wanderung trennte Menschen und Kopfläuse voneinander, die ihre Mutationen im Laufe der nächsten Jahrzehntausende unabhängig voneinander ausbildeten. Zwei unterschiedliche Formen der Kopflaus entstanden – eine in Afrika, die andere in Europa und Asien.

Soweit wirkte die Erklärung für die doppelte Laus logisch. Auf den ersten Blick unerklärlich erschien den Forschern die Tatsache, dass die heute lebende Kopflaus Merkmale beider Ur-Linien in sich trägt. In grauer Vorzeit muss es zu einem Kontakt zwischen zwei Menschengruppen gekommen sein. Die Läuse feierten Wiedersehen.

Schuld daran mag Homo sapiens gewesen sein. Während sich Homo erectus in Asien erfolgreich verbreitete, entstand vor 160.000 Jahren in Afrika Homo sapiens. Nach dem Modell von Out-of-Africa II packte auch den anatomisch modernen Menschen eines Tages die Wanderlust: Homo sapiens marschierte nach Europa und Asien. Dort, so glauben die Läuseforscher in Utah, müssen sich die Menschenarten begegnet sein: der in Asien bereits alteingesessene Homo erectus und der Neuankömmling Homo sapiens. Was zu diesen Treffen führte und wie sie abliefen, darüber können die Biologen nur spekulieren. Vielleicht teilten sich die Gruppen die besten Reviere, vielleicht kämpften sie darum. Überdies ist vorstellbar, das Homo sapiens und Homo erectus Felle tauschten und damit Läuse oder gar das Lager teilten. Auch Körperkontakt halten die US-Wissenschaftler für wahrscheinlich. Die Kopflaus packte die Gelegenheit buchstäblich beim Schopf und schlüpfte zu ihren Verwandten auf dem Haupt von Homo sapiens.

Das Modell vom Familientreffen in Asien krempelt eine alte Theorie zur Menschheitsgeschichte um. Demzufolge ist Homo sapiens die einzige Menschenart, die schon immer ohne Artgenossen auf der Erde lebte. Für alle anderen früheren Formen des Menschen ist Nachbarschaft zu einer verwandten Art belegt. Zumindest für kurze Zeit lebten Homo habilis und Homo erectus nebeneinander. Auch Neandertaler und Homo erectus müssen sich begegnet sein. Homo sapiens aber ist im Laufe seiner Geschichte vermutlich nur dem Neandertaler begegnet – und sorgte möglicherweise für dessen Aussterben. Dass nun auch Homo sapiens und Homo erectus zusammentrafen, ist eine Überraschung für die Anthropologie. Die Datierung der jüngsten Knochen von Homo erectus ergab ein Alter von 100.000 Jahren. Demnach lebte der letzte Vertreter der Art um diese Zeit auf Java – Homo sapiens hatte Afrika noch nicht verlassen. Eine Begegnung wäre demnach unmöglich gewesen. Erst Jahre später wurden die Knochen von Java mit neuen Methoden nachdatiert. Tatsächlich waren sie nur 30.000 Jahre alt. Der Unterschied von 70.000 Jahren ließ Erectus und Sapiens näher zusammenrücken. Die Kopflaus stimmt diesem Ergebnis zu. Nach den Berechnungen der US-Biologen kamen die beiden Läuseformen vor etwa 30.000 Jahren wieder zusammen. David Reed mutmaßt über die Begegnung von Sapiens und Erectus: „Wir haben sie entweder bekämpft oder wir lebten mit ihnen zusammen oder wir haben uns sogar mit ihnen gepaart. Wie auch immer, wir haben sie berührt."

In DNA zu lesen ist stets auch eine Frage der Interpretation. Das Ergebnis der einen Untersuchung kann sich von dem Resultat eines anderen Tests unterscheiden – auch wenn das Erbmaterial dasselbe ist. Der Biologe Kevin Johnson nahm sich ebenfalls die Kopflaus vor und bestätigte die Entdeckung aus Utah: Pediculus humanus ist das Kind einer Mischehe zweier unterschiedlicher Vor-

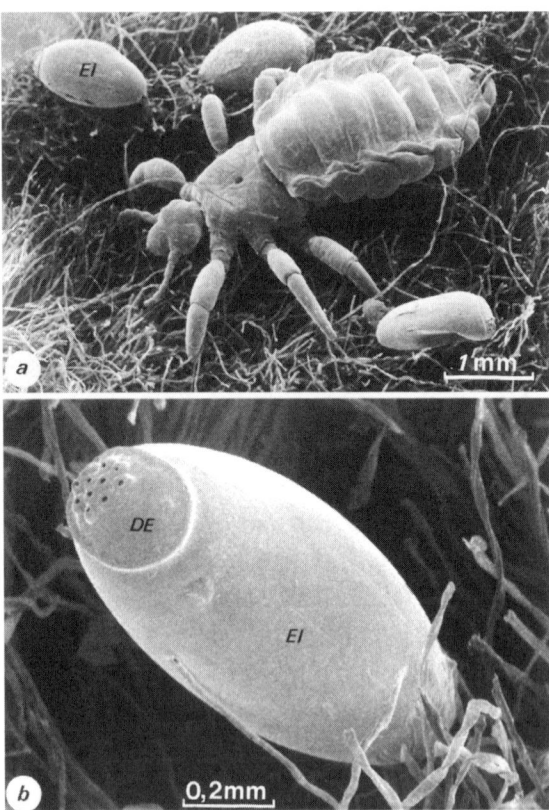

Kuschelecke für Parasiten – die Kleiderlaus (hier mit Eiern) lebt in der Kleidung des Menschen. Ihre DNA verrät, wann die Art entstand und wann der Mensch begann, Felle zu tragen.

fahren. Die Datierung von Reed und Clayton konnte Johnson allerdings nicht nachvollziehen. Statt 1,2 Millionen Jahre ergaben seine Berechnungen, dass sich die Linien der Kopflaus erst vor 300.000 Jahren getrennt haben. Das würde bedeuten, dass sich Homo sapiens und Homo erectus nicht begegnet sind.

Kritik übte Johnson auch an der Aufassung seiner Kollegen, die Kopflaus brauche Körperkontakt, um erfolgreich den Wirt zu wechseln. „Pediculus humanus gehört zu den Parasiten des Menschen, die sich am leichtesten ohne direkte Berührung verbreiten. Es gibt auch mehrere Fälle von Vogelläusen, die auf unterschiedlichen Arten gefunden wurden, die niemals miteinander in Berührung kommen." Die Molekularbiologie steht vor einem ähnlichen Dilemma wie herkömmliche historische Wissenschaften. Sie kann neue Hinweise aus der Vergangenheit bekommen, deren Interpretation aber bleibt Geschmackssache.

Das faule Ei des Kolumbus

Wer war zuerst da? Das Huhn oder Kolumbus? In den Theorien über die Entdeckung des amerikanischen Kontinents spielt seit 2007 Federvieh eine Hauptrolle. Während sich US-Anthropologen noch um die Herkunft des Kennewick-Mannes stritten, fand eine Australierin die ersten Einwanderer in Chile. Es waren Hühner.

Gallus gallus domesticus – so der lateinische Name des Haushuhns – ist kein amerikanischer Ureinwohner. Das Huhn kam mit den Eroberern Ende des 15. Jahrhunderts aus Spanien. Während sich Kolonisten und Altamerikaner in den folgenden Jahrhunderten bekämpften, trat das Huhn einen friedlichen Siegeszug an. Es verbreitete sich über den südamerikanischen und nordamerikanischen Kontinent. Ausgangspunkt der Hühnerwelle soll die Ostküste Südamerikas gewesen sein. Doch das ist vermutlich nur die halbe Wahrheit.

Berichte gibt es wie Sand am Meer. Während der ersten Jahrhunderte in der Neuen Welt sammelten Chronisten und Entdecker alle erdenklichen Informationen, schrieben sie nieder und schickten sie heim nach Europa. Nirgendwo ist von einem Huhn die Rede. Weder in den Gärten der Naturvölker noch in den Höfen der Hochkulturen Altamerikas scharrte und pickte ein Huhn – mit einer

Ausnahme: Als Francisco Pizarro 1532 das Inka-Reich unterwarf, fielen den Teilnehmern an dem Kriegszug Hühner auf, welche die Inka offenbar als Nutztiere hielten. Das scheint einem der Beobachter merkwürdig vorgekommen sein; er notierte, er habe Hühner gesichtet. Bedeutung bekam der Bericht allerdings erst fast fünfhundert Jahre später.

Zweifel daran wischten die Ausgräber der alten Inkastätte bei El Arenal in der chilenischen Provinz Arauco beiseite. Im Zuge der Untersuchung fanden Archäologen 2002 den Beweis für die Behauptung, bei den Inka sei Gallus gallus domesticus herumgeflattert. Im Boden der Inka-Stätte lagen noch Geflügelknochen, die durch einen osteologischen Vergleich eindeutig dem Haushuhn zugeordnet werden konnten. Es war kaum vorstellbar, dass das Huhn seit Ankunft der Nachfolger von Kolumbus einen Weg quer durch den Kontinent gefunden hatte und früher zu den Inka gelangt sein sollte als die Konquistadoren. Diese Möglichkeit schloss auch die Datierung der Hühnerknochen von El Arenal aus. Mithilfe der Radiokarbonmethode bestimmten die Forscher das Alter der Knochen mit einer geringen Toleranzgrenze auf sechshundert Jahre vor heute. Das Huhn lebte demnach schon hundert Jahre vor der Ankunft der Europäer in Südamerika. Woher war es gekommen?

Die Suche nach dem Nest des Huhns mochte zugleich die Frage nach den ersten Menschen in Amerika beantworten. Das vermutete Alice Storey, die im neuseeländischen Aukland die Hühnerknochen von El Arenal untersuchte. Zusammen mit einem Team von zehn weiteren Wissenschaftlern aus Neuseeland, den USA und Japan entnahm die Forscherin die älteste Hühner-DNA Amerikas und verglich sie mit fossilen und modernen Hühnerknochen von den Pazifikinseln Samoa und Tonga. Die fossilen Inka-Hühner und das moderne Pazifikgeflügel wiesen dieselben Veränderungen im Erbgut auf. Beide könnten von den fossilen Südseehühnern abstammen. Ausgehend von ihrem Untersuchungsergebnis stellte Alice Storey mit ihrem Team die Hypothese auf, das Haushuhn sei schon lange vor den Europäern von Südseeinsulanern nach Amerika transportiert worden. Möglicherweise gab es eine Besiedlungswelle um 1200, so der Kommentar aus Auckland. Bei diesem Wanderstrom sind nachweislich auch die Osterinseln zum zweiten Mal von Menschen besiedelt worden. Die Forscher geben zu: Das Gelbe vom Ei ist dieses Fazit nicht. Wie Alice Storey einräumt, könnte es durchaus mehrere eingewanderte Hühner gegeben haben, die sich in verschiedenen Zweigen über den südamerikanischen Kontinent ausbreiteten. Fest steht: Die Vorfahren der Inka hatten Kontakt zu Ankömmlingen aus der Südsee – oder stammten sogar direkt von ihnen ab.

Wie bekannt ist, fanden die Europäer in der Neuen Welt nicht nur Hühner, sondern auch Süßkartoffeln und Flaschenkürbisse. Beide Pflanzen aber wachsen auch im pazifischen Raum. Ob mit dem Geflügel auch diese Nahrungsmittel aus der Südsee nach Südamerika kamen, ist eine bislang unbeantwortete Frage. Die Spediteure der Steinzeit mussten immerhin 8000 Kilometer über das offene Meer segeln, um ihr Ziel zu erreichen. Pflanzen, die diese wochenlange Reise überstehen sollten, mussten gut gepflegt, Nahrungsmittel gut gelagert werden. Welche Möglichkeiten der Konservierung die Vorfahren der Polynesier kannten, ist unbekannt. Nach den Hühnerknochen wird künftig auch Gemüse im Kochtopf der Molekularbiologen landen.

Ein Sündenbock für Riesenvögel

Homo sapiens ist der Unhold der Evolution. Keine andere Art verursachte seit ihrer Entstehung so dramatische Veränderungen in der Entwicklung des globalen Lebens wie der anatomisch moderne Mensch. Als frühe Umweltsünden gelten die Ausrottung des Mammuts in Europa und Nordamerika und das Niedermetzeln der Moas, riesiger Laufvögel in Neuseeland. Im letzten Fall gingen Genetiker im Jahr 2004 in die Berufung. Ausbeutung natürlicher Ressourcen war nicht der einzige Grund für das Ende der Riesenvögel. Die DNA fossiler Moa-Knochen erzählte noch eine andere Geschichte.

Die Vögel waren sanfte Riesen. Sie ähnelten den Straußen, waren aber größer. Ein ausgewachsener Moa ragte bis zu 3,50 Meter in die Höhe – ein heutiger Afrikanischer Elefant bringt es auf vier Meter. Die imposanten Tiere lebten im offenen Buschland und in lichten Wäldern. Dort konnten sie sich ungehindert ausbreiten. Auf Neuseeland gab es kein Raubtier, das es mit dem Riesenvogel hätte aufnehmen können. Ohne Fressfeinde lebten die Moas Jahrtausende lang im Paradies. Bis heute ist nicht genau bekannt, wie viele Arten existierten. Während man noch im 19. Jahrhundert von 64 Spezies ausging, sind heute elf anerkannt – biologische Vielfalt ohne Selektionsdruck.

Moas gab es bis zur Mitte des 17. Jahrhunderts. Die Maori gaben dem Lauf-
vogel den Namen: Moa heißt „essbarer Vogel". Der Name war Programm. Die
Vögel brachten 250 Kilogramm Fleisch auf die Waage, ihre Eier wogen zwei
Kilogramm, ein Festessen für Jäger. Zwar liefen Moas vermutlich mit großer
Geschwindigkeit, da sie jedoch nicht fliegen konnten, war es für die Maori
leicht, den Riesen Fallen zu stellen. Seit der Ankunft des Menschen auf Neuseeland etwa um das Jahr 1200 dauerte es nur bis zum 18. Jahrhundert, dass der
letzte Moa getötet war. Angesichts der Tatsache, dass Moas zuvor sehr zahlreich gewesen sein müssen, scheint in Neuseeland ein Jahrhunderte während es
Schlachtfest gefeiert worden zu sein.

Dieses Bild aber hängt schief. Der Biologe Neil Gemmel von der University
of Canterbury nahm sich die Knochen von 58 Moas vor und sequenzierte Teile
der DNA des ausgestorbenen Riesenvogels. Der Forscher berechnete die Mutationsrate der mtDNA und setzte diese in Bezug zu bereits zuvor ermittelten
Daten der Geschlechter- und Altersverteilung von Moas sowie zur Zahl brutfä-
higer ausgewachsener Tiere, wie sie in gesunden Vogelpopulationen üblicherweise vorkommt. Das Zahlenspiel stellte das bisherige Bild der Ökologie Neuseelands auf den Kopf. Moas waren zahlreicher als bisher angenommen. Gem-
mels Team errechnete, dass noch vor fünftausend bis vor tausend Jahren zwischen 300.000 und 1,4 Millionen Exemplare auf der Insel lebten. Hochgerechnet
auf den Zeitraum von der Entstehung der Moas im Miozän bis zu ihrer Ausrottung liefen durchschnittlich zwischen drei und zwölf Millionen Vögel durch
das Buschland Neuseelands. Das Ergebnis steht im Widerspruch zu einer zweiten Hochrechnung, nach der nur 160.000 Tiere auf Neuseeland lebten, als die
Maori von Hawaii aus die Insel besiedelten. Was war mit den restlichen Tieren
geschehen?

Der Mensch kann ihnen also nicht den Garaus gemacht haben. Der Großteil
der Population muss aus einem anderen Grund untergegangen sein. Klimawandel kommt nicht in Frage, es gibt keine Hinweise darauf. Für Gemmel ist
vorstellbar, dass Epidemien unter den Riesenvögeln grassierten – ähnlich der
Vogelgrippe konnten sich Krankheiten unter der großen Moa-Population rasch
ausbreiten. Als weiteres Szenario ist ein Vulkanausbruch denkbar. Tatsächlich
ereigneten sich um 3000 v. Chr. und um 1850 v. Chr. am heutigen Kratersee
Lake Taupo im Norden Neuseelands Eruptionen. Die Ausbrüche waren so hef-

tig, dass sie einen fünfzig Kilometer großen Krater hinterließen und ein Drittel der Insel mit einer Ascheschicht bedeckten – für die Pflanzen fressenden Moas eine ökologische Katastrophe.

Die Ankunft des Menschen war dagegen nur ein Tropfen auf den heißen Stein. Die bereits stark dezimierten Moas gingen rasch unter, als mit den Maori der erste Feind in der Geschichte der Gattung auftauchte. Homo sapiens gab den bereits angeschlagenen Riesenvögeln den Rest. Der Mensch der Steinzeit mag in diesem Fall zwar Vollstrecker gewesen sein, nicht aber Verursacher des Aussterbens einer Art.

Urwald unter dem Eis

DNA-Funde und Isolation auf einer Insel – kommen beide Faktoren zusammen, sind Genetiker aus dem Häuschen. Was im subtropischen Neuseeland funktionierte, galt auch für das arktische Pendant Grönland. Auf der größten Insel der Welt entdeckten Forscher im Sommer 2007 Erbmasse von Lebewesen, die es im ewigen Eis eigentlich nicht geben dürfte.

Wieso trägt Grönland seinen Namen? Die Wikinger sollen Taufpaten gewesen sein. Einer Anekdote zufolge nannten die Nordleute die Insel „Grünland", um mehr Auswanderer aus dem eisigen Norwegen anzulocken. Wie die Untersuchung tiefer Schichten des Grönlandeises offenbarte, lagen die Wikinger mit ihrem mutmaßlichen Scherz nahe an der Wahrheit.

Koniferenwälder aus Pinien, Fichten und Eiben sowie Erlen wiegen sich im Wind, Käfer, Fliegen und Spinnen krabbeln, Schmetterlinge segeln durch die sonnengebadeten Zweige. Dieses Bild eines prähistorischen Grönland entwirft ein Team von Wissenschaftlern der Universität Kopenhagen. Den Forschern um Eske Willerslev war es gelungen, Proben aus den vermutlich tiefsten und damit ältesten Schichten des grönländischen Eisschildes zu sammeln und die darin konservierten DNA-Fragmente zu untersuchen. Die Studie schließt eine Lücke im Bild der Erde vor 500.000 Jahren. Bislang gab es nur Vermutungen darüber, wie Grönland in jener Zeit ausgesehen haben könnte und aus welchen Gründen die gewaltige Landmasse heute fast vollständig von Eis überzogen ist.

Seit einigen Jahren ist es möglich, mit Bohrern Kerne aus arktischen Eis-
schichten zu gewinnen. Die Untersuchung von Bohrkernen ist wie eine Reise
zum Mittelpunkt der Erde. Bis zu drei Kilometer dringen die Bohrer in die Erd-
schichten ein und entnehmen dabei Teilstücke, die etwa zehn Zentimeter
Durchmesser und drei Meter Länge haben. Bis der gesamte Kern gezogen und
zusammengesetzt ist, vergehen fünf bis sieben Jahre. Anschließend bietet sich
der Wissenschaft ein Bild der Klimageschichte an jener Stelle, an der nun ein
Loch klafft. Sauerstoffisotope, Mikroorganismen und Pflanzenreste ergeben
ein Klima-Archiv, das Rückschlüsse auf die Temperaturschwankungen des globalen Vorgestern zulässt. Der Bohrkern, der Eske Willerslev zur Verfügung
stand, reichte bis in zweitausend Meter Tiefe – in eine Schicht, die Geologen
Dye 3 nennen. An dieser Stelle gelang es den Dänen, mehrere hundert DNA-
Proben zu gewinnen. Das Erbmaterial war noch gut genug erhalten, um identifiziert werden zu können. Vergleiche mit heute lebenden Pflanzen und Insekten zeigten, dass vor einer halben Million Jahren Käfer, Schmetterlinge, Fliegen
und Spinnen auf Kiefern, Eiben, Erlen, Fichten und Pinien gelebt haben – an
derselben Stelle, die heute von einer mehrere Kilometer mächtigen Eisschicht
versiegelt ist. Ein Vergleich ergab, dass die Natur in der Vergangenheit Grönlands so aussah wie der Osten Kanadas heute.

Die DNA von Pflanzen übersteht Jahrtausende im Permafrost besser als die
von Säugetieren. Dennoch ist es nicht unmöglich, auch Erbgut großer Wirbel-
tiere zu finden und für die grönländische Vergangenheit nachzuweisen. Erst
2003 war es Willerslev gelungen, die DNA eines Pferdes im Permafrostboden
Sibiriens zu identifizieren. Die Untersuchung des Bohrkerns soll in den kom-
menden Jahren noch für Überraschungen sorgen.

Erstaunt waren die Forscher in Kopenhagen bereits, als sie die DNA aus Dye
3 datierten. Nach einer Studie, welche die US-Klimatologin Bette Otto-Bliesner
2006 vorgelegt hatte, ist Dye 3 erst seit 120.000 Jahren mit Eis bedeckt – seit
dem Beginn der letzten Eiszeit. Aus Willerslevs Datierung ergibt sich hingegen
ein anderes Szenario. Wie das Team aus Dänemark herausfand, war die im Permafrost gefundene DNA 450.000 Jahre alt – und damit wesentlich älter. Nach
dem Modell von 2006 war Grönland während verschiedener Eiszeiten von
Gletschern bedeckt und während der Warmzeiten eisfrei. Das hingegen erscheint unmöglich, da sich die DNA ohne Permafrost nicht hätte erhalten kön-

nen. Demnach muss das Eis am Grund von Dye 3 zwischen 450.000 und 800.000 Jahre alt sein. Die Forscher schließen daraus, dass das Grönlandeis wesentlich stabiler ist als bislang angenommen. Nach einer Untersuchung des Weltklimarates lagen die globalen Temperaturen in der Eem-Warmzeit, der Zeit der Neandertaler, um etwa drei bis fünf Grad Celsius höher als heute. Dennoch scheint das Grönlandeis nur geringfügig abgeschmolzen zu sein. Eine Erkenntnis, die für die Klimaerwärmung der Gegenwart brisant ist.

Zwischen den jüngsten Eiszeiten lag der Meeresspiegel um vier bis sechs Meter höher als heute. Dieses Phänomen ist erklärbar. Eiszeiten und Warmzeiten wechseln sich im Laufe der Erdgeschichte ab. Das Eis, das während einer Kältephase in Gletschern gebunden ist, schmilzt in der darauffolgenden Wärmeperiode und gelangt als Wasser in den globalen Klimakreislauf und damit in die größten Wasserspeicher der Erde, die Ozeane. Der Meeresspiegel steigt. Bislang nahmen Klimaforscher an, dass in der Eem-Warmzeit alles Wasser von den abgetauten Gletschern Grönlands ins Meer geflossen ist. Die Theorie klang logisch. Grönland ist die südlichste Landmasse, die vollständig mit Gletschern überzogen ist und südlich des Polarkreises liegt. Klimaerwärmungen müssten sich hier am schnellsten auswirken. Das schien auch die Studie von 2006 zu belegen, nach der Grönland in der Eem-Warmzeit eisfrei gewesen sein soll. Doch die Datierung der DNA bringt dieses Gerüst ins Wanken. Sollte Grönland trotz der hohen Temperaturen in der Eem-Warmzeit von Eis bedeckt gewesen sein – woher kam dann das Wasser des steigenden Meeresspiegels? Die Antwort liegt am Süddpol: Das Eis der Antarktis schmolz schneller als das Eis Grönlands. Aus der DNA von Käfern und Bäumen entstand in Kopenhagen eine neue Hypothese zum Klimawandel. Gegenüber der Zeitschrift „New Scientist" kommentierte der britische Polarforscher Eric Wolf die Erkenntnisse aus Dänemark: „Das würde bedeuten, dass unsere Sorgen über das Abschmelzen des Grönlandeises zu dramatisch waren. Wenn das wahr ist, lautet der Umkehrschluss, dass wir uns noch nicht genug Sorgen darüber gemacht haben, was gerade in der Antarktis passiert."

DIE ZUKUNFT DER VERGANGENHEIT

WORAN DIE HISTORISCHE DNA-FORSCHUNG VON MORGEN ARBEITET

Kulturgenetik – wenn Darwin sich ins Fäustchen lacht

S ogar ohne organisches Material scheint die Molekularbiologie Aussagen über die Entwicklung der Menschheit treffen zu können. Anfang 2008 setzten sich zwei US-Biologen in die Kanus der Südsee-Insulaner und paddelten aufs offene Meer hinaus zu den Theorien der Kulturevolution.

Der Weg führte vorbei an viel diskutierten Hypothese-Inseln. Seit dem 19. und vor allem im 20. Jahrhundert versuchten Biologen hartnäckig zu beweisen, dass Evolution nicht nur in den Genen stattfindet, sondern auch außerhalb des Menschen in seinen kulturellen Äußerungen zu erkennen ist. Der Begriff der Kultur ist dabei nicht in einem feuilletonistischen Sinn zu verstehen, sondern als sichtbare Äußerung eines Individuums oder einer Gruppe. Das können Traditionen sein oder in einer Gemeinschaft übliche Verhaltensweisen, Wissen, Glaube und Moral.

An diese Trennung wollen viele Biologen nicht glauben. William Donald Hamilton stellte 1964 einen Fall vor, der seiner Meinung nach ein Beleg für die Verzahnung von Kultur und Evolution ist. Zu dieser Zeit sorgte das Phänomen gegenseitiger Hilfeleistung bei Tieren für Aufsehen bei Verhaltensbiologen. Die Forscher hatten bei einigen Arten beobachtet, dass Tiere sich gegenseitig halfen, ohne einen sichtbaren Vorteil für sich selbst zu erzielen. Vor allem bei Säugetieren, Vögeln und staatenbildenden Insekten ist soziales Verhalten üblich. Die Tiere stehen sich im Kampf gegen Fressfeinde bei, ältere Jungtiere helfen bei der Brutpflege jüngerer Geschwister – offenbar selbstlos. Weder erhalten die Helfer einen Bonus bei der Teilung des Futters, noch steigen sie zu bevorzugten Partnern für die Fortpflanzung auf. Kein Wunder, meinte Hamilton. Er beobachtete, dass Hilfestellung in einer Tiergruppe meist nur zwischen Blutsverwandten stattfindet. „Kin selection" nannte der Biologe das, Verwandtenselektion. Seiner Meinung nach liegen die Vorteile für den Helfer nicht auf sicht- oder messbarer Ebene, sondern in seinen Genen verborgen. Deren Bestreben, so vermutete Hamilton, ist es, sich in möglichst vielen Individuen zu vervielfältigen. Da sei es nicht von Bedeutung, ob das durch „direkte Fitness", also Paarung, oder „indirekte Fitness" als Unterstützung nächster Verwandter geschehe.

„Das egoistische Gen" – so nannte der britische Biologe Richard Dawkins dieses Phänomen. Dawkins ging 1975 noch einen Schritt weiter und übertrug die Theorie der Sozialevolution auf die Kultur. Er erfand das Mem, den Träger der kulturellen Idee. Ähnlich den Genen sollten auch Meme zusammenarbeiten, mutieren und einer natürlichen Selektion unterliegen – und zwar mit rasender Geschwindigkeit. Während Gene nur von Generation zu Generation weitergegeben werden können, gestand Dawkins den Memen zu, sich unabhängig von Fortpflanzungsmechanismen ausbreiten zu können. Das funktioniere sogar von jüngeren auf ältere Generationen, eine evolutionäre Rolle rückwärts.

Das war bloße Theorie, und die musste Beschuss aushalten. Kritiker wandten ein, dass es unmöglich sei, dass eine materielle Einheit wie das Gen aus einem Informationsgehalt Eigensinn entwickelt. Das Verhalten von Tieren und Menschen sei zu komplex, um es vollständig mit Mechanismen des Erbgutes erklären zu können, so die Meinung der meisten Kollegen von Dawkins. Über dreißig Jahre wogte der Streit hin und her, dann entdeckten Paul Ehrlich und Deborah Rogers die Meme von Richard Dawkins in den Kanus der Polynesier.

Die Kanus sind Meisterwerke der Schiffsbaukunst und seit Jahrtausenden für die Insulaner das Verkehrsmittel Nummer eins. Viele Südseeinseln sind kaum größer als ein halbes Dutzend Fußballfelder, bis zum nächsten Eiland sind es oft hundert Kilometer über das offene Meer. Von der Bauart eines Kanus hängt für einen Polynesier das Überleben ab. Ehrlich und Rogers übertrugen darauf das Prinzip des Selektionsdrucks aus der Evolutionsbiologie. Demnach haben solche Individuen gute Fortpflanzungschancen, die an die Umwelt besser angepasst sind als andere. In der Folgegeneration sind die Angepassten stärker vertreten als die Nichtangepassten – über mehrere Generationen setzt sich eine Form durch, während die andere verschwindet.

Elf Inseln und 134 Bootstypen verzeichnet das Standardwerk der polynesischen Bootsbaukunst aus den 1930er Jahren. Genug für die Forscher, um darin einen Stammbaum der Evolution mit mächtigem Geäst zu erkennen. Die Wurzel des Gewächses fand der französische Philosoph Alain (eigentlich Émile Chartier, 1868–1951), der erklärte: „Jedes Boot wird von einem anderen Boot kopiert. [...] Jedes schlecht gebaute Boot wird nach ein oder zwei Fahrten auf dem Grund des Ozeans liegen und kann deshalb nicht noch einmal kopiert werden. [...] Man könnte deshalb mit aller Härte sagen, dass es die See selbst ist, welche die Boote gestaltet, indem sie jene auswählt, die funktionieren, und die anderen zerstört." Was steckte hinter dieser Theorie? Um der Kulturevolution auf die Schliche zu kommen, entwickelten Ehrlich und Rogers ein Modell. Bei den polynesischen Kanus untersuchten sie die Form und die Verzierung. Während sie die Form für das wesentliche Element hielten, welche das Kanu seetüchtig macht, galt ihnen die Verzierung als weniger wichtig, wenn es um das Überleben auf dem offenen Meer geht. Tatsächlich stellten die Forscher eine Entwicklung in beiden Disziplinen fest – und einen vielsagenden Unterschied. Während sich die Bauweise der Kanus in mehreren hundert Jahren nur langsam geändert hatte, variierten die Verzierungen schneller oder wurden sogar ausgetauscht. Darin erkannten Ehrlich und Rogers Symptome für negative Evolution, ein Prinzip aus dem Lehrbuch der Biologie, das auch „Keine Experimente" heißen könnte: Ein System, das perfekt an seine Umwelt angepasst ist, entwickelt sich nicht oder nur in kleinen Schritten weiter. Die Kanus der Polynesier waren mit optimalem Design auf Krieg, Fischfang und Kolonisierung über den Seeweg eingestellt. Jede große Veränderung hätte das Leben der Besatzung gefährdet. Bestätigung für diese Ansicht fanden die Populationsgenetiker in der sich rasch entwickelnden Verzierung der Kanus. Die sei, so die Forscher, weniger wichtig für das Überleben auf dem Meer und durfte sich deshalb rascher verändern. Hätten sich beide Systeme gleich schnell entwickelt, hieße es eins zu null für die Kritiker dieser Theorie. Der Unterschied im Kanu gibt den Befürwortern der Kulturevolution Oberwasser.

Dennoch regt sich Widerstand. Gegen den Versuch, die Mechanismen der Evolution auf die Kultur zu übertragen, werfen Völkerkundler ein, dass dieser einer westlichen Sichtweise entspreche. Die Verzierung der Kanus hat in den meisten Fällen spirituelle Bedeutung, oft dient sie dazu, die Götter zu bitten, Seefahrer und Fischer unversehrt heimkehren zu lassen. Deshalb könne niemand sagen, ob die Verzierung oder die Funktion der Kanus für die Besatzung wichtiger sei. Aber auch auf diesen Einwand wissen Ehrlich und Rogers eine Antwort. Sollten die Dekors für das Überleben wichtiger sein und sich schneller entwickeln, greift in diesem Fall die positive Selektion: Systeme passen sich so rasch wie möglich an ihre Umwelt an, bis die optimale Form gefunden ist. Wie man es dreht und wendet: Evolution und Kultur scheinen im selben Boot zu sitzen.

Vom Kanu in die menschliche DNA ist es in der Welt der Wissenschaft nur ein Katzensprung. Paul Ehrlich verweist auf eine Untersuchung von Philip Houghton. Der Anthropologe errechnete 1996, dass die Matrosen der Jungsteinzeit eine 50-prozentige Sterberate in Kauf nehmen mussten, wenn sie in See stachen. Ehrlich schlussfolgert: „Bevorzugte Merkmale des Kanudesigns durften nur ausgewechselt werden, wenn die neuen Designmerkmale gleichwertig oder förderlicher waren. Dieser Prozess ist eine mächtige und systematische selektive Kraft, ihre Folgen sind in der Kultur der Nachfahren der Überlebenden erkennbar und vermutlich ebenso in deren Genen." Wer das Meer überlebte, konnte seine Gene weitergeben und seinen Nachkommen zeigen, wie man ein gutes Boot zimmert. Wer diese Hypothese akzeptiert, für den sind Kulturtradition und Genfluss vergleichbar.

Geht es nach Paul Ehrlich und Deborah Rogers, sind die Kanus der Südsee nur die Vorboten einer ganzen Flotte von Ideen auf dem Meer der Kulturwissenschaft – und die schwimmt gegen die herkömmliche Meinung an, der zufolge kulturelle Entwicklungen Ereignisse sind, die nicht systematisch und damit auch nicht vorhersehbar sind. Vielleicht, so hoffen die Biologen, lassen sich auch andere evolutionäre Mechanismen auf die Kultur des Menschen anwenden. Dazu könnte der Flaschenhalseffekt zählen, bei dem eine dramatisch verringerte Population das Genmaterial der folgenden Generationen neu mischt, oder der Gründereffekt, bei dem sich bislang seltene Allele, alternative Genformen, stärker durchsetzen, weil die Träger durch die Besiedlung neuer Le-

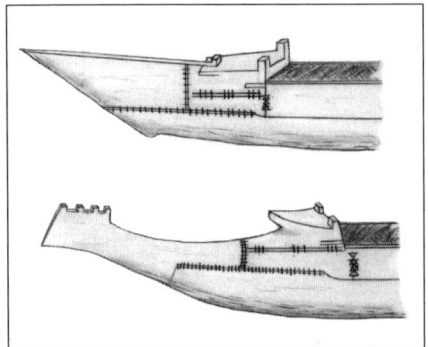
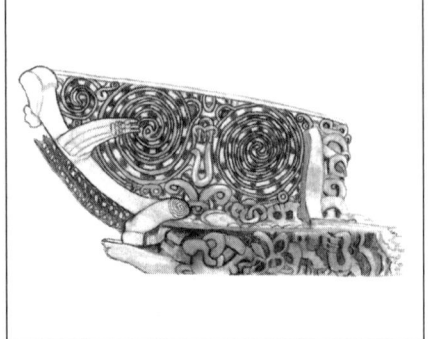

Mutationen in Holz – nach der Theorie von Paul Ehrlich sollen die Kanus der Polynesier einem Selektionsdruck unterliegen. Die Formen, so Ehrlich, veränderten sich nur geringfügig, da die Fahrzeuge bereits perfekt an das Überleben auf dem Wasser angepasst seien …

… Hingegen seien die weniger bedeutenden Verzierungen der polynesischen Kanus großen Veränderungen unterworfen. Ehrlich vermutet, dass die Mechanismen der Evolution in begrenztem Maße auch auf die Kultur anwendbar sind.

bensraumes anderen Fortpflanzungsregeln unterliegen. Von dort ist es nur ein kleiner Schritt zur Vorhersage gesellschaftlicher Veränderungen. „In diesem Aufsatz geht es nicht um Kanus, sondern darum, ob sich in der Geschichte vorhersehbare Muster finden lassen oder nicht", so Paul Ehrlich gegenüber der US-Zeitschrift „Wired". „Wenn die Forschung Einblicke in jene Mechanismen erhält, die kulturellen Veränderungen unterliegen, kann sie vielleicht unserer eigenen Kultur dabei helfen, die Erkenntnisse über den Klimawandel in aktives Engagement zu verwandeln oder dabei helfen, Kriege zu verhindern", so Ehrlich weiter. Ob dieses Kanu tatsächlich durch den kulturellen Flaschenhals passt, müssen künftige Untersuchungen zeigen.

Die Liebe der Kreuzfahrer

Religion ist die Galleonsfigur der Kulturgeschichte. Sie eint die Gläubigen und scheidet die Geister. In den vergangenen Jahren ist besonders der Gegensatz zwischen Islam und Christentum schärfer geworden, aber er ist kein Phänomen der Neuzeit. Wie Genetiker an der Libanesisch-Amerikanischen Universität in Beirut 2008 herausfanden, gingen Muslime und Christen schon immer getrennte Wege. Gemeinsam unterwegs sind in diesem Fall Genetik und Kulturwissenschaft.

Die Kreuzfahrer waren schuld. Die Krieger im Zeichen des Kreuzes herrschten vom 11. bis zum 13. Jahrhundert im Libanon. Sie pflanzten Burgen wie Byblos in den Sand der Levante, eroberten Landstriche von den Muslimen und verloren sie wieder. Im Libanon herrschte zwei Jahrhunderte lang ein blutiges Durcheinander. Die Grenzen zwischen Islam und Christentum waren mit dem Schwert gezogen. Sie blieben auch in den folgenden Jahrhunderten unüberwindlich.

Die kulturellen Nachwehen der Kreuzzüge stöberte der Genetiker Pierre Zalloua im Erbgut von neunhundert Testpersonen aus dem Libanon auf und verglich das Ergebnis mit der DNA von 8000 Westeuropäern. Wie Zalloua herausfand, tragen beide Populationen auf den Y-Chromosomen die WES1-Signatur des R1B-Haplotyps – mit einem Unterschied: WES1 kommt wesentlich häufiger bei christlichen Libanesen vor als bei Muslimen. Der muslimische Bevölkerungsteil trägt häufiger die xJ2-Signatur an derselben Position im Erbgut. Diese Verteilung schien darauf hinzudeuten, dass sich seit den Kreuzzügen christliche und muslimische Glaubensgemeinschaften nicht miteinander vermischten. Um sicherzugehen, verglich Pierre Zalloua die Verteilung der Gensignaturen mit der geografischen Verbreitung ihrer Träger. Nach den Regeln der Populationsgenetik vermischen sich Gruppen meistens dann, wenn sie über einen längeren Zeitraum in unmittelbarer Nachbarschaft leben. Im Libanon war diese Regel durch die Religion außer Kraft gesetzt. Selbst in großen Städten blieben die Gläubigen der christlichen und islamischen Gemeinden unter sich, ob sie nun Tür an Tür lebten oder nicht. Hingegen ähnelten sich die Gene jener Gruppen mehr, die zwar weit entfernt voneinander lebten, aber derselben Religion angehörten. Die Berge, die der Glaube wirklich versetzt, sind Barrikaden gegen die Fortpflanzung.

Durch den Glauben strikt getrennt – das gilt auch für Muslime und Buddhisten. Ein Schmelztiegel beider Religionen und vieler Volksgruppen ist die Region Ladakh im Norden Indiens. In die Hochgebirgslandschaft Kaschmirs hat die Geschichte so viele Ethnien verschlagen, dass sie heute kaum noch voneinander zu unterscheiden sind. Die heute dort lebenden Buddhisten sind die Nachfahren von mongolischen Stämmen, die diese Region vermutlich als erste bewohnten. Die Mongolen vermischten sich wiederum mit Neuankömmlingen aus Tibet – Schafhirten und Nomaden aus dem Nachbarland, die vor etwa tausend Jahren in die Gebirgsregion kamen. Noch recht neue Nachbarn der Buddhisten sind die Muslime. Sie erreichten Ladakh vor einigen hundert Jahren, vermutlich durch die Einwanderung von Angehörigen des Sufi-Ordens, einer islamischen Bruderschaft, die sich seit dem 12. Jahrhundert über die islamische Welt von West-Afrika bis Indien ausbreitete. Die Nachkommen der Sufi-Geistlichen drängten vermutlich von Pakistan nach Ladakh, wo sie heute Seite an Seite mit den Buddhisten leben – und doch strikt voneinander getrennt.

Wann entstand das Völkergemisch in Ladakh und welche Auswirkungen hatte die Einwanderung auf die alteingesessene Bevölkerung? Lebten die Gruppen zusammen oder waren sie sich spinnefeind? Bislang ließen sich Wanderungsbewegungen von Menschen und ihre Auswirkungen auf heutige Bevölkerungen genetisch nur dann nachvollziehen, wenn bereits viele Jahrtausende ins Land gegangen waren. Erst nach langer Zeit verändern sich die Gene der Bevölkerung durch Mutation und Selektion und zeigen sichtbare Unterschiede oder Ähnlichkeiten. Thierry Wirth vom Max-Planck-Institut für Infektionsbiologie in Berlin war das nicht genug. Der Biologe vermutete, dass auch Wanderungen von Menschen aus jüngster historischer Zeit mithilfe der Genetik nachgewiesen werden können. Wirth reiste 2004 von der Spree an den Indus.

Nur ein halbes Jahrtausend Isolation zwischen den Berggipfeln – das genügte nicht für einen DNA-Vergleich. Aber Wirth hatte neben den Blut- und Gewebeproben der Bewohner von Ladakh noch eine andere Testsubstanz in der Hinterhand, von der er sich bessere Ergebnisse erhoffte – Helicobacter pylori. Die Magenbakterie hatte bereits geholfen, die Wanderung des Menschen von Afrika bis Asien zu verfolgen, es war Zeitzeuge der Besiedlung Amerikas und Australiens, jetzt musste H. pylori zeigen, ob es auch Informationen über historisch kurze Zeiträume enthielt. Zwar sind fünfhundert Jahre für die Kulturgeschichte eines geographischem Raumes eine lange Zeit, biologisch aber nur ein Augenblick. Wirth machte die Probe aufs Exempel.

Die einzige Möglichkeit, H. pylori-Bakterien einzufangen, ist die Magenspiegelung. Fünfzig Ladakhi unterzogen sich der Prozedur. Danach trennten die Forscher die Gewebeproben strikt nach Glaubensrichtungen, um herauszufinden, ob buddhistische H. pylori-Bakterien anders beschaffen sind als muslimische. Tatsächlich klaffte in den Mägen der Ladakhi ein Glaubensspalt.

Die Bakterien der Buddhisten trugen eine bunt zusammengewürfelte DNA, die Sequenzen ähnelten sich zwar an vielen Positionen, wiesen aber große Unterschiede an anderen Stellen auf – für den Genetiker Wirth ein Zeichen dafür, dass sich in Ladakh mehrere Gruppen von Einwohnern und Zuwanderern vermischt haben müssen. Wie sich zeigen sollte, war es zu dieser Vermischung gekommen, bevor der Islam in Ladakh Einzug gehalten hatte.

Die Muslime waren unter sich geblieben. Achtzehn H. pylori-Proben stammten von islamischen Ladakhi, nur drei davon zeigten Zeichen von Vermischung. Das Erbmaterial der übrigen fünfzehn Magenbakterien ähnelte sich. Dafür gibt es zwei mögliche Gründe. Vielleicht kamen die Sufi erst spät nach Ladakh, als Buddhisten und Muslime bereits getrennte Wege gingen und eine Vermischung mit der Bevölkerung aus Glaubensgründen verboten war. Möglich ist auch folgende Erklärung Wirths: Die Muslime kamen vor etwa fünfhundert Jahren in die Bergregion von Ladakh und vermischten sich zwar nicht mit den Buddhisten, dafür aber mit Anhängern anderer Glaubensformen wie etwa Animisten, die in den teilweise isolierten Tälern des geographischen Großraumes lebten. Nicht jede Religion errichtet Schranken gegen Andersgläubige. Erneut präsentierte die Genetik der Kulturwissenschaft eine Hypothese. H. pylori hatte ganze Arbeit geleistet.

Ein tiefer Blick in Mozarts Schädel

Genetik und Vergangenheit lassen sich auch mit Kunstgeschichte zur Melange verrühren, wie Wissenschaftler in Österreich herausfanden. Von Innsbruck aus spähte der Genetik-Experte Walther Parson nach Salzburg, ins Mozarteum, welches das Erbe Wolfgang Amadeus Mozarts verwaltet. Dort ruht seit 1902 ein Schädel, der einst dem Komponisten gehört haben und demnach Quell unsterblicher Musik gewesen sein soll. An Mozarts Schädel aber haftete ein Makel: Niemand wusste mit Sicherheit zu sagen, woher er kam. Eine Nationalikone aber braucht ein wasserdichtes Echtheitszertifikat. So ließ das österreichische Fernsehen ORF auf dem Sebastiansfriedhof in Salzburg ausgraben.

Auf dem Gottesacker soll Mozarts Nichte Jeanette die letzte Ruhestätte gefunden haben. Vorteil für die Wissenschaft: Die 16-jährige ist mit ziemlicher
Sicherheit in dem entsprechend gekennzeichneten Grab bestattet. Bei Mozart
selbst liegt der Fall anders. Er war 1791 in Wien im Alter von 35 Jahren gestorben
und in einem Armengrab auf dem Friedhof St. Marx beigesetzt worden. Derartige Gräber erlauben nach ihrer Verschüttung kaum mehr die Identifikation der
in ihnen Begrabenen. Oft liegen mehrere Tote beieinander, für Grabsteine oder
Namensschilder hatte seinerzeit niemand Geld. Das kam die Geschichte teuer zu
stehen. Ihr fehlt ein echtes Mozartgrab. Doch das sollte nun anders werden.

Die Idee der Genetiker: Die DNA in den Mithochondrien müsste sowohl
beim Schädel als auch bei den Gebeinen der Frauen der Familie so weit über-
einstimmen, dass eine Vererbungslinie nachweisbar ist. Sicherste Vergleichs-
person wäre Mozarts Mutter gewesen, doch die teilte das Schicksal ihres
Sohnes, in einem anonymen Grab bestattet worden zu sein, das überdies nicht
in Salzburg, sondern in Paris liegen soll. Auch wo Mozarts Schwester Anna Maria die letzte Ruhe fand, ist nur andeutungsweise überliefert. Sie soll auf dem
Salzburger Friedhof St. Peter in einer Kommunalgruft zusammen mit anderen
Toten beigesetzt worden sein. Dingfest machen konnten die Wissenschaftler
hingegen das Grab von Vater Leopold. Zwar hätten die Forscher mit der Untersuchung seiner Knochen eine genetische Niete gezogen, da sich die DNA der
Mitochondrien nur von der Mutter auf die Kinder vererbt. Doch das Grab Leopold Mozarts barg zwei Überraschungen.

Im Auftrag des ORF öffneten Archäologen drei nebeneinanderliegende Gräber, von denen eines, so die Vermutung, das der 16-jährigen Jeanette Berchthold
zu Sonnenburg gewesen sein könnte. Tatsächlich kam das Skelett einer jungen
Frau ans Tageslicht. Die Knochen waren gut erhalten und für die Entnahme
einer DNA-Probe geeignet. Überdies gaben auch die Gebeine von Mozarts
Großmutter genug Material für eine Untersuchung her. Euphrosina Pertl soll
einer historischen Quelle zufolge ebenfalls bei ihrem Sohn bestattet worden
sein. Da drei Tote nebeneinander lagen, schien sich die Vermutung zu bestätigen: Vater, Großmutter und Nichte des Komponisten ruhen in einem Grab. Viel
Stoff für eine Untersuchung. Die Lösung des Mozart-Rätsels lag in greifbarer
Nähe. Der Fernsehsender spekulierte bereits über die Entdeckung des „Kreati-
vitäts-Gens". Aber nur für kurze Zeit.

Die chaotischen Bestattungssitten des 18. Jahrhunderts machten den DNA-Testern einen Strich durch die Rechnung. Gleich zu Beginn der Untersuchung kam die Absage aus dem Labor: Die im vermeintlichen Familiengrab der Mozarts beigesetzten Toten waren nicht miteinander verwandt. Letzte Möglichkeit war ein Vergleich des Mozartschädels mit jedem einzelnen der drei Skelette. Dazu entnahmen die Forscher eine Messerspitze Zahnstaub vom angeblichen Mozart und verglichen erneut. Wieder Fehlanzeige. Keine der Erbinformationen deckte sich. Entweder hatte der Schädel nie auf Mozarts Hals gesessen, oder die Verstorbenen im Familiengrab waren Fremde.

Das war tragisch. In Europa stand 2006 das Mozartjahr vor der Tür, eine Identifizierung hätte zum rechten Zeitpunkt Schluss gemacht mit dem Malheur, dass Mozarts Werke zwar allerorten präsent sind, ihr Komponist allerdings verschollen bleibt. Was tun? Die Genetiker versuchten sich in Haarspalterei. Unter den Devotionalien des Mozarteums lagen zwei Locken – auch sie sollten von Mozart stammen und auf dem verdächtigen Schädel gewachsen sein. Noch einmal surrten die Maschinen im Genlabor, noch einmal Fehlanzeige. Die DNA deckte auf: Die Locken waren nie auf dem Schädel gewachsen. Beide Büschel stammten nicht einmal von derselben Person. Die Geschichte ihrer Herkunft war an den Haaren herbeigezogen.

Mit dem niederschmetternden Ergebnis der Haar- und Schädelproben kam auch eine neue Theorie über den Tod des Komponisten zu Fall. Nur wenige Monate vor dem Schädeltest hatten die Haare Wissenschaftlern der Universität Wien als Forschungsobjekt herhalten müssen. Die Forscher fanden Quecksilberrückstände in den Strähnen – das ließ Medizinhistoriker aufhorchen. Zu Lebzeiten Mozarts war Quecksilber mit Wasser verrührt eine verbreitete Arznei gegen die ebenso verbreitete „Franzosenkrankheit": die Syphilis. Was Mozartbiografen schon lang vermuteten, schien Gewissheit: Der große Komponist war tatsächlich vergiftet worden, allerdings von seinem Arzt und das nach bestem Wissen und Gewissen. Doch diese These überlebte nur ein Jahr. Die Absage der Molekularbiologen an die Authentizität von Schädel, Haaren und Verwandten Mozarts machte die erhoffte Erkenntnis über Leben und Sterben des Musikgenies zunichte. Damit war auch alle Hoffnung auf die molekulare Quelle der unsterblichen Musik Mozarts vergebens. Walther Parson: „Die Lokalisation eines Kreativitätsgens oder ähnliche Unterfangen sind derzeit nicht möglich, das ist reine Spekulation. Dazu fehlt heute noch das Wissen über den genetischen Hintergrund. Dies kann vielleicht in Zukunft geschehen, dafür wäre aber zunächst eine eindeutige Identifikation des Schädels nötig." Die Tür, welche die Genetik im Fall Mozart zu öffnen versprach, fiel ins Schloss zurück.

Auch ohne genetisches Zertifikat erhielt der Schädel seinen Stammplatz unter einer Glasglocke zurück. Dort liegt er, seit er dem Mozarteum Anfang des 20. Jahrhunderts aus einem Nachlass geschenkt worden war. Auf der Stirn klebte ein Zettel: „Vom Todtengräber Jos. Rothmayer, welcher sich die Stelle merkte, wo er Mozarts Sarg einscharrte, bei der Leerung der Gemeingrube 1801 gerettet, und von seinem Nachfolger Jos. Radschopf, meinem Bruder Jacob geschenkt. 1842". Die Herkunft des Knochens wird noch manchem Mozartforscher Kopfzerbrechen bereiten.

Zank um Galileos Grab

Der Mann, der die Welt mit anderen Augen sah, starb blind. Galileo Galilei beobachtete im 16. Jahrhundert den Himmel mithilfe eines Fernrohrs, entdeckte Jupitermonde und Sonnenflecken, begründete die moderne Physik und bewies das heliozentrische Weltbild des Kopernikus, nach dem sich die Erde um die Sonne dreht. Das passte der katholischen Kirche nicht. Sie verurteilte Galilei zum Schweigen. Bis zu seinem Tod lebte der Wissenschaftler unter Hausarrest der Inquisition. Erst 1992 rehabilitierte Papst Johannes Paul II. den Physiker formal. Seine Schriften waren bereits 1835 vom Index verbotener Schriften der katholischen Kirche genommen worden. Dennoch gilt der Streit zwischen Papsttum und Physiker als Exempel für die gegensätzlichen Meinungen von Glaube und Wissenschaft – ein uralter Streit um Wahrheiten, den nun die Molekular-biologie wieder entfacht.

Galileis Überreste liegen am Ort seines Wirkens, in Florenz. Ein Renaissance-Grabmal in der Kirche Santa Croce ist Pilgerziel von Touristen und nun auch Zankapfel von Kirche und Universität. Im März 2008, 365 Jahre nach Galileis Tod, wollten Wissenschaftler das Grab öffnen, um den Leichnam zu untersuchen. Die Kirche verweigerte die Genehmigung. Interesse an dem Gebein des großen Denkers meldete Paolo Galluzzi an. Der Direktor des Instituts und

Museums für die Geschichte der Wissenschaft in Florenz ist mit der Biografie Galileo Galileis vertraut und kennt viele Lücken in den Berichten. So gilt bis heute als rätselhaft, wen der Denker mit ins Grab nahm. Eines steht fest: Galilei ruht nicht allein. Angeblich soll seine Tochter, Maria Celeste, in derselben Gruft begraben sein. Doch das gilt als fragwürdig. Ein DNA-Test sollte die Verwandtschaft der beiden Toten beweisen.

Stein des Anstoßes war ein Brief Maria Celestes an ihren Vater, der in der Fachwelt zwar schon lange bekannt war, jedoch immenses öffentliches Interesse fand, als die Schriftstellerin Dava Sobel ein halbfiktives Sachbuch nach den Hinterlassenschaften schrieb, das zum Bestseller wurde. Galilei war einmal mehr in aller Munde – dieses Mal auch die Leiche seiner Tochter.

Wer den Briefen aus „Galileos Tochter" glaubt, der stößt tatsächlich auf Ungereimtheiten in der Gruft. Nach seinem Tod wurde Galileo zunächst unter einem Glockenturm in Florenz beigesetzt. Erst 1737 hob die Kirche den Bann gegenüber dem Wissenschaftler auf. Der Tote durfte in der Kirche ruhen. Bei der Umbettung fanden die Arbeiter Galileos Skelett und das eines weiteren, unbekannten Menschen. Zwar ließ sich noch feststellen, dass es sich um eine Frau handelte und dass sie bereits vor Galilei gestorben sein muss, ein Name aber war nicht zu finden. Da Maria Celeste im Alter von 33 Jahren und acht Jahre vor ihrem Vater gestorben war, nahmen die Geistlichen an, es handele sich um dessen Tochter und legten beide Skelette wie zuvor zusammen in eine Gruft, dieses Mal in der Kirche Santa Croce. Für die Identität des weiblichen Skeletts aber fehlten Inschriften oder andere Hinweise. Der DNA-Test würde entweder alle Fragen aus dem Weg räumen oder – falls er negativ ausfallen würde – viele neue in die Welt setzen.

Überdies hoffte Galluzzi, Details über das Augenleiden Galileo Galileis zu erfahren. Angeblich soll der Forscher erblindet sein, weil er zu lange durch sein Fernrohr in die Sonne geblickt hatte. Das aber hält Galluzzi für eine romantische Überspitzung. Der Institutsleiter glaubt vielmehr, dass ein Alters-Glaukom für das Erlöschen des Augenlichts verantwortlich war. Litt Galilei an Grünem oder Grauem Star, so müsste sich das an der Mutation der entsprechenden Gen-Positionen feststellen lassen. Die Genetik weiß heute, dass beispielsweise das primäre Offenwinkelglaukom auf Mutationen von Myocilin und Optineurin zurückzuführen ist. Warum also war Galilei blind?

Für Antonio Di Marcantonio stand fest: Das Grab bleibt geschlossen. Der für Santa Croce zuständige Geistliche lehnte den Vorschlag ab, die Gruft zu öffnen. „Das ist ein Karneval", so Di Marcantonio gegenüber der Tageszeitung „London Daily Telegraph". „Lassen Sie uns in Ruhe. Es wird nichts angerührt." Der Geistliche erhielt Unterstützung von einigen Mitgliedern der florentinischen Stadtverwaltung.

Erst im September 2007 hatte die Wissenschaft den Franziskanern eine lange verehrte Reliquie als Fälschung entlarvt. In Santa Croce bewahrten die Brüder ein Gewand auf, das Ordensgründer Franz von Assisi im 13. Jahrhundert getragen haben soll. Wie die Radiokarbondatierung einer Stoffprobe ergab, ist das Gewand erst hundert Jahre nach dem Tod des Heiligen gewebt worden. Allerdings datierten die Wissenschaftler aus dem Team von Pier Andrea Mandó den Gürtel der Robe in die Zeit des Franziskus. Für Di Marcantonio , der auch Leiter des toskanischen Franziskanerordens ist, war das genug, der Reliquie ihren Wert nicht abzusprechen.

Kirche und Gentests kommen sich auch in Venedig in die Quere. Dort liegt das Grab des heiligen Markus unter der Basilika San Marco, ein Nabel des Tourismus und ein Grundpfeiler der Kirchengeschichte. Wie der britische Historiker Andrew Michael Chugg 2005 vermutete, könnte der Tote in der Krypta eine andere Identität haben, als alle Welt annimmt. Chugg glaubt, dass der Leichnam Alexanders des Großen in San Marco bestattet wurde. Seine Hypothese: Im 8. Jahrhundert reisten venezianische Kaufleute nach Alexandria, um die Gebeine des Evangelisten Markus nach Venedig zu überführen. Die italienische Lagunenstadt lag im ständigen Kampf mit Pisa und brauchte eine Reliquie mit Prestige. Markus soll in Alexandria gestorben und bestattet worden sein. Venedig musste nur zugreifen. Tatsächlich war die Mission erfolgreich. Die Kaufleute fanden eine Mumie in einem Gebäude, das sie für die Kirche des heiligen Markus hielten, raubten den Leichnam und schmuggelten ihn bei Nacht und Nebel auf ihr Schiff. Andrew Chugg verfolgte den Weg der Venezianer, studierte alte Karten und Berichte und kam zu dem Schluss, dass die Diebe die Leichen verwechselt hatten. Zum einen soll Markus verbrannt worden sein – eine Mumie hätte es gar nicht geben dürfen. Zum anderen lag die Kirche des heiligen Markus gleich neben einem anderen Gebäude, das auf Stadtkarten die Bezeichnung „Alexander der Große" trug.

Was auf den ersten Blick wie eine Verschwörungstheorie klingt, konnte von dem Briten seriös nachgezeichnet werden. Die Spur führt nach San Marco und verläuft sich dort in den Korridoren der Kirchenbürokratie. Sämtliche Gesuche, das Grab des Heiligen öffnen zu dürfen, um einen DNA-Test durchzuführen, lehnte die Kirche ab. Eine Untersuchung könnte zahlreiche Fragen beantworten. Durch eine Datierung ließe sich feststellen, ob der Leichnam aus der Zeit des heiligen Markus oder aus jener Alexanders des Großen stammt. Im letzten Fall könnte geklärt werden, unter welchen Umständen der makedonische Feldherr starb – bis heute ein Mysterium der Antikenforschung. Unter günstigen Umständen ließen sich Verwandtschaftsgrade Alexander des Großen mit heute lebenden Menschen nachzeichnen, die wiederum zum Verständnis der hellenistischen Geschichte und ihrer Folgen beitragen könnten. San Marco aber schweigt wie ein Grab.

Die DNA von Qumran

Die Schriften von Qumran sind ein Schatzfund der Bibelforschung. Die in Höhlen am Toten Meer entdeckten Pergamentfetzen enthalten Texte des Alten Testaments in einer heute nicht bekannten Form, vielleicht der ursprünglichen Lesart. Die Zeit aber hatte den aramäischen Texten zugesetzt, die Schriften waren in Tausende von Einzelteilen zerbrochen. Es dauerte von der Entdeckung 1947 bis zum Jahr 2002, dass die meisten Rollen zusammengepuzzelt und in Teilen übersetzt werden konnten. In den annähernd fünfzig Jahren Qumran-Forschung wucherte ein Dickicht aus Verschwörungstheorien über absichtlich falsche Datierungen und Schriftrollen, die im Vatikan vor der Öffentlichkeit versteckt worden sein sollen. Die tatsächliche historische Bedeutung der Qumranrollen aber liegt in etwa hundert religiösen Texten aus dem 1. und 2. Jahrhundert v. Chr., die bis dahin von keinem anderen Ort bekannt gewesen sind. Sie sind Dokumente einer Zeit, in der das rabbinische Judentum entstand – Juwelen der Geschichte, in brüchiges Leder gefasst. Diesen Schatz nahm sich 1995 ein Team aus Molekularbiologen und Historikern vor, um die Herkunft und die Datierung der Rollen auf ein naturwissenschaftliches Fundament zu stellen.

Pergament gehört zu den ältesten Schriftträgern der Menschheit. Im 2. Jahrhundert v. Chr. ersetzte es den aus Ägypten stammenden Papyrus. Pergament war dauerhafter, aber teurer. Es war vor allem die antike Stadt Pergamon (heute Bergama, Türkei), welche die Produktion förderte. Trotz der verschiedenen Prozeduren, die bei der Pergamentherstellung nötig sind, bleibt das Erbgut der Tiere in der Haut erhalten. Eine Entnahme von DNA-Proben mochte deshalb ebenso Erfolg versprechend sein wie die Untersuchung des Erbguts von Mumien. Vielleicht, so die Hoffnung Mitte der 1990er Jahre, konnte das Erbgut der Qumranrollen helfen, die Zehntausende von kleinen Schriftteilen chronologisch zu sortieren und richtig zusammenzusetzen. Zum Forscherteam gehörte neben Patricia Smith und Marina Faerman von der Jerusalemer Universität auch Scott Woodward aus Utah, der als Mumienexperte bereits das Erbgut vieler ägyptischer Leichname untersucht hatte. Tatsächlich gelang es den Forschern, mtDNA aus dem Pergament zu gewinnen.

Elf Proben von etwa einem halben Quadratzentimeter Größe nahmen die Wissenschaftler von den Pergamenten. Den Philologen war das recht. Nicht alle Fetzen waren beschriftet und manche Ränder der uralten Schriften brachen ab und gingen im Zuge von Bergung und Arbeit verloren. Unter der Tinte suchten die Biologen nun nach dem Code des Lebens. Woodward war auf einen Teil der mtDNA aus, die D-Schleife genannt wird, ein Stück von etwa 150 bis 200 Basenpaare – klein genug, um die Zeit überdauert zu haben, und groß genug, Aussagen daran festzumachen.

Ziege, Schaf, Gazelle oder Kuh kamen als Leder-Lieferanten infrage. Sechs der Sequenzen zeigten Parallelen zur DNA von modernen Ziegen, aber es gab Unterschiede. Zunächst vermuteten Woodward und Smith, dass Mutationen in den vergangenen 2000 Jahren das Erbgut der Ziegen stark verändert haben, doch die Unterschiede waren zu groß. Erst der Vergleich mit anderen Tierarten ergab die Lösung: Diese Pergamente waren zum Großteil aus Gazellenhaut gefertigt. Weitere DNA-Untersuchungen zeigten, dass die bekannte Datierung der Texte durch andere naturwissenschaftliche Methoden korrekt war, und dass die Herden, aus deren Leder die Seiten gefertigt waren, aus der Region des Fundortes stammten. Vermutlich hielt die Sekte der Essener, denen die Texte zugeschrieben werden, selbst Nutzvieh, um sich autark ernähren zu können. Zwar offenbarte die Untersuchung der DNA keine Sensation, die Methode an sich aber ließ Philologen weltweit aufhorchen. Mit der molekularbiologischen Untersuchung von Pergamenten öffneten sich bislang ungeahnte Möglichkeiten.

Die Herkunft antiker Texte zu bestimmen ist eine Kunst, die bislang von der Interpretation alter Quellen abhängt. Welcher Autor lebte wann und schrieb wo? Zwar sind die meisten Originale der griechischen Philosophen und Naturwissenschaftler verschollen, aber Kopien aus dem Mittelalter sind fast ausnahmslos auf Tierhäute geschrieben, deren Ursprungsorte sich mittels DNA-Tests feststellen lassen.

Einen Versuch, dieses Verfahren für die Geschichte der Evangelien nutzbar zu machen, startete 2003 Christopher Howe. Der britische Biochemiker untersuchte zunächst die Werke Geoffrey Chaucers. Der Dichter hatte im 14. Jahrhundert als einer der ersten die mittelenglische Sprache in seinen Texten verwendet und Englisch damit zur Literatursprache erhoben. Chaucer aber starb zweihundert Jahre vor der Erfindung des Buchdrucks, seine Schriften überdauerten die Jahrhunderte als Manuskripte auf Tierhaut. Mönche kopierten die Texte Chaucers in den Schreibstuben der Klöster dutzendfach und nahmen dabei viele Änderungen vor, die wiederum von anderen Kopisten übernommen wurden. Im Jahr 1500 gab es insgesamt 88 Versionen von Chaucers „Canterbury Tales", jede mit anderen Worten und teilweise anderer Textstruktur.

Auf der Suche nach dem wahren Chaucer verbrachte der Philologe Peter Robinson von der De Monfort University in Leicester zehn Jahre damit, 25.000 Seiten Text nach inhaltlichen Kriterien zu bewerten, um auf diesem Weg den Originaltext zu rekonstruieren. Christopher Howe half nach. Der Biochemiker aus Cambridge hatte die Idee, dass sich Mutationsraten, wie sie Genetiker im Erbgut auszählen können, auch auf Manuskripte übertragen lassen. Dabei ging es Howe zunächst nicht um die Tier-DNA der Pergamentseiten, vielmehr um Mutationen in der Rechtschreibung. Die Veränderung von Worten könnte, so Howes Verdacht, ebenso einem Rhythmus folgen wie die Veränderung von Genen. Die Technik funktionierte tatsächlich. Gemeinsam mit Christopher Howe gelang es Peter Robinson, die früheste Version des Prologs aus der Erzählung der Frau von Bath zu identifizieren.

Der Sprung von der Wort-Analyse zur Pergament-DNA ist groß. Als Testobjekt fasste Christopher Howe 2003 das Evangelium von Canterbury ins Auge, einen der frühesten Bibeltexte, der um 600 n. Chr. von Italien nach Großbritannien gelangt sein soll. Angeblich soll Papst Gregor der Große das Manuskript dem heiligen Augustinus gegeben haben, der anschließend die Briten missionierte. Bis heute schwören die Erzbischöfe von Canterbury bei ihrer Ernennung auf den Folianten. Ein DNA-Test könnte nicht nur das Alter des Pergaments beweisen, Howe erwartete von einem positiven Ergebnis auch Aufschluss darüber, ob der Foliant überhaupt in Italien hergestellt worden ist. Die Herkunft der Tiere, deren Haut für das Buch verwendet wurde, könnte sich mittels Erbgutanalyse als südeuropäisch erweisen – oder nicht. Eine Genehmigung zur Untersuchung des Textes steht bis heute aus.

Erbgut von Gottes Sohn

DNA ist überall: Mammuthaare, Dinosaurierknochen, Menschenzähne und alte Bücher geben verwertbares Material für Biochemiker ab, um der Vergangenheit nachzuspüren. Das mutmaßlich wertvollste Stück Erbgut aber wäre eines von Jesus Christus.

Als ein Bautrupp am 28. März 1980 einen neuen Wohnkomplex im Jerusalemer Viertel Talpiot errichten wollte, stießen die Arbeiter bei Ausschachtungen auf ein antikes Grab. Archäologen der israelischen Antikenbehörde untersuchten den Fund. Hinter dem Eingang lag eine mehrere Kammern umfassende Grabanlage, in der zehn Knochenkästen aus Kalkstein standen.

Solche Ossuarien sind der Forschung bekannt. Sie waren zwischen 30 v. Chr. und 70 n. Chr. die traditionelle Form der Bestattung bei den Juden. Bei einem Todesfall wickelten die Angehörigen den Leichnam üblicherweise zunächst in ein Tuch und legten ihn in ein Felsengrab, wo er ein Jahr lang verging. Danach folgte die Neubestattung der Überreste in einem Knochenkasten.

Glücksfall für Historiker: Fünf der zehn Kisten von Talpiot trugen Namen. Glücksfall für Christen: Alle Genannten lassen sich mit der Familie Jesu Christi in Verbindung bringen, möglicherweise, so die Vermutung, lag Christus selbst in der Kammer. Auf den Inschriften steht zu lesen: „Jesus, Sohn des Joseph", „Maria", die lateinische Version von „Miriam", ferner „Matia", das hebräische Wort für „Matthäus" – der Name von Jesu Urgroßvater, „Joseph", und eine einzige griechische Inschrift „Mariamene e Mara", übersetztbar mit „Maria, bekannt als die Herrin". François Bovon, Professor für Religionsgeschichte an der Harvard-Universität, glaubt, die griechische Inschrift deute auf Maria Magdalena. Eine sechste Inschrift auf Aramäisch soll übersetzt bedeuten: „Judah, Sohn des Jesus".

Diese Bündelung von Namen aus den Evangelien in einem Grab konnte kein Zufall sein. 2007 veröffentlichte der US-amerikanische Discovery Channel einen kräftig beworbenen Dokumentarfilm, in dem der Sender zu beweisen suchte, dass das Grab von Talpiot tatsächlich die Überreste der Familie Jesu Christi beherbergt. Neben vielen Gelehrtenmeinungen über Schreibweisen und Ossuarien zog Discovery Channel mit DNA-Untersuchungen der Gebeine ein As aus dem Ärmel.

Zwei der zehn Knochenkästen standen Biologen für die Suche nach verwertbarem Material zur Verfügung. Sie lagen schon lange nicht mehr an ihrem ursprünglichen Ort, sondern waren nach israelischem Recht nach der Ausgrabung erneut beigesetzt worden. Proben aus den Kisten mit den Aufschriften „Jesus, Sohn des Joseph" und „Mariamene e Mara" wurden ins DNA-Labor der Lakehead University im kanadischen Thunderbay geschickt, einem Institut, das sich auf die Untersuchung antiker Leichname spezialisiert hat. Tatsächlich gelang es den Biologen in Kanada, zwei mtDNA-Sequenzen aus den Gebeinen zu gewinnen. Wie sich herausstellte, stammten die beiden Toten nicht von einer gemeinsamen Mutter ab. Hypothese aus dem Genlabor: Da sie in einem Familiengrab lagen, mögen sie Mann und Frau gewesen sein. Jesus und Maria Magdalena, mutmaßte die Redaktion des Discovery Channel.

DNA-Test schön und gut – doch die Interpretation des Untersuchungsergebnisses erschien vielen Historikern willkürlich. Der Kirchenhistoriker Christoph Markschies kommentierte in der „Zeit": „Talpiot ist ein stinknormales Grab, wie es beim exzessiven Siedlungsbau in Jerusalem immer wieder zutage kommt." Darauf scheint auch die Forschungsgeschichte des mutmaßlichen Jesusgrabes hinzuweisen. Seit der Entdeckung 1980 ist kaum ein Forscher neugierig geworden, als er die Namen las. 27 Jahre lang galt das Grab als eines unter vielen. Die Namen – austauschbar. Jesus, Judah, Maria und Joseph waren um die Zeitenwende so häufige Namen wie heute Max, Peter, Stefan und Susanne.

Bei der Jagd nach Jesus wird die Molekularbiologie noch eine Rolle spielen. Als das Team von Discovery Channel die Dokumentation über das Talpiot-Grab drehte – produziert von Hollywood-Regisseur James Cameron – entdeckten die beteiligten Wissenschaftler ein weiteres Grab, nur zwanzig Meter von jenem der mutmaßlichen Jesus-Familie entfernt. Eine Roboterkamera fuhr in die Kammer hinein, die offensichtlich noch nie zuvor geöffnet worden war. Die Filmemacher vermuten, dass die Grabanlage mit dem Jesus-Grab in enger Verbindung stehen könnte. Vielleicht, so der dumpfe Verdacht von Discovery Channel, liegen dort die Jünger Christi begraben.

FAZIT

Geschichte ist eine Glaubensfrage. Wer der Vergangenheit mit den klassischen Methoden der Kulturwissenschaft beikommen will, konzentriert sich auf eine Quelle, einen Text, ein Artefakt und stellt es in einen historischen Zusammenhang. Die Erkenntnis, die aus diesem Prozess gewonnen wird, erhellt einen Punkt der Geschichte, mag er so klein sein wie ein Knochenfragment oder so groß wie ein Schlachtfeld.

Naturwissenschaft ist anders. Ihre Anhänger suchen nach Regeln. Der Einzelfall dient nur als Mosaikstein auf der Suche nach dem Muster. Das Ziel: Gesetzmäßigkeiten der Vergangenheit zu erschließen, um mit ihrer Hilfe Ursachen gegenwärtiger Probleme zu erkennen, etwa des Klimawandels oder des Artensterbens.

Was geschieht, wenn beide Herangehensweisen aufeinandertreffen, zeigt die Paläogenetik. Wenn Biologen, Chemiker und Physiker das Erbgut ausgestorbener Tier- und Menschenarten untersuchen, wechseln Forscher von der harten Seite der Wissenschaft auf die weiche Welle der Geschichtsforschung. Beim ersten Schritt, der Untersuchung von Erbgut und der Sequenzierung von DNA, arbeiten die Spezialisten noch auf bekanntem Terrain, mit Naturgesetzen und Hightech im Genlabor. Um das Ergebnis aber auswerten zu können, ist Interpretation ebenso gefragt wie großes Wissen über die Vergangenheit. Vor den Problemen der Paläogenetik werden Forscher zu Chimären der Wissenschaft.

DNA ähnelt einem uralten Text. Die Buchstaben können mithilfe von Regeln zu Vokabeln zusammengesetzt werden, die Vokabeln wiederum ergeben Sätze, deren Grammatik ebenfalls einem Regelwerk unterliegt. Der Inhalt aber ist eine Frage der Interpretation. Mutierte Gene sind klar erkennbar – wann und warum sie sich veränderten, kann niemand mit Gewissheit sagen. Schätzungen, Vergleiche und Statistiken sind angreifbare Methoden – und zugleich die einzigen, mit denen Historie und DNA in Einklang gebracht werden können.

Mit diesen Werkzeugen lassen sich hieb- und stichfeste Belege schaffen, manche Interpretation führt jedoch zu einem verschwommenen Bild. Evolutionsgeschichte und Anthropologie sind Biologen und Archäologen noch vertrautes Terrain, die Resultate können überzeugen: Der Mensch trennte sich vor sechs Millionen Jahren vom Affen; Homo erectus lebte bis vor 30.000 Jahren in Asien; es gab rothaarige Neandertaler. Aber je weiter die Paläogenetik vom biologischen Spielfeld ausschert, umso unschärfer werden die Erkenntnisse. Wenn Genetiker durch DNA-Mutationen die Kulturgeschichte des Menschen erklären wollen, verirren sie sich ins Spekulative: Wanderbewegungen anhand der „Mutationen" von Kanus, die Ausbreitung der Sesshaftigkeit dank eines veränderten Enzymhaushalts, die Identifizierung von Mumien und Märtyrern – diese Meldungen gelangen über den Status der Hypothese nicht hinaus. Ein Boden, auf dem sich insbesondere Naturwissenschaftler nicht wohl fühlen. Als der Genetiker Hans Eiberg gebeten wurde, sich für dieses Buch darüber zu äußern, ob die blaue Augenfarbe des Menschen mit der Ausbreitung des Neolithikums in Verbindung zu bringen ist, antwortete Eiberg lakonisch: „Ich weiß es nicht, vielleicht." Dieser Satz mag künftige Entdeckungen der Paläogenetik als Dogma begleiten.

ANHANG

MEILENSTEINE DER GENETIK

1865 Gregor Mendel entdeckt die Gesetze der Vererbungslehre.

1879 Alexander Flemming beobachtet die Bildung von Chromosomen in sich teilenden Zellen.

1909 Archibald Garrod weist in England nach, dass einige Stoffwechselkrankheiten erblich sind. In Dänemark nennt Wilhelm Johannsen die „Faktoren" in Mendels Arbeit als erster „Gene".

1910 Thomas Hunt Morgan entdeckt bei seinen Arbeiten mit der Taufliege, dass Gene hintereinander auf Chromosomen angeordnet sind.

1910 Die University of New York führt die Genetik als Wissenschaft ein.

1927 H. J. Miller beweist eine bereits zwanzig Jahre alte Theorie, nach der Gene sich spontan verändern können. Er nennt diese Veränderungen „Mutationen".

1931 Phoebus Levène beschreibt die Bausteine der DNA – die Desoxyribonukleinsäure wird jedoch nicht als Träger des Erbmaterials erkannt.

1933 Die Nationalsozialisten in Deutschland führen das „Gesetz zur Verhütung erbkranken Nachwuchses" ein.

1940 George Beadle und Edward Tatum finden heraus, dass Gene auch die Enzyme eines Lebewesens steuern.

1944 Oswald T. Avery entdeckt in New York, dass die DNA Träger der genetischen Informationen ist.

1949 Erwin Chargaff entdeckt, dass die Basen in der DNA im Verhältnis eins zu eins vorliegen. Die Chargaffsche Regel wird zum Fundament für die Entschlüsselung des genetischen Codes.

1951 Rosalind Franklin liefert die erste Röntgenstrukturaufnahme der DNA.

1952 Alfred Day Hershey weist nach, dass Gene aus DNA bestehen.

1953   Die Briten James Watson und Francis Crick erkennen die räumliche Struktur der DNA. Die Doppelhelix wird zum Symbol der Genforschung.

1965   Marshall Nirenberg entschlüsselt den genetischen Code: Es sind immer drei Basen, die den Aufbau einer Aminosäure bestimmen.

1973   Mit der Einschleusung fremder DNA in ein Bakterium durch Stanley Cohen und Herbert Boyer beginnt das Zeitalter der Gentechnik.

1983   Kary Mullis erfindet die Polymerase-Kettenreaktion. DNA-Stücke sind damit kopierbar.

1985   Alec Jeffreys entwickelt den genetischen Fingerabdruck.

1995   Das erste vollständige Genom eines Lebewesens wird veröffentlicht, es ist das Erbgut des Bakteriums Haemophilus influenzae.

2001   Das menschliche Genom ist entschlüsselt.

GLOSSAR

Allel

Alternative Form eines Gens. An einem Gen-Ort kommt je ein Allel der Mutter und des Vaters vor. Die Erbsenblüten Gregor Mendels konnten entweder Weiß oder Violett sein – jede Farbe lag auf einem Allel, nur eine trat in Erscheinung.

Aminosäure

Diese Molekülklasse ist der Baustoff für Proteine. Es gibt zwanzig verschiedene Aminosäuren.

Base

Kleiner molekularer Bestandteil der DNA. Die Basen Adenin (A), Cytosin (C), Guanin (G) und Thymin (T) liegen als Sequenzen auf dem DNA-Molekül (zum Beispiel CGGTACAGG). Die Abfolge der Basen codiert die Anweisungen, nach denen Proteine im Körper hergestellt werden.

Chimäre

Individuum, das aus genetisch verschiedenen Geweben zusammengesetzt ist (z.B. „Schiege" aus Schaf und Ziege). Sie werden z.B. durch Injektion einer oder mehrerer fremder Zellen in einen fünf bis sechs Tage alten Embryo hergestellt.

Chromosom

Bündel aus DNA, das im Zellkern liegt. Menschen haben 46 Chromosomen.

Codon

Drei Basen in einer DNA-Sequenz, die bestimmen, welcher Typ von Aminosäure in das Protein gelangen soll. Das Codon G-T-G ist zuständig für die Aminosäure Valin.

DNA

Molekül, das in allen Lebewesen Träger der genetischen Erbinformationen ist. DNA liegt im Zellkern und in den Mitochondrien einer Zelle.

Doppelhelix

Gestalt der DNA, die wie eine schraubenförmig gewundene Strickleiter aussieht.

Eiweiß

siehe Protein

Enzyme

Eiweißstoffe, die chemische Reaktionen beschleunigen. Enzyme steuern zum Beispiel sämtliche Stoffwechselvorgänge im menschlichen Körper.

Erbkrankheit

Körperliches Leiden, dass durch defekte Gene im Zellkern oder in den Mitochondrien hervorgerufen werden kann. Die Defekte entstehen durch Mutationen, meist von Umweltfaktoren beeinflusst. Sie können vererbt werden.

Gen

Teil der DNA, das die Anweisungen enthält, ein Protein zu produzieren.

Genetischer Code

Reihenfolge der Basen, mit denen die Aminosäuren von Proteinen verschlüsselt werden. Je drei Basen (Triplet) ergeben eine Aminosäure.

Gentherapie

Einbringen von Genen in Gewebe oder Zellen mit dem Ziel eines therapeutischen oder präventiven Nutzens.

Genom

Die gesamte DNA eines Organismus'

Haplotyp

Kombination von Allelen, die meist räumlich verbunden sind und gemeinsam vererbt werden.

Klonen

Ein genetischer Klon ist ein Organismus, der die exakte Kopie des genetischen Originals darstellt. Diese Technik wird durch eine Reihe von In-Vitro-Verfahren angewendet.

Mini-Satelliten

siehe Tandem Repeats

Mithochondrien

Die Kraftwerke der Zelle. In einer Zelle gibt es mehrere hundert Mithochondrien, jedes mit einem eigenen kleinen Genom ausgestattet. Beim Menschen hat mtDNA 16.569 Basenpaare. MtDNA ermöglichte die ersten Erfolge in der Paläogenetik.

Molekulare Uhr

Die molekulare Uhr basiert auf der Annahme, das Mutationsraten und Selektionsraten innerhalb eines Stammbaums konstant sind. Wenn demnach alle Zweige eines Stammbaums gleich alt sind, müssen sie dieselbe genetische Entfernung von ihrer Wurzel haben. Gensequenzen verwandter Arten, die auf einem anderen Zweig des Stammbaums liegen, müssen sich mit derselben Mutationsrate entwickelt haben. Diese Rate kann an den noch lebenden Arten gemessen und als Maßband an die nicht mehr existente Art angelegt werden.

MRNA

siehe RNA

Mutation

Veränderung im genetischen Code, der Basenfolge eines Gens.

Polymerase

Ein Enzym, das dazu genutzt werden kann, DNA zu vervielfältigen.

Protein

Eiweiß-Molekül, das im Körper produziert wird. Die Informationen für die Entstehung der Proteine liegen in den Genen.

Restriktionsenzym

Protein, das bestimmte Regionen der DNA erkennt und sie dort durchschneidet. Ein wichtiges Werkzeug der Gentechnik.

Ribosomen

Struktur in der Zelle, die aus Proteinen und RNA besteht. Ribosomen sind die Proteinfabriken der Zelle. Sie decodieren die ankommende mRNA aus dem Zellkern und verwandeln Aminosäuren in Proteine gemäß dem Bauplan des mRNA-Abschnitts.

RNA

Ribonucleic acid. Ein der DNA ähnliches Molekül. Statt zwei Strängen ist die RNA nur aus einem Strang aufgebaut. Die auf der RNA liegenden Basen ähneln jenen der

DNA, doch statt des Thymins der DNA liegt auf der RNA die Base Uracil. Es gibt verschiedene Formen der RNA, die sich je nach Aufgabe unterscheiden. Die wichtigste ist die Messenger-RNA oder mRNA, welche die Informationen von der DNA zu den Proteinfabriken der Zelle trägt.

Sequenzierung

Eine Technik, mit der die Sequenz der Basen in einer DNA bestimmt werden kann.

Stammzelle

Körperzellen, die sich teilen können. Sie regenerieren den Organismus. Adulte Stammzellen regenerieren zum Beispiel das Gewebe bei Verletzungen oder bilden frische Blutbestandteile. Embryonale Stammzellen sind für die Forschung besonders interessant, weil sie sich zu fast allen Typen von Körperzellen entwickeln können. Adulte Stammzellen bilden stets nur ihren eigenen Typ Zelle nach.

Tandem Repeats

Kurze Sequenz von zwei bis acht Basen auf der DNA, die sich häufig wiederholt. Auch Mini-Satelliten genannt. Tandem Repeats sind die Grundlage für die Erstellung eines genetischen Fingerabdrucks, da sie in jedem Individuum anders aussehen oder – bei Verwandten – andere Längen haben.

Transkription

Bei diesem Prozess werden die Informationen der DNA auf die mRNA kopiert, um damit die Produktion von bestimmten Proteinen zu bestimmen.

Translation

Die mRNA gibt ihre Informationen, die sie zuvor von der DNA durch Transkription erhalten hat, an die Proteinfabriken der Zelle weiter.

LITERATUR

Mark Achtman et al: An African origin for the intimate association between humans and Heliobacter pylori. In: Nature online, 7. Februar 2007

John Asara, Mary Schweitzer et al: Protein Sequences from Mastodon and Tyrannosaurus Rex Revealed by Mass Spectrometry. In: Science 316, S. 280–85

James Bowler et al: New ages for human occupation and climatic change at Lake Mungo, Australia. In: Nature 421, S. 837–40

Joachim Burger, Wolfgang Haak et al: Ancient DNA from the First European Farmers in 7500-Year-Old Neolithic Sites. In: Science 310, S. 1016–18

Dan Dediu, Robert Ladd: Linguistic tone is related to the population frequency of the adaptive haplogroups of two brain size genes, ASPM and Microcephalin. In: Proceedings of the national academy of sciences 10.1073/pnas.0610848104

Keith Dobney et al: Phylogeny and ancient DNA of Sus provides insights into neolithic expansion in Island Southeast Asia and Oceania. In: Proceedings of the national academy of sciences, 10.1073/pnas.0607753104

Nathaniel Dominy et al: Diet and the evolution of human amylase gene copy number variation. In: Nature Genetics 39, S. 1256–60

Hans Eiberg et al: Blue eye color in humans may be caused by a perfectly associated founder mutation in a regulatory element located within the HERC2 gene inhibiting OCA2 expression. In: Human Genetics Online, 10.1007/s00439-007-0460-x

Jonathan Friedlaender et al: Melanesian mtDNA complexity. In: Public Library of Science One, e248

Neil Gemmel et al: Moa were many. In: Proceedings of the Royal Society, Series B. 271, S. 430–32.

Richard E. Green: Analysis of one million base pairs of Neanderthal DNA. In: Nature 444, S. 330 ff.

Michael Hofreiter et al: A Melanocortin 1 receptor allele suggests varying pigmentation among Neanderthals. In: Science.doi:10.1126/science.1147417.

Dirk Husemann: Die Neandertaler, Frankfurt 2005

Dirk Husemann: Als der Mensch den Krieg erfand, Ostfildern 2005

Toomas Kivisild et al: Revealing the prehistoric settlement of Australia by Y-chromosome and mtDNA analysis. In: Proceedings of the national academy of sciences, 10.1073/pnas.0702928104

Johannes Krause et al: Neanderthals in Central Asia and Siberia. In: Nature 449, S. 902–04

Johannes Krause et al: The Derived FOXP2 Variant of Modern Humans Was Shared with Neandertals. In: Current Biology: DOI: 10.1016/j.cub.2007.10.008

Bruce T. Lahn et al: Microcephalin, a Gene Regulating Brain Size, Continues to Evolve Adaptively in Humans. In: Science 309, S. 1717 ff.

Bruce T. Lahn et al: Evidence that the adaptive allele of the brain size gene microcephalin introgressed into Homo sapiens from an archaic Homo lineage. In: Proceedings of the national academy of sciences 10.1073/pnas.0606966103

C. Loring Brace et al: Old World sources for the first New World human inhabitants: A comparative craniofacial view. In: Proceedings of the national academy of sciences, doi: 10.1073/pnas.171305898

Christopher Howe, Peter Robinson et al: The phylogeny of the Canterbury Tales. In: Nature 394 doi10.1038/29667

Lisa Matisoo-Smith und Judith Robins: Origins and dispersals of Pacific peoples: Evidence from mtDNA phylogenies of the Pacific rat. In: Proceedings of the national academy of sciences, doi:10.1073/pnas.0403120101

Connie J. Mulligan et al: A Three-Stage Colonization Model for the Peopling of the Americas. In: Public Library of Science One, e1596

James P. Noonan et al: Sequencing and Analysis of Neanderthal Genomic DNA. In: Science 314, S. 1113 ff.

Ludovic Orlando et al: Revisiting Neandertal diversity with a 100,000 year old mtDNA sequence. In: Current Biology 16, S. R400 ff.

Svante Pääbo: DNA aus alter Zeit. In: Spektrum der Wissenschaft, Januar 1994.

David Reed et al: Pair of live lost or parasites regained: the evolutionary history of anthropoid primate lice. In BMC Biology doi 10.1186/1741-7007-5-7

David Reed et al: Genetic Analysis of Live Supports Direct Contact between Modern and Archaic Humans. In: Public Library of Science 10.1371/journal.pbio.0020340

Deborah Rogers, Paul Ehrlich: Natural selection and cultural rates of change. In: Proceedings of the national academy of sciences, 10.1073/pnas.0711802105

Sahoo Sanghamitra et al: A prehistory of indian Y chromosomes: Evaluating demic diffusion scenarios. In: Proceedings of the National Academy of Sciences 10.1073/pnas.0507714103

Stephan Schuster et al: Whole Genome Shotgun-Sequencing of Mitochondria from Hair Shafts. In: Science 317, S. 1927–30

Olga Soffer et al: The invisible sex: Uncovering the true roles of women in prehistory, New York 2007

Mehmet Somel et al: Human and chimpanzee gene expression differences replicated in mice fed different diets. In: Public Library of Science One, e1504

Mark Stoneking et al: Molecular Evolution of Pediculus humanus and the Origin of Clothing. In: Current Biology Vol. 13, S. 1414–17, 19. August 2003.

Alice Storey et al: Radiocarbon and DNA evidence for a pre-Columbian introduction of Polynesian chickens to Chile. In: Proceedings of the National Academy of Sciences 10.1073/pnas.0703993104

John E. Pattison: Is it necessary to assume an apartheid-like social structure in Early Anglo-Saxon England? In: Proceedings of the Royal Society, doi 10.1098/rspb.2008.0352

Timothy Taylor, Andrew Wilson et al: Stable isotope and DNA evidence for ritual sequences in inca child sacrifice. In: Proceedings of the national academy of sciences, 10.1073/pnas.0704276104

Mark Thomas et al: Evidence for an apartheid-like social structure in Early Anglo-Saxon England. In: Proceedings of the Royal Society, doi 10.1098/rspb.2006.3627

Eske Willerslev et al: Ancient Biomolecules from Deep Ice Cores Reveal a Forested Southern Greenland. In: Science 317, S. 111.

Thierry Wirth et al: Distinguishing human ethnic groups by means of sequences from Helicobacter pylori: Lessons from Ladakh. In: Proceedings of the national academy of sciences, 10.1073/pnas.0306629101

Pierre Zalloua et al: Y-Chromosomal Diversity in Lebanon Is Structured by Recent Historical Events. In: The American Journal of Human Genetics, doi:10.1016/j.ajhg.2008.01.020

DANKSAGUNG

Dipl. Biol. Jochen Linz, Lünen

Dr. Johannes Krause, Max-Planck-Institut für evolutionäre Anthropologie Leipzig

Dr. Walther Parson, Universität Innsbruck

Dr. Ralf W. Schmitz, Universität Tübingen

BILDNACHWEIS

REGISTER

Die Ursprünge der Menschheit

Eine wahrhaft umfassende
Geschichte der Menschheit.
Der großartige Sachbildband ver-
folgt nicht nur die biologische
Evolution von den ersten Affen-
menschen zum modernen Homo
sapiens sapiens, sondern beleuch-
tet auch Kultur, Religion, Zusam-
menleben und Selbstverständnis
der frühen Menschen.

Von F. Facchini.
240 S., 435 meist farbige Abb.,
Rekonstruktionszeichnungen,
Karten.
ISBN 978-3-8062-1991-3

Die Neandertaler

Auf dem Weg zum modernen
Menschen

Deutschlands bekannteste Neander-
taler-Spezialisten präsentieren in
diesem großzügig illustrierten Bild-
band die ganze Lebenswelt der
Neandertaler. So hatten unsere
Vorfahren bereits hoch entwickelte
Werkzeuge und Jagdtechniken,
Religion und Sprache sowie ein
ausgeprägtes Sozialverhalten.

Von B. Auffermann und
J. Orschiedt.
160 S., 140 farbige Abb., Karten.
ISBN 978-3-8062-2016-2

Mehr unter www.theiss.de

THEISS